AF363747

Mgr DEHAISNES

L'ABBÉ TH. LEURIDAN.

BIBLIOTHÉCAIRE DES FACULTÉS CATHOLIQUES DE LILLE.

Mgr DEHAISNES

ESQUISSE BIOGRAPHIQUE

LILLE.

IMPRIMERIE L. DANEL,
Rue Nationale.

L. QUARRÉ, LIBRAIRE,
Grande-Place, 64.

1897

A Monseigneur Édouard Hautcœur, Chancelier de l'Université Catholique de Lille, qui partagea, en ami et en frère d'armes, la vie d'étude, de vertu et de noble simplicité esquissée dans ces pages,

A M. Louis Quarré-Reybourbon, le compagnon aimable et dévoué des voyages et des recherches artistiques de Monseigneur Dehaisnes,

Nous dédions cette modeste biographie, inspirée par leur amitié et remplie par leur souvenir.

Lille, 24 mai 1897.

T. L.

MGR DEHAISNES.

———

I.

« *L'an 1825, le 30 novembre, après nous être assuré que la déclaration de naissance voulue par la loi a été faite, a été baptisé par nous soussigné,* Chrétien-César-*Auguste* Dehaisnes, *né la veille, fils légitime de Chrétien-Louis et de Ludivine Dumez, tous les deux nés et domiciliés à Estaires. Le parrain a été Joseph Dehaisnes, orfèvre, oncle paternel à l'enfant et la marraine Anaïs Dehaisnes, sœur à l'enfant, tous les deux nés et domiciliés à Estaires. Ont signé : J. Dehaisnes. A. Dehaisnes. Vercrusse, vicaire* ».

L'enfant, auquel le baptême venait de conférer le caractère et le nom de *Chrétien*, appartenait à une famille ancienne et honorablement connue dans les petites villes d'Estaires, de La Gorgue et de Merville. Dès le seizième siècle, ainsi qu'aux XVIIe et XVIIIe siècles, l'on rencontre de fréquentes mentions de membres de la famille *De Haisnes* ou *Dehaisnes* dans les registres aux bourgeois et dans les registres aux actes religieux de ces trois paroisses.

En 1659, Gilles Dehaisnes, rentier à Estaires, transporte à l'abbaye de Beaupré-sur-la-Lys, en remboursement d'un prêt de 1.000 florins, dix quartiers de terre, séant en la loi d'Arras, juridiction de La Gorgue.

Le 23 juillet 1722, Jean-Antoine de Haisnes, orfèvre, et Louis-Joseph de Haisnes, maître chirurgien, tous deux bourgeois de la ville et comté d'Estaires, se chargent de payer annuellement à leur sœur Louise-Florence, religieuse, une rente constituée à son profit par leur oncle Mre Louis-Jacques Le Gillon. Louise-Florence était religieuse au couvent des Sœurs grises d'Estaires, où elle mourut le 15 février 1778, âgée de 78 ans et professe de 59 ans.

Une autre religieuse de la famille, Marie-Ghislaine de Haisnes. sœur Michelle-Albertine-Françoise, native d'Estaires et fille de Louis, maître chirurgien et de Marie-Marguerite Delouf. faisait profession dans la même communauté le 15 septembre 1743 et y vivait encore en 1790, au moment de la dispersion des ordres religieux.

Plusieurs membres de cette même famille furent aussi appelés à l'honneur du sacerdoce. Mgr Dehaisnes, dans l'un de ses opuscules, *Histoire religieuse de la paroisse d'Estaires durant la Révolution*, a rappelé, comme un titre de gloire, le souvenir de son grand-oncle M. Dehaisnes, vicaire de Fournes, et du cousin de celui-ci, M. Lagniez, vicaire d'Estaires, tous deux missionnaires pendant les tristes jours de la Révolution.

C'est assez dire combien la famille Dehaisnes se distinguait par ces sentiments de foi, de piété et d'inviolable attachement à toutes les convictions, qui étaient alors et sont encore aujourd'hui, grâces à Dieu, l'honneur de cette chrétienne paroisse d'Estaires. En juin 1793. Joseph Dehaisnes et un certain nombre des habitants des plus recommandables de la ville étaient arrêtés par ordre du comité révolutionnaire et incarcérés dans le couvent des Récollets. Après une pénible détention de près d'un mois, comme on n'avait d'ailleurs d'autre crime à leur reprocher que l'assistance à la messe, on les rendit à la liberté.

Plus tard, lorsque tout exercice du culte religieux, même par les prêtres intrus, fut sévèrement prohibé et rigoureusement châtié, le père de Mgr Dehaisnes, tout jeune encore, servit plusieurs fois la messe de prêtres proscrits qui venaient, la nuit, en cachette, au milieu des plus grands périls, célébrer les saints mystères et administrer les sacrements, dans les maisons, les greniers ou les granges de quelques chrétiens courageux.

Dieu, qui ne laisse point sans rémunération un verre d'eau donné en son nom, récompensa largement le dévouement du jeune servant de messe. La Révolution avait chassé ses deux oncles prêtres et la Providence allait choisir, parmi ses propres fils, deux prêtres qui devaient hériter des vertus sacerdotales des grands-oncles et, même humainement, porter bien haut dans le diocèse et hors de ses limites le nom de sa famille. L'un fut Mgr Dehaisnes, l'autre M. l'abbé Omer Dehaisnes, décédé vice-doyen, curé d'Iwuy, le 29 mai 1889.

Leur père, saisi par la conscription qui à cette époque atteignit tous les jeunes hommes valides, était parvenu au grade de lieutenant. C'est en cette qualité que nous le trouvons, en 1815, marié et déjà père de famille, attaché à l'état-major du prince de Croy-Solre, maréchal de camp et commandant pour le roi dans le département de la Somme. Il quitta, peu de temps après, la carrière des armes pour venir se fixer à Estaires, que sa famille n'avait point quitté. A l'époque de la naissance de Mgr Dehaisnes, il remplissait les modestes mais honorables fonctions de greffier de la justice de paix du canton de Merville.

Profondément chrétien, il sut élever dans les sentiments d'une foi vive les six enfants que Dieu lui donna. Lorsque la mort l'enleva, le 19 avril 1832, à l'affection de sa famille, les deux frères, Omer et Chrétien, étaient bien jeunes encore. Mais cette douloureuse et parfois si fatale absence du père fut compensée, chez eux, par les excellentes dispositions qu'il avait su développer déjà en leurs cœurs, par l'appel de Dieu et par le dévouement sans bornes de leur mère qu'ils eurent la consolation de conserver trente ans encore.

Chrétien Dehaisnes commença ses premières études à Estaires même, chez les bons Frères de la Doctrine Chrétienne, sous la paternelle direction de l'excellent frère Saturnin qui fut, à vrai dire, le premier chef de l'excellente institution libre de cette ville. Ce qu'il fut, dès ses premières années, une aimable lettre de M. l'abbé Heughebart, curé de Masny, nous le révèle.

« Depuis l'âge de douze ans, à mon retour à Estaires après quelques années passées dans un petit pensionnat à Vieux-Berquin, je ne quittai plus notre cher Chrétien. Sa maison devint, pour ainsi dire, la mienne ; nos deux familles n'en faisaient qu'une, autant par l'amitié que par les sentiments religieux. Nous fûmes d'inséparables condisciples ; ensemble nous commençâmes nos études chez le cher frère Saturnin. Chrétien se montra là, comme plus tard, au collège et au séminaire, un modèle charmant de vertu ; il était gai, affable, autant que courageux, je dirai même acharné pour ses devoirs d'écolier. »

Ce qui le prouve d'ailleurs c'est la série de petits volumes sur la garde desquels nous avons trouvé les indications de ses premiers succès. En 1837, par exemple, nous relevons cette mention significative : « Prix d'honneur et de bonne conduite décerné par l'administration municipale d'Estaires à Chrétien Dehaisnes, élève de la deuxième classe de l'école chrétienne d'Estaires. » La même année et les années suivantes, le futur archiviste et historien de l'art remportait, entre autres prix, celui « d'histoire et de géographie. »

Aussitôt après sa première communion, le jeune écolier aborda l'étude du latin dans le petit collège d'Estaires, qui fut l'une des pépinières les plus fécondes du clergé de notre diocèse. Le principal et régent de ce collège était alors M. Selosse, très digne éducateur de la jeunesse, mais qui ne pouvait avoir le prestige et les grâces d'état spéciales d'un prêtre. Après lui, le collège d'Estaires eut pour premier principal ecclésiastique l'excellent abbé Hemersdael.

« Ce bon, très bon abbé, écrit encore M. Heughebart, fit tout ce qu'il put pour la jeunesse qui lui était confiée ; jeunesse certainement chrétienne au fond, mais... comment dirai-je ? un peu frondeuse, gouailleuse. Heureusement le bon et grave Omer. frère de Chrétien et un peu plus âgé que nous, César Lefer, Louis Duriez, Charles Mouque, Louis Ridez, Gustave Vaast, qui tous devaient, quelques années plus tard, prendre le chemin du séminaire et parvenir au sacerdoce, avaient formé une petite et courageuse phalange qui eut bien vite raison de notre légèreté ; tout fut remis en ordre et l'excellent M. Hemersdael parla volontiers de son collège d'Estaires. Que dis-je ? Il en était fier, malgré quelques petites et bien innocentes niches que lui faisaient ses malins élèves. Le cher Chrétien, quoique ne participant presque pas à nos espiègleries, en riait bien un peu, mais il savait toujours nous empêcher de franchir les limites permises. Il était studieux avec constance, ami de la règle, ne perdant, hors des récréations, pas une minute.

» Déjà alors, il avait une véritable passion pour l'étude de l'histoire et surtout de l'histoire de la France et de sa géographie ; capitale, provinces ou départements, histoire locale, fleuves, montagnes, il étudiait tout avec détail. Lorsque, la classe et l'étude terminées, nous rentrions à la maison paternelle, je le vois encore, bien tard, durant les longues soirées d'hiver, les mains étendues sur son atlas, son livre d'histoire ou de géographie à côté de lui, je le vois, à moitié endormi de fatigue, se secouer pour répondre aux questions que ses frères plus âgés lui posaient, et répondre nettement, sans hésitation, en petit homme qui savait... Il fallait presque user de force pour interrompre son cher travail et lui faire prendre le repos qu'il avait si bien gagné... *Quis putas puer iste erit ?* aurait-on pu dire de cet infatigable et si vertueux écolier ! »

L'appel de Dieu se fait entendre. Il sera prêtre ! Son frère Omer a quitté le collège d'Estaires pour le petit séminaire de Cambrai en 1838. Chrétien l'y rejoindra en octobre 1841. Ces deux frères qu'unissaient une si complète conformité de goûts, d'attraits, de vertus, une si touchante intimité, une si profonde et inaltérable affection, ne pouvaient suivre des voies différentes. Dieu, qui fait bien toutes choses, en avait ainsi jugé et les avait pris tous deux.

Admis dans la classe de quatrième, Chrétien Dehaisnes fit partie d'un des cours les plus nombreux de cette période de temps. « le grand cours » comme on l'appela ; il y occupa constamment l'un des rangs les plus distingués. Dès la fin de sa première année de séminaire, il obtient les premiers prix d'histoire et de géographie, de version latine, de vers latins, etc.; l'année suivante, il conquiert d'emblée le premier prix d'excellence. Et ces succès des premières années ne se démentiront point. Jusqu'à la fin de ses études, il tiendra, suivant l'expression consacrée, la tête de sa classe.

« Doué d'une prodigieuse mémoire, nous écrit l'un de ses condisciples, M. l'abbé Dewez, aumônier à Lille, Chrétien Dehaisnes employait à la littérature, à l'histoire, aux sciences, le temps qu'il économisait sur ses leçons et ses devoirs quotidiens. Avec la mémoire, il avait un jugement sûr et prompt, qui lui faisait saisir tout de suite les solutions que d'autres perdaient beaucoup de temps à chercher et, comme il était laborieux par nature, toutes ces économies de temps servaient à étendre le cercle, à augmenter le trésor de ses connaissances. Il avait tous les dons ; il excellait en mathématiques aussi bien qu'en histoire, dans la littérature sérieuse aussi bien que dans le style léger et badin, aussi bien en vers qu'en prose et toutes les idées, chez lui, coulaient comme de source, sans effort ni contention. »

Parfois, durant ses humanités, il se trouvait comme enserré dans les étroites limites d'un thème latin ou les impitoyables exigences d'une version latine à rendre mot à mot, phrase par phrase. Il n'en retenait que le sujet et bâtissait là-dessus un travail nouveau, tout empreint d'originalité ; d'autres fois, il « rendait la copie de sa version » sous la forme d'une pièce de vers français où il développait, amplifiait, transformait même le sujet donné avec tout l'élan de sa jeune imagination et la finesse de son réel talent.

Nous avons retrouvé dans ses papiers une composition de ce genre. Le sujet de la version était « *De emptore magnifico* », bien connu de tous les collégiens dont il a exercé la patience. Sous la plume de l'habile humaniste, il se trouve transformé en une aimable satire de 150 vers français pleins d'esprit et d'une élégante facture.

> Depuis midi Cléon promène sa jactance
> En ces lieux où Paris à la folle opulence
> Etale ces brillants et ces riens si fameux
> Que ne connurent pas nos modestes aïeux.
> Avec un grand fracas et d'un ton d'importance,
> Assourdissant les gens à vingt pas de distance,
> Il demande trois fois et chez tous les marchands
> Les objets les plus chers et les plus importants.
> Partout, à sa demande, on enlève la toile
> Dont le meuble de prix durant l'été se voile.
> Un marchand, s'échinant pour saisir de la main
> Au haut de sa boutique une amphore d'airain,
> Chancelle, manque pied, dégringole et vous casse
> De huit ou neuf cents francs une superbe glace.
> Cléon le laisse en paix se plaindre et larmoyer
> Et, sourd à sa prière, il passe au bijoutier ;
> Son épouse a besoin d'une de ces merveilles
> Dont la dame française allonge ses oreilles....

Puis c'est le tour du chapelier, du tailleur, du tapissier, du marchand de meubles ou de tableaux, du liquoriste, en un mot, de tous les fournisseurs possibles auxquels il fait déballer leurs réserves qu'il leur laisse naturellement pour compte. Bref, sa tournée s'achève

> Et le soir, il rapporte en son cinquième étage
> Un sabre de dix sols à son fils en bas âge !

Les maîtres de Chrétien Dehaisnes mettaient volontiers à contribution le talent de versificateur de leur élève. A la distribution des prix de 1845 — il achevait sa rhétorique — il fut chargé de la partie littéraire de la solennité. Après bien des hésitations, qu'il retrace en commençant sa composition poétique, il choisit pour sujet « *La physiologie du séminariste* ». Aucun thème ne pouvait mettre davantage en relief la sagacité de son esprit observateur. Dans une suite de près de 900 vers alexandrins, il passe en revue les différentes époques et les divers actes de la vie du petit séminariste ; il relève d'une façon aimable, quoique parfois vive et piquante, tous les travers de caractère, d'habitudes ou d'éducation de son héros, ses petites ruses pour frauder la règle, sa façon de travailler, de prier, de jouer, de dormir, en un mot tout ce qui, chez un écolier, peut prêter à une juste critique. Sous des dehors badins, c'est une excellente leçon de morale. — *Castigat ridendo mores.* — D'ailleurs, s'il avait, pour la composer, regardé autour de lui, il prétendait ne s'être pas épargné lui-même : « Dans plusieurs passages, disait-il, je me suis dépeint moi-même ; je n'ai fait que *poser* devant moi et esquisser, de souvenir ou, hélas ! *de visu*, les traits défectueux de mon caractère ». C'est là, sans doute, une exagération trop charitablement bienveillante pour les *victimes* de sa douce raillerie.

Quoiqu'il en soit, le jeune poëte prend le séminariste

> à l'importante époque
> Où Monsieur le Curé, charmé de son bel air,
> De l'église du lieu le nomme petit clerc.

Il rappelle le jour célèbre où l'apprenti

> forge son premier thème.
> Et se frottant les mains, glorieux de lui-même,
> Traduit élégamment, avec soin infini,
> *La rose du jardin* par *rosa jardini !*

Puis,

> Quand sur les noms de lieux, sur le *que* retranché
> Notre héros enfin trois ans a pioché,
> Un matin pluvieux, certificat en poche,
> Pour la première fois il s'embarque en un coche

qui le dépose devant la porte du petit séminaire de Cambrai. La vie de séminariste est commencée : le poète nous fera assister à chacun de ses actes. Et d'abord le lever matinal : voici le concierge chargé de sonner le réveil :

> Il crispe ses deux mains sur la corde fatale ;
> Il se baisse et se lève et la cloche infernale
> Et se lève et se baisse et le marteau pesant
> Frappe un terrible coup, un coup retentissant
> Qui de nos corridors réveille le silence
> Et dans chaque dortoir immense se balance.

Or, la règle impose le lever au *premier* coup de cloche. Mais il fait bien froid, il est bien tôt.... l'élève paresseux hésite, tergiverse, dispute au règlement quelques minutes, voire même un quart d'heure ! Enfin, honteux de lui-même, il se ressaisit et le voilà qui se jette à bas du lit ;

> Tel, quand il aperçoit les bataillons persans,
> Les glaives des guerriers au loin resplendissants,

> Alexandre le Grand, sur les bords du Granique,
> S'arrête et sent fléchir son courage héroïque.
> Mais pour vaincre aussitôt cette hésitation
> Et chasser de son cœur toute réflexion,
> Il presse avec ardeur sa cavale écumante
> Et la lance sanglante en l'onde bouillonnante !.....

La satire continue par un charmant tableau de l'étude, où l'élève courageux et l'élève paresseux et indolent sont parfaitement dépeints. Puis le réfectoire, avec un fin portrait de l'élève gourmand ; la récréation, le jeu de balle, la promenade, les attitudes si diverses des jeunes écoliers, enfin les vacances à la ville ou à la campagne, offrent au poète autant d'occasions d'exercer sa verve de bon aloi et de moraliser en riant.

Ce genre badin n'était pas le seul que cultivait le brillant humaniste. Il excellait également dans la poésie sérieuse, épique ou lyrique ; nous le verrons plus loin.

II.

Mgr Dehaisnes au grand séminaire de Cambrai. — Ses succès. — Adieux a son frère. — Cantate a Mgr Giraud. — Ode en l'honneur de Notre-Dame de Grace. — Les Maronites. — L'ordination ; la première messe ; le premier sermon.

Après avoir achevé ses humanités, Chrétien Dehaisnes entra au grand séminaire de Cambrai, en octobre 1845, y rejoignant son frère Omer, alors sous-diacre.

Mgr Giraud avait, peu de temps auparavant, introduit d'heureuses réformes, ou mieux d'utiles perfectionnements dans le programme des études de son séminaire épiscopal. Il avait voulu que ses clercs fussent initiés à certaines connaissances scientifiques précédemment exclues des programmes de l'enseignement et avait en conséquence établi un cours spécial de sciences physiques et naturelles que les séminaristes studieux et bien doués pouvaient suivre après une année de philosophie.

« Jusque-là, écrit le biographe de Mgr Mortier, le besoin d'une pareille institution avait pu ne pas se faire sentir, non point que la science matérialiste eût attendu ce moment pour s'attaquer aux croyances de l'église ; mais, comme elle n'avait pour défenseurs que des hommes généralement fort peu recommandables, leurs blasphèmes épouvantaient la foi du plus grand nombre, bien loin de l'ébranler. Vers 1840, il n'en allait plus de même : les doctrines voltairiennes, descendant insensiblement de la bourgeoisie aux masses populaires, donnaient naissance à ce mouvement irréligieux qui, depuis cinquante ans, a causé la perte de tant d'âmes. Pour réfuter l'erreur, dont les attaques étaient basées sur des découvertes plus ou moins sérieuses, il était indispensable que le clergé ne restât pas étranger aux progrès de la science. Aussi estimons-nous que parmi les titres de Mgr Giraud à la reconnaissance du diocèse de Cambrai, l'un des principaux est la persévérance avec laquelle il s'efforça de mettre les études en honneur. A un siècle se targuant de connaissances universelles, il fallait un clergé instruit ; sinon, son prestige s'évanouissant, son action eût été bientôt annihilée. Certes, le but poursuivi par l'éminent prélat fut atteint ; personne n'ignore, en effet, qu'ils appartenaient à la même génération ces évêques qui étaient hier ou qui sont aujourd'hui la gloire de l'église de France et qui se nomment : Mgr Bataille, Mgr Mortier, Mgr Delannoy, Mgr Fava, Mgr Dennel, Mgr Monnier. Fréquenté par les élèves les plus intelligents du séminaire, le cours de sciences eut pour conséquence immédiate de permettre à quelques-uns d'entre eux d'affronter les épreuves du baccalauréat ».

L'abbé Dehaisnes fut du nombre de ceux qui subirent cet examen avec distinction. Ce grade de bachelier et ses succès constants ajoutaient encore à la supériorité que son intelligence lui conférait sur ses condisciples. Mais, d'après leur propre témoignage, jamais il ne la leur fit sentir en quelque façon que ce pût être « On doutait même qu'il s'en aperçût lui-même, tant il était simple, sympathique, affable, traitant les autres comme s'ils avaient autant de valeur que lui, les considérant même comme supérieurs en intelligence, en savoir et en vertu ».

« L'abbé Dehaisnes était alors, comme vous l'avez connu plus tard, nous écrit le R. P. Berthe, l'homme aimable par excellence, toujours gai, expansif, toujours prêt à rendre service. Tout le monde l'aimait, tout le monde l'estimait aussi ».

« Les traits caractéristiques par lesquels il se fit remarquer entre tous au grand séminaire, écrit un autre de ses condisciples, étaient une piété vraiment solide mais sans exagération extérieure, des études brillantes, un caractère affable et ouvert, une très grande distinction de manières et d'allures unie à la gaîté la plus franche et la plus cordiale. Tous, maitres et élèves, nous le tenions en très particulière estime et affection ». Un autre encore nous signale « son étonnante facilité pour le travail, quel qu'il fût, sa brillante imagination, son caractère franc et ouvert, son intarissable gaité, ses connaissances très étendues et très variées qui firent de lui, pour ainsi dire, un homme universel ».

Ces témoignages d'une si touchante unanimité suffisent, croyons-nous, à montrer exactement ce que fut l'abbé Dehaisnes durant sa longue et sérieuse préparation au sacerdoce. Il avait compris ce qu'est le prêtre, et il le redisait, en un langage élevé, dans une aimable pièce de vers qu'il intitulait : *Adieux à mon frère*. Cette poésie porte la date du 21 décembre 1846 ; son frère Omer, ordonné prêtre l'avant-veille, quittait ce jour-là le sémi-

naire pour se rendre à Câtillon, où il était nommé vicaire.
Citons quelques-uns de ces vers :

Quel est cet homme au noble et doux visage
Que cache en ses longs plis un vêtement de deuil ?
        Il a la démarche d'un sage ;
Chaumières et palais lui font un doux accueil,
        L'on se découvre à son passage.....
        C'est le ministre du Seigneur ;
Ami de l'orphelin, du pauvre il est le père,
        De l'ignorant c'est le docteur ;
En lui l'affligé trouve un baume salutaire.
        Il est pour tous, il est un bon pasteur !

        Où s'en va-t-il, là-bas, dans la nuit sombre,
Quand souffle un vent piquant et quand brillent aux cieux
        Des étoiles sans nombre.
Quand nous dormons encore sur les duvets moelleux,
        Où s'en va-t-il à travers l'ombre ?....
        Avant l'aube blanche du jour,
Il va s'agenouiller pour nous au sanctuaire ;
        A Dieu pour nous il fait sa cour.
Comme brûle à l'autel la lampe solitaire
        Ainsi pour nous va brûler son amour.

        Tout dort. La nuit règne silencieuse
Chez lui pourquoi voit-on vaciller la lueur
        De la lampe mystérieuse ?
Pourquoi sur le papier voit-on avec ardeur
        Courir la plume courageuse ?
        C'est que sa vigilante main
Et prépare et pétrit ce pain de la parole
        Qu'elle nous donnera demain ;
Elle arrange pour nous la simple parabole
        Qui des vertus montrera le chemin.

        Au vieux clocher un glas funèbre tinte.....
Le peuple devant lui courbant son front pieux,
        Adore en la divine enceinte...
Où peut-il donc aller de ce pas douloureux
        Revêtu de l'étole sainte ?....

Il s'approche du lit de mort
Où se fane une fleur pour la terre flétrie
Il la nourrit du pain du fort,
Du pain qui lui rendra dans la sainte patrie
Plus de beauté qu'elle n'avait d'abord !

Il va, faisant le bien, par la triste vallée,
Le prêtre vertueux ;
Il console en ses maux la pauvre âme exilée.
Qu'il soit béni des cieux !

Lorsque le vent de la révolution souffla sur la ville éternelle et força le Souverain Pontife à aller demander un asile au roi de Naples, le cardinal Giraud, archevêque de Cambrai, sans doute chargé d'une mission secrète par le gouvernement français, très certainement entraîné par son amour inébranlable pour Pie IX, s'empressa de se rendre à Gaëte, auprès du Pontife exilé. Le 4 janvier 1849, il alla faire une visite d'adieu aux élèves de son grand séminaire. L'abbé Dehaisnes fut, en cette circonstance, le « porte-parole » de ses condisciples. Dans une cantate, presque improvisée, toute remplie de sentiments élevés et de délicates allusions, il complimenta le Prélat et lui dit l'amour et le dévouement de ses futurs prêtres :

J'entends monter partout le cri de liberté ;
Redit par mille échos, il ébranle le monde.
Sur les trônes brisés mugissant comme l'onde
La voix des nations jusqu'aux cieux l'a jeté !
En vain les clameurs de ces braves
Résonnent dans notre séjour !
Notre main bénit ses entraves
Et nous chantons, fiers d'être esclaves,
Esclaves sous un joug d'amour :

Du doux amour la main légère
De notre chaîne a rivé les anneaux ;
Nos liens furent tissés par ses joyeux fuseaux.

Sans suspendre la lyre à l'arbre aimé des eaux,
    Muets aussi pour la fête étrangère,
        Chantons, chantons d'un cœur sincère
          Chantons notre bon père.

Au monde où tous les yeux s'éloignent des malheurs
Comme l'oiseau des champs je pleurais solitaire ;
Mais son doigt m'appela dans cette heureuse terre
Où l'on rit à la joie, où l'on soupire aux pleurs.
      Et maintenant qu'un lourd orage
      Dans l'air semble peser sur nous,
      Sous ses ailes avec courage
      Des vents nous attendons la rage.....
      Nos jours ici coulent si doux.

Des crimes ont monté jusqu'aux pieds du Seigneur ;
Dieu parait aiguiser les traits de sa colère.
Voyez ! Rome s'apprête à gravir le calvaire,
A laver d'un sang pur les taches du pécheur.
      Marchons, enfants du sanctuaire,
      Prenons l'étole du martyr !
      Suivons, armés de nos prières,
      Les pas des évêques nos pères !
      Les évêques savent mourir.

Comme à l'aigle si fier s'attaquent les corbeaux,
Si la foule injurie à ta pourpre romaine.
Nous prendrons ton manteau pour bannière chrétienne ;
Oui ! nous le baiserions sous le fer des bourreaux.
      Et qui pourrait fuir comme un lâche
      En marchant sous ta noble loi ?
      Dans les combats que l'on attache
      Les yeux sur ta pourpre sans tache
      Et l'on mourra digne de toi !

Douce reine des cieux. songeant à l'avenir,
Ma voix jusques à toi, ma pieuse voix monte !
Epargne à notre France et le crime et la honte
De teindre cette pourpre en pourpre du martyr.

Bénis notre voix solennelle
Entends-la jurer en ce lieu
Jurer une amour éternelle
A sa royauté paternelle :
Tout à lui ! Tout à notre Dieu !

N'avions-nous pas raison de dire que l'abbé Dehaisnes cultivait avec un égal succès les divers genres de poésie ? Mais son
chef-d'œuvre est, sans contredit, son ode à Notre-Dame de Grâce
qui révéla le nom du jeune diacre à tout le diocèse et même au
delà de ses limites.

Le 15 août de l'année 1852 devait se célébrer le quatrième
centenaire de Notre-Dame de Grâce à Cambrai. Un concours de
poésie lyrique et épique fut ouvert à cette occasion. « N'était-il
pas juste que les accents de la poésie vinssent s'allier, en cette
solennité, à la grande voix de la religion ? En demandant aux
poètes d'accorder leur lyre et de chanter Marie, leur douce mère,
on renouait simplement le fil rompu des vieilles traditions de nos
provinces : on rappelait les célèbres journées où, dans la ville
que l'on a appelée l'Athènes du Nord, les nefs d'une vénérable
basilique se transformaient en arène où la poésie s'exerçait à de
pacifiques combats : où, du haut de la chaire, retentissaient les
chants royaux en l'honneur de la Reine des Anges et où, aux
applaudissements de la foule, une couronne pressait de sa douce
étreinte le front du poète dont les chants avaient été les plus
purs et les plus magnifiques ».

M. Capelle, professeur de rhétorique au collège de Cambrai,
fut chargé du rapport sur le concours du genre lyrique
auquel prirent part vingt-huit poètes de tous les points du
diocèse et de la France. Quatre furent distinguées parmi ces
vingt-huit compositions et, par dessus toutes les autres, l'ode de
l'abbé Dehaisnes qui fut récompensée d'une médaille d'or.
« Cette œuvre, que des académiciens renommés envieraient à

l'auteur, a enlevé d'assaut les suffrages de la commission , écrit le rapporteur. Je me souviendrai toujours de la séance où M. le secrétaire en fit la lecture pour la première fois. Chacun des juges, ravi en extase, se penchait avec avidité vers le lecteur, osant à peine respirer de peur de perdre un mot ; chacun croyait entendre un de ces chants divins que les anges font sans cesse retentir au céleste séjour ; dans un élan d'admiration, nous nous sommes écriés tous : Il a raison, l'écrivain qui dit que la poésie est la musique de l'âme ! En effet, le plan de cette pièce est heureusement conçu et bien suivi ; toutes ses parties convergent vers un point central, l'histoire de Cambrai et celle de Notre-Dame, fondues ensemble par le feu de l'imagination, comme deux métaux dans un creuset. Et puis, quelle variété ! Éclat des images, fraîcheur de pensées, nuances de couleurs, mélange de tons, couleur locale, tout s'y trouve, tout émeut et charme, tout remue le cœur et éveille l'imagination. A ces mérites, à l'harmonie dont M. Dehaisnes a un sentiment si vif, joignez un style pur, facile, coulant, simple et nerveux ; joignez le naturel, don précieux, rare, inimitable, que l'on cherche, que l'on redemande, qui ravissait Pascal et ravira les hommes de goût dans tous les temps. Tantôt on croit suivre le cours d'un ruisseau murmurant qui chemine à flots purs, sous de frais lilas ; tantôt c'est un fleuve rapide, qui, rassemblant les eaux du ciel et les torrents de la montagne, entraîne tout sur son passage. Si le jeune talent dont nous admirons le travail ne fait que débuter dans la carrière de la poésie, il peut à juste titre dire comme Rodrigue :

> Mes pareils à deux fois ne se font pas connaitre
> Et pour leurs coups d'essai veulent des coups de maitre ».

De fait, cette magnifique pièce de vers, qui excita l'enthousiasme de tous et fut littéralement acclamée, même par les concurrents moins heureux, est certainement ce qui a été écrit de mieux en ce genre à l'honneur de Notre-Dame de Grâce. « Si vous publiez la vie de Mgr Dehaisnes, nous écrit-on de plusieurs côtés, surtout reproduisez cette pièce, malgré sa longueur ; vous ferez plaisir à tous vos lecteurs ». Nous déférons bien volontiers à ce désir si légitime, en rééditant cette ode à la fin de notre notice.

Pour être complet, nous devons signaler encore un autre travail de l'abbé Dehaisnes, son premier travail imprimé, qui porte également la date de 1852. Ce fut une œuvre toute de charité. Le Révérend Père Jean Azar, prêtre du Liban, vicaire-général du diocèse de Saïda (Sidon) en Terre Sainte, délégué par le patriarche d'Antioche et les chefs des Maronites, pour plaider en Europe la cause éminemment catholique et si digne d'intérêt des Maronites, ses compatriotes, se trouvait de passage à Cambrai. Tandis qu'il remplissait sa pénible mission de quêteur, il rencontra, au grand séminaire, l'abbé Dehaisnes qu'il pria, après lui avoir fourni quelques renseignements nécessaires, d'écrire une étude sur les populations catholiques du Liban. Grâce à son étonnante promptitude dans le travail, le jeune diacre fut prêt en peu de temps. Il publia son étude sous le voile de l'anonyme et sous ce titre modeste : *Les Maronites d'après le manuscrit arabe du R. P. Azar* ; c'est une brochure in-12 de près de 200 pages, où se trouvent esquissées bien simplement, à grands traits, il est vrai, mais avec une érudition incontestable et une chaleureuse conviction, les origines et les épreuves de cette malheureuse nation si méconnue à cette époque, autrefois cependant si chère au cœur de notre bon roi saint Louis qui la considérait comme *une partie de la nation française*, « car, disait-il dans une charte datée de Saint-Jean d'Acre, le 21e jour de mai 1250, son amitié pour les Français ressemble à l'amitié que les Français se portent entre eux ».

Cet opuscule de l'abbé Dehaisnes fut souvent cité et parfois même copié par les écrivains qui s'occupèrent de la question d'Orient, durant les huit années qui suivirent sa publication. Les tristes événements qui s'accomplissaient dans le Liban attiraient sur ses populations l'attention de tous les catholiques ; la chrétienté entière frémissait de douleur et d'indignation au récit des cruautés exercées par les Druses à Saïda, à Damas, à Déir-el-Kamar. A la voix de leurs évêques, de toutes parts, les fidèles priaient et envoyaient des aumônes pour leurs frères persécutés. En 1860, les soldats de la France débarquaient sur les côtes de la Syrie pour demander compte du sang versé aux bourreaux qui avaient égorgé et à ceux dont la lâche complicité avait toléré, autorisé ou même encouragé ces massacres. La question de la Syrie prenait donc de jour en jour une importance plus grande. L'abbé Dehaisnes, alors professeur au Collège Saint-Jean de Douai, crut devoir reprendre son premier travail, depuis longtemps épuisé : il revit les citations, compulsa de nouveau les sources les plus sûres ; il réédita, ou plus exactement transforma son étude historique sur les Maronites et sur leurs relations avec Rome et la France et la fit paraître dans l'excellente *Revue des sciences ecclésiastiques* que venaient de fonder M. l'abbé D. Bouix et M. l'abbé Hautcœur. Cette étude répond victorieusement aux principales objections que l'on apportait contre l'orthodoxie des populations Libaniotes, retrace leurs origines chrétiennes, les sanglantes persécutions dont elles furent les victimes, l'inviolable attachement qu'elles ne cessèrent de manifester à l'église catholique et à leur grande et noble protectrice, la France.

Les travaux si divers auxquels se livrait l'abbé Dehaisnes ne l'empêchaient point de suivre avec profit et succès les cours de théologie préparatoires au sacerdoce. Comme au collège d'Estaires, comme au petit séminaire, il tint constamment l'un des premiers rangs de son cours. Tonsuré et minoré le 23 décembre 1849, sous-diacre le 21 décembre 1850, diacre le 20 décembre de l'année

suivante, il ne fut promu au sacerdoce que deux ans plus tard.
le 21 mai 1853. Ses études théologiques furent en effet interrompues par son fructueux professorat au pensionnat d'Auchy,
dont nous parlerons dans le chapitre suivant.

Des souvenirs de son ordination sacerdotale, il ne nous reste
que le sermon qu'il prononça en l'église d'Estaires, le 19 juin 1853,
à sa première messe solennelle. Que de nobles sentiments, que
de délicatesse, que de sincère humilité, que de vertu, cette simple
et touchante allocution nous révèle ! « Tous ceux qui sont ici,
s'écrie-t-il, m'ont connu ; ils m'ont connu enfant, léger, peu fécond
en vertus : ils m'ont connu, je l'avoue hautement, indigne du
sacerdoce. Et cependant, voici que votre droite, ô mon Dieu,
m'a tiré de la poussière et m'a élevé au-dessus des fidèles ; voici
que votre voix m'a dit : Va parmi les nations, va et parle.
enseigne mon peuple ! O Dieu ! que votre bonté est immense et
que grande est votre puissance, pour que vous daigniez vous
servir d'un aussi faible et aussi indigne ministre ! » Les cérémonies de la Sainte Messe, tel est le sujet pratique de ce premier
sermon du nouveau prêtre : une grande érudition jointe à une
exposition simple et claire, à un esprit de foi profond, à une
sincère piété, à un oubli complet de soi-même, telles sont les
qualités que nous remarquons dans cette allocution et que nous
retrouvons constamment dans les nombreux sermons que
Mgr Dehaisnes écrivit et conserva toujours comme les plus
précieux souvenirs de sa vie sacerdotale.

III.

Le pensionnat d'Auchy, bien oublié de nos jours, a été
longtemps l'un des plus florissants établissements d'enseignement
secondaire de la région. Il fut fondé en 1813, avec l'autorisation du recteur de l'Université de Douai, par M. Alexandre
Leleu-Debruille, père des trois prêtres qui ont laissé dans le
diocèse de Cambrai d'impérissables souvenirs. La haute et
méritée réputation dont jouissait M. Leleu comme éducateur de
la jeunesse lui attira rapidement un grand nombre d'élèves,
nombre qui s'accrut encore lorsque son fils Alphonse, après de
brillantes études faites au collège Saint-Bertin à Saint-Omer,
vint partager les travaux paternels et prendre bientôt presque
toute la direction du pensionnat.

Le 27 janvier 1840, M. Leleu père s'éteignait dans la paix du
Seigneur. M. Alphonse, jeune et vigoureux, inaugura aussitôt
d'excellentes réformes que le temps avait rendues nécessaires et
donna ainsi à l'œuvre une nouvelle et puissante impulsion. Les
élèves arrivèrent si nombreux que le jeune chef d'institution dut
appeler à son aide l'un de ses frères, Alexandre, qui résigna ses
fonctions de doyen de Quesnoy-sur-Deûle pour venir prendre
la direction religieuse du pensionnat d'Auchy et y enseigner en
même temps le latin aux élèves les plus avancés. En 1846,
Mgr Giraud, plein d'admiration pour cette institution qu'il
connaissait intimement par le frère aîné de son directeur,

M. Jean-Baptiste Leleu, supérieur du grand séminaire de Cambrai, la prit à cœur d'une manière toute particulière et y envoya, comme collaborateurs des frères Leleu, MM. Berteaux, actuellement doyen de Saint-Martin à Roubaix, Carnel, aumônier militaire à Lille et Mulliez, plus tard curé de Wasnes-au-Bac.

La loi du 15 mars 1850, qui « délivra » l'enseignement secondaire, ouvrit un nouvel horizon au pensionnat d'Auchy. M. Alphonse Leleu comprit aussitôt tout le parti qu'il pouvait tirer de cette nouvelle législation ; encouragé par son frère Jean-Baptiste, il n'hésita pas à agrandir considérablement ses bâtiments et à ériger sa maison en collège de plein exercice. Même avant cette époque de rénovation pour l'enseignement secondaire, Mgr l'archevêque avait accordé volontiers au directeur d'Auchy comme collaborateurs les abbés désignés par le supérieur de son séminaire ; c'est ainsi que dès 1847 furent successivement envoyés à Auchy MM. Dehaisnes, Évrard, Dewez, Martinache, Sinsoilliez, Legrand, Bernard, Decorne, Berthe, Delanghe, Chuffart, Dechy, Lasselin, Lejeune, Lubrez, Descat, et bien d'autres encore. On le voit, le corps professoral d'Auchy était un corps d'élite.

Par une brumeuse matinée des premiers jours du printemps de l'année 1847, M. le chanoine Leleu, supérieur du grand séminaire de Cambrai, faisait appeler en son cabinet l'abbé Dehaisnes, alors élève de première année de théologie. « Mon cher ami, avez-vous quelque goût, quelque attrait pour le professorat ? » — « Monsieur le supérieur, répond l'abbé, je veux n'avoir d'autre désir, d'autre volonté, que la volonté de Mgr l'archevêque ; mais je dois vous avouer que mes goûts, mes rêves, mes préférences m'ont constamment porté vers cette carrière du professorat qui me paraît offrir à l'ecclésiastique un champ d'activité et de zèle tout aussi vaste et parfois plus fructueux que celui du ministère paroissial. Si donc le bon Dieu m'y appelle par la voix de mes supérieurs, je m'estimerai bien heureux d'y employer entièrement ce qu'il m'a donné d'intelligence et de cœur. » — « Eh bien ! cher ami, Monseigneur l'archevêque, sur ma demande, vous a désigné pour le professorat au pensionnat d'Auchy, chez mes frères, auxquels je me fais une joie de vous offrir comme collaborateur. Allez ! je vous bénis et je fais les vœux les plus sincères pour le succès de votre professorat. Préparez-vous et soyez à Auchy le plus tôt possible. »

L'abbé se retire, tout ému de cette entrevue qui, de fait, a décidé de toute sa vie. Sa première visite est pour la chapelle, où il va remercier Notre-Seigneur de cette sanction divine donnée à ses vœux les plus chers. Puis il regagne sa modeste cellule et se met en devoir de préparer son petit bagage de séminariste professeur, une malle, une simple malle, qui depuis tantôt dix ans a fait et refait le voyage d'Estaires à Cambrai dans la primitive diligence qui se trouvait être encore le seul moyen de communication entre les deux localités. Rapidement elle est bouclée et expédiée à Auchy, sans retard, mais sans autre adresse que celle du pensionnat.

« Que de fois, dans l'intimité, M. Alphonse Leleu taquina M. Dehaisnes au sujet de cette malle qu'il avait envoyée au pensionnat, avant qu'il arrivât lui-même, nous écrit M. l'abbé Dewez, collègue de M. Dehaisnes à Auchy. M. Leleu, intrigué par l'aspect de ce colis dont il ignorait l'expéditeur, profita d'un accident qui l'avait à demi ouvert, pour y chercher une preuve d'identité. « Ciel ! s'écria-t-il ! Quel fouillis, quel amalgame de choses disparates ! Chaussures et chapeaux, rasoirs et linge, livres et brosses, vêtements et statuettes, tout cela est pêle-mêle ! Si cette malle est l'image de celui qui l'a faite, quel homme est-ce donc que m'envoie mon frère, le vicaire général ? » Eh bien, non ! l'homme ne ressemblait nullement à sa malle, si ce n'est peut-être par le tact extraordinaire qu'il apporta toujours dans ses relations avec les sujets les plus dissemblables. En tous cas, ajoute M. Dewez, son esprit d'ordre de ce temps-là ne pouvait guère faire présager qu'il serait plus tard à la tête d'un grand dépôt d'archives où l'ordre le plus strict, le plus méticuleux, est de toute première nécessité. Je me souviens qu'un jour, après avoir travaillé aux archives dont il avait la direction, je lui disais, en remettant à leur place les documents dont je m'étais servi : « Il faut remettre tout en ordre, n'est-ce pas ? » — « Oh ! oui ! me répondit-il, oui, très soigneusement, car, ici, toute pièce déplacée est une pièce perdue ». Et je lui rappelai familièrement sa première malle de professeur. « Oh ! fit-il, en souriant à ce souvenir d'antan, Dieu ne donne-t-il pas les grâces d'état nécessaires ? »

Dès les premiers jours de son professorat, l'abbé Dehaisnes fit bien voir qu'il était là dans son élément. Sa fermeté douce, calme et aimable, établit inébranlablement dès le principe son autorité sur les élèves qui lui étaient confiés, en même temps que sa bonté, reflétée par les traits de son visage toujours souriant, lui conciliait leur affectueuse confiance. Les connaissances aussi solides que variées qu'il avait acquises au cours de ses brillantes études se déroulaient sans effort comme sans ostentation durant les heures consacrées à ses classes d'histoire, de seconde ou de rhétorique. Sans se laisser entraîner par son imagination si vive et si poétique, qui volontiers eût pris, au détriment peut-être de son enseignement, un essor qu'il sut toujours réfréner dans la juste mesure, le jeune professeur préparait avec intelligence et conscience chacune de ses classes ; nous en avons la preuve dans les nombreux cahiers de notes qu'il a laissés. « En classe, dit encore M. l'abbé Dewez, on l'écoutait volontiers, même sur les sujets les plus arides ; sa parole était toujours claire, lucide, vivante, émaillée de traits d'esprit. Il savait élever l'intelligence et le cœur de ses élèves et leur infuser la science d'une manière agréable, sans efforts, sans contention, sans fatigue de leur part : comme il s'entendait à leur rendre le travail facile, à leur inspirer le goût et l'amour de l'étude, à leur apprendre à réfléchir, à penser, à écrire par eux-mêmes ! »

« Il possédait à un haut degré l'estime, l'attachement, la confiance de ses supérieurs et de ses confrères, comme de ses élèves. J'eus le bonheur d'être son collègue à Auchy, poursuit M. Dewez : je lui rends ce témoignage comme témoin oculaire et auriculaire. Ses rapports avec nous étaient charmants ; il était vraiment la gaité, la joie, l'édification de notre vie en communauté. Que de fois nous avons regretté que la cloche mit fin à nos conversations, aux discussions animées qui occupaient nos récréations dont il était l'âme, le boute en train ! Que de questions variées étaient là débattues, dont il avait pris l'initiative ou procuré l'occasion ! M. Alexandre Leleu qui avait concentré surtout sa belle intelligence sur le latin et la littérature française, à l'exclusion du grec et de l'histoire, portait volontiers la conversation sur les formes littéraires. Souvent M. Dehaisnes, uniquement pour imprimer à l'entretien une tournure plus vive, soutenait une opinion contraire. Tous, nous nous intéressions et nous nous instruisions dans ces joûtes savantes et spirituelles, toujours courtoises et chrétiennement charitables. Toutefois, lorsqu'il s'agissait de questions d'histoire, rarement on entamait la lutte, car l'excellente mémoire de M. Dehaisnes lui fournissait sur le champ les dates et les détails qui désarmaient d'avance les contradicteurs. Aussi soulevait-on de préférence les questions d'actualité, de politique, de philosophie ou de théologie qui fournissaient une matière plus facile et plus variée à ces assauts de science et d'esprit ».

L'ascendant incontestable que le jeune professeur avait su

prendre sur tous les pensionnaires de la maison, même sur ceux qui n'étaient pas directement ses élèves, la confiance qu'il avait su inspirer à tous, déterminèrent les directeurs de la maison à lui confier la charge de donner chaque dimanche, dans la grande salle du pensionnat, à tous les élèves réunis, une instruction, une « lecture spirituelle » sur les devoirs de l'écolier chrétien. La mission était d'autant plus honorable et délicate que l'abbé Dehaisnes n'était encore que sous-diacre ou diacre.

Nous possédons un certain nombre de ces conférences. Voici le début de la première : « L'on m'a prié, disait-il à son nombreux auditoire, de vous faire tous les dimanches une instruction, une conférence religieuse, de vous parler de vos devoirs, des fautes à éviter, des vertus à pratiquer. Quand l'on me fit cette proposition, j'hésitai. Déjà presque surchargé d'occupations, où trouverai-je le temps nécessaire pour préparer et pour faire ces instructions ? Aurai-je les forces suffisantes pour supporter la grande fatigue d'un entretien d'une demi-heure dans une salle aussi vaste et devant tant d'élèves ? Enfin et surtout, suis-je digne, suis-je capable de vous prêcher la parole de Dieu ? N'est-ce point présomption de ma part de venir vous parler en quelque sorte en son nom, moi qui n'ai encore reçu qu'en partie cette noble mission ? Le Ciel, sans qui les paroles et les pensées de l'homme ne peuvent rien, le Ciel voudra-t-il bénir les efforts de ma voix ? Je ne suis point prêtre encore ; dois-je parler ? Voilà ce que je me disais, Messieurs. Mais, d'un autre côté, je me suis dit aussi qu'il est peut-être parmi vous des âmes chancelantes que ma parole, toute faible qu'elle soit, pourrait raffermir dans la foi ; des âmes bien disposées, qu'un mot de piété pourrait nourrir pour longtemps ; des âmes affligées, désolées, ulcérées, auxquelles peut-être quelques instructions pourraient rendre un peu de calme et de bonheur. Je me suis dit qu'avec la grâce de Dieu et l'assistance de la Sainte Vierge, peut-être, après un grand nombre d'instructions, je pourrai être utile à une âme, à une seule âme, lui faire un peu de bien ; et cette idée, cet espoir a suffi à me décider. Je braverai donc la fatigue, je trouverai du loisir, parce que j'ai la volonté de vous être utile, parce que je vous porte un très grand intérêt, parce que je vous aime. Et, croyez-le bien, tout ce que je dirai sera inspiré uniquement par le désir de plaire à Dieu et d'être utile à vos âmes. En parlant du vice et de la vertu, peut-être il m'arrivera de dire des choses dans lesquelles plusieurs d'entre vous pourraient se reconnaître ; que jamais ils ne croient qu'une idée de personnalité est cachée sous mes paroles, que je les attaque en particulier. Non ! loin de ma bouche de semblables paroles ; loin de mon cœur une telle pensée ! J'attaquerai le vice et non l'individu, la faute et non l'élève.....Le plan que je suivrai dans ces instructions sera bien simple ; je vous parlerai des devoirs d'un écolier, en commençant par les devoirs envers Dieu, puis les devoirs envers la règle, envers le prochain, envers vous-mêmes.... ».

On le voit, cette façon de parler était bien simple, bien à la portée du jeune auditoire auquel s'adressaient ces instructions ; mais tout cela n'était-il pas pensé et écrit avec le cœur ? Nous avons lu toutes les conférences qui nous restent ; notre conviction bien sincère est qu'elles devaient faire une vive impression sur les élèves et produire des fruits abondants en leurs âmes. C'était là toute la récompense qu'ambitionnait ce cœur vraiment sacerdotal.

Au pensionnat d'Auchy, l'abbé Dehaisnes, malgré ses multiples occupations, trouvait moyen de ne point délaisser la muse de la poésie. Chaque année, c'était lui qui préparait la partie littéraire de la solennité de distribution des prix. Pour que l'exécution fût toujours en rapport avec les éléments dont on pouvait disposer, en matériel comme en personnel, il composait lui-même les « pièces » que l'on devait exécuter et il s'entendait avec son ami

M. Dewez pour la musique et le théâtre. Là encore, M. Dehaisnes savait faire rire ou pleurer, rire dans de joyeuses comédies comme *Le Locataire*, pleurer dans des drames émouvants comme *Alain de Kerlannorr*.

Dans *le Locataire*, il met en scène des étudiants de Paris abandonnés à eux-mêmes ; ils occupent des appartements dont ils ont peine à payer le loyer. A chaque terme, ce sont de nouvelles combinaisons, de nouvelles ruses pour payer ou ne pas payer, pour déménager ou emménager de nouveau. L'auteur saisit sur le vif l'esprit, le caractère et les travers de l'étudiant, comme il l'avait fait autrefois pour le jeune séminariste. Déjà sans doute il se préoccupait de ce qu'il y aurait à faire pour soustraire les jeunes étudiants universitaires aux mille périls qui les entourent.

Alain de Kerlannorr est un drame historique en trois actes d'une réelle valeur ; il a, selon l'expression consacrée, subi le feu de la rampe à maintes et maintes reprises et toujours avec un égal succès, à Auchy, à Douai, où l'auteur le fit imprimer en 1856, à Lille, où la veille même de sa mort les jeunes gens d'un des plus importants patronages de la ville le représentaient encore, et dans bien d'autres endroits. D'un bout à l'autre de l'action, dans laquelle se déroule un épisode des guerres de la Révolution en Vendée, on sent vibrer le plus pur patriotisme, on voit se manifester le plus héroïque dévouement.

Le professeur d'histoire aimait d'ailleurs à faire représenter les grands épisodes de nos fastes nationaux, à vulgariser, dirons-nous, la connaissance de l'histoire en la mettant en action. C'est ainsi, nous écrit le R. P. Berthe, qu'à la distribution des prix de 1853, les élèves jouèrent un drame de sa composition intitulé *Les Druides*, dans lequel se déroulait, comme en un tableau aux vives couleurs, l'histoire de nos aïeux. Les personnages étaient de vrais Gaulois, tant par les sentiments qu'ils exprimaient, que par les costumes qu'ils portaient ; le respect de la couleur locale trahissait déjà l'antiquaire.

Mentionnons encore les nombreuses chansonnettes, les petites scènes, les monologues qu'il composait pour remplir les entr'actes. Ils avaient toujours beaucoup de succès , étant préparés pour la circonstance et, partant, tout remplis d'actualité et d'allusions fines et gaies. M. l'abbé Dewez a bien voulu nous en communiquer plusieurs qu'il a conservés parmi ses souvenirs du pensionnat, entre autres la chanson des vacances :

> Dans ces lieux de silence ,
> Je reviens , pour ma part ,
>   Au plus tard !
> Mais, chut ! Vite en vacance,
> Je suis des lois d'Auchi
>   Affranchi !

« Comment, ajoute-t-il, M. Dehaisnes trouvait-il le temps pour faire tant de choses diverses en dehors de ses occupations essentielles, c'est-à-dire de ses exercices ecclésiastiques, de ses classes, de leur préparation et des surveillances dont il n'était pas exempt ? Son activité tranquille, jamais effarée, pourvoyait a tout, tant sa facilité de travail était étonnante ! Une année, je lui demandai trois semaines avant la distribution des prix quelle serait la « pièce », afin de préparer le théâtre en conséquence. « Je ne l'ai pas encore commencée, me répondit-il, je n'ai même pas arrêté mon choix, mais peut-être prendrai-je pour thème le *Locataire*. » C'était une chansonnette qu'il nous disait parfois. Huit jours après, la comédie était achevée, les rôles distribués aux acteurs. Rien n'avait paru dans les occupations *diurnes* du professeur ; il avait pris sur ses nuits. »

IV.

Mgr Dehaisnes a Douai. — La fondation du collège Saint-Jean. — Dix-huit années de professorat. — Le cours d'histoire. — Travaux poétiques et littéraires. — Prédications. — La guerre de 1870-1871.

L'abbé Dehaisnes quitta Auchy à la fin de l'année scolaire 1852-1853. Les aptitudes toutes spéciales dont il avait fait preuve durant ces quelques années de professorat, le succès qui avait couronné son enseignement, le jugement de ses supérieurs et la voix unanime de ses collègues, tout le désignait pour occuper à bref délai les plus importantes fonctions dans l'enseignement secondaire libre qui s'organisait sur tous les points du diocèse de Cambrai. Mgr l'archevêque en jugea ainsi lui-même et envoya l'abbé Dehaisnes à Paris, à la célèbre école dite des Carmes, qui durant ce siècle a donné au clergé de France tant de sujets remarquables et éminents. Le jeune professeur devait s'y préparer par des études spéciales aux grades supérieurs de la licence et du doctorat ès-lettres. Mais, à peine était-il installé à Paris, que la fondation d'un collège ecclésiastique à Douai fut décidée ; il fallait pour les débuts des professeurs jeunes, actifs, zélés et possédant déjà quelque expérience dans l'art si difficile de l'enseignement uni à l'éducation. L'abbé Dehaisnes avait fait ses preuves ; on jugea son concours indispensable et on le rappela pour faire partie du corps professoral du nouveau collège. Lui en coûta-t-il beaucoup de renoncer à ces années d'études supérieures vers lesquelles le portaient assez son amour de la science approfondie et ses goûts personnels ? Sans doute, ce fut pour lui un sacrifice, mais il le fit sans une minute d'hésitation, avec sa générosité, sa gaité, sa soumission habituelle aux volontés de Dieu sur lui.

Il vint donc reprendre sa vie de dévouement dans la grande œuvre de l'éducation chrétienne de la jeunesse, avec la même simplicité, le même abandon qu'il avait manifestés en la quittant.

Laissons-le nous raconter lui-même les débuts de ce collège Saint-Jean : en 1888, appelé à présider la distribution des prix de ce florissant établissement, il y prononça une touchante allocution, dans laquelle il se laissait aller à ses souvenirs des premiers jours.

« Il y a trente-cinq ans, disait-il, j'assistais comme professeur à la première distribution des prix du collège Saint-Jean et depuis, durant dix-huit ans, je n'ai point cessé d'y prendre part au même titre. En m'y retrouvant aujourd'hui, tout un passé ressuscite à mes regards. Ce n'est pas en vain qu'un professeur, un prêtre a consacré, pendant près de vingt ans, à un collège tout ce qu'il pouvait avoir de connaissances, tout ce qu'il avait de jeunesse et de dévouement ; ce n'est pas en vain qu'il s'y est dépensé tout entier pour enseigner à de nombreuses générations de jeunes gens la science, la vertu et la piété. Des liens se sont établis entre lui et le collège, des liens que ni les années ni les événements ne peuvent briser.... En voyant ici des familles qui y étaient représentées il y a trente à quarante ans ; en reconnaissant dans les rangs des élèves les fils de plusieurs de ceux que j'y ai vus de 1853 à 1871 ; en prenant place à côté du cher et vénéré confrère que j'ai aimé comme collègue, que j'ai entouré de respect comme supérieur, dont je me suis toujours honoré d'être l'ami ; en revoyant tout cela, je me sens envahi par les plus puissantes émotions, je sens se réveiller en moi les plus touchants, les plus chers souvenirs. Et sous cette impression, je voudrais essayer de vous rappeler les origines et les débuts du collège Saint-Jean, et vous faire connaître le premier chapitre de son histoire.....

» La ville de Douai, avec son université fréquentée chaque

année par plus de deux mille étudiants, avec ses collèges et ses dix-sept séminaires groupés autour de cette grande institution, Douai avait été par excellence, de 1562 à 1792, la ville de l'enseignement catholique dans les Pays-Bas français et pour toute la région circonvoisine. Dans notre siècle, elle était devenue la ville de l'enseignement de l'État, le siège de l'Académie du Nord : son lycée n'avait point de rival parmi les autres établissements d'instruction secondaire du département. Aussi lorsque, vers 1840 et surtout après la loi de 1850 sur la liberté de l'enseignement secondaire, des collèges ecclésiastiques furent établis par les administrations diocésaines de Cambrai et d'Arras à Marcq, à Saint-Bertin, à Dohem, à Auchy, à Tourcoing, à Roubaix, à Lille et à Valenciennes, à Douai, en face du lycée, il n'en fut point ouvert. Une tentative fut faite cependant en 1851 par un prêtre zélé et pieux ; mais elle ne donna point les résultats que l'on eut désirés et, à la fin de l'année scolaire 1852-1853, on pouvait se demander si elle n'aboutirait pas à un regrettable insuccès.

« C'est alors que le projet de fonder à Douai un collège ecclésiastique dépendant de l'autorité diocésaine fut conçu et mis à exécution par trois hommes de foi et de dévouement. L'un d'eux était le doyen de la paroisse Saint-Jacques, M. l'abbé Vrambout, qui unissait à une haute science théologique l'intelligence la plus complète des besoins de notre époque et qui, sous des dehors fins et délicats, voilait une énergie et une force de volonté rares dans notre siècle. Le second était l'abbé Bataille, vicaire de la même paroisse, dont M. Vrambout avait fait son confident et son bras droit et qu'il préparait ainsi à la haute dignité que son mérite et ses vertus devaient plus tard lui faire décerner. Le troisième était un laïque dont le nom est loin d'être oublié à Douai, dont la famille est représentée ici par des personnes à qui l'unissaient les liens les plus étroits. M. Alexandre Capon.

» Ensemble, vers la mi-septembre 1853, ils allèrent à plusieurs reprises trouver Mgr Régnier pour obtenir de lui la fondation à Douai d'un collège ecclésiastique placé sous sa dépendance. Le vénéré archevêque avait pris la résolution de ne plus créer, pour le moment, de nouveaux collèges ; mais, à force de démarches, d'instances et de sacrifices d'argent qu'ils promirent en leur nom et au nom des catholiques de Douai, les trois solliciteurs obtinrent gain de cause. Vers la fin de septembre, la fondation du collège était décidée ; le 4 ou le 5 octobre il était ouvert.

» Il était ouvert ; mais dans quelles conditions ! La maison, située rue de la Cloche, était petite, insuffisante pour un collège ; point d'air, point d'espace ; point de chambres pour les professeurs dans les anciens appartements convertis en dortoirs ; comme élèves, quelques enfants suivant les cours de français ou les premières classes de latin, reste d'un pensionnat qui n'avait pu réussir à triompher des premières difficultés inhérentes à toute fondation. Mais, à la tête du nouveau collège, avait été placé un supérieur formé à l'excellente école de Saint-Bertin et de Marcq, un prêtre aussi remarquable par sa sagesse que par sa bienveillance et son aménité, qui durant sept années a été à la peine et à la fatigue et dont le nom doit être à l'honneur, le doyen actuel de Landrecies, M. l'abbé Blondel. Les jeunes prêtres, venus de divers côtés, qui lui furent adjoints comme professeurs, s'associèrent courageusement à ses travaux ; ils acceptèrent la situation peu enviable qui leur était faite avec autant de bonne humeur et d'entrain que de zèle et d'esprit chrétien. En quelques mois tout avait changé de face. Pendant le cours de l'année scolaire, aux vacances du nouvel an, à Pâques, le nombre des élèves avait notablement augmenté. La maison était devenue trop étroite ; avant la fin de l'année, il fallut songer à un autre local.

» Le riche et vaste hôtel où nous nous trouvons aujourd'hui était en vente depuis quelque temps. Grâce à un concours de circonstances presque providentielles, les fondateurs du collège, après de nouvelles démarches et de nouveaux sacrifices, obtinrent que l'administration diocésaine en fit l'acquisition. Et c'est ainsi qu'enfant de Saint-Jacques, le collège Saint-Amé, appelé désormais le collège Saint-Jean, fut adopté par Saint-Pierre et vint se placer à l'ombre de Notre-Dame. Cette parole n'est que la simple expression de la vérité ; le collège Saint-Jean doit en partie sa prospérité au clergé de la ville et de la région. Il a été patronné, dès ses premiers jours, par les vénérés doyens des trois paroisses de Douai, comme il l'est encore aujourd'hui par les trois prêtres éminents qui leur ont succédé. Dès la première distribution des prix, qui fut célébrée en cette maison récemment acquise mais non encore occupée, le clergé des paroisses du diocèse de Cambrai et du diocèse d'Arras avoisinant Douai vint, par sa présence, témoigner de l'intérêt qu'il portait au nouveau collège, comme le fait encore aujourd'hui la couronne de prêtres que je vois entourer cette estrade. De leur côté, les pères de famille de Douai, hommes de foi et de principes, n'eurent rien plus à cœur que de contribuer au développement de Saint-Jean en lui donnant les preuves les plus éclatantes de leur sympathie et en lui confiant l'éducation de leurs enfants....... »

Ce que Mgr Dehaisnes ne dit pas et qu'il ne voulait pas dire dans ce discours, c'est le rôle important qu'il fut appelé à remplir dans la fondation et durant les premières années du collège Saint-Jean, c'est le dévouement sans bornes qu'il déploya constamment dans ses fonctions de professeur de rhétorique ou d'histoire, c'est l'immense influence qu'il s'acquit dès les premiers jours auprès des familles, dans le corps professoral et parmi les élèves du collège, c'est, en un mot, le bien considérable qu'il fit durant ses dix-huit années de séjour à Douai. Mais tout cela nous a été dit ou écrit, avec une touchante unanimité, par ses anciens collègues qui tous lui sont demeurés profondément attachés, comme par ses anciens élèves dont trente et quarante années n'ont pu diminuer la vivacité des sentiments de reconnaissance et de respectueuse affection. Nous n'en finirions pas et forcément nous nous répéterions si nous voulions citer tous les témoignages spontanés contenus dans les lettres nombreuses que nous avons reçues ou que nous avons trouvées — rares épaves — dans les cartons du regretté défunt. Ce qu'il avait été à Auchy, il le fut à Douai dans un degré plus élevé encore, avec une perfection plus caractérisée, due à l'âge, à l'expérience, à la connaissance plus intime qu'il avait acquise des besoins, des qualités et des défauts de la jeunesse écolière.

De son enseignement il ne nous reste que peu de souvenirs écrits ; nous possédons cependant, entièrement et soigneusement rédigé, son premier cours d'histoire, nous dirions volontiers son discours d'ouverture sur l'utilité de l'histoire en général, de l'histoire de France en particulier, et sur la manière de se livrer à cette étude pour en recueillir d'heureux fruits. « Quand je vous annonce un cours d'histoire, disait-il à ses élèves, vous annoncé-je seulement que je vais vous débiter une longue nomenclature de rois et de grands hommes, m'efforcer de vous faire entrer dans la mémoire la liste des batailles ou des grands événements dont la France a été le théâtre ? Sans doute, vous connaîtrez les princes qui ont porté notre belle et noble couronne ; leurs actions, vous les lirez, vous les apprendrez de cœur. Mais là ne se bornera pas notre travail. Après cette affaire de mémoire, viendra une étude qui sera l'affaire du jugement. Je rechercherai les causes des faits historiques importants et les conséquences qui en découlent ; des événements ainsi connus, nous tirerons d'utiles et pratiques conclusions. Quelques considérations suivront ordinairement les faits qui ont eu une grande importance sur les événements qui les suivirent ; de temps en temps, je vous donnerai le portrait d'un personnage célèbre et je ferai son parallèle avec un autre personnage. Enfin, après un certain laps de temps, nous interromprons le cours des leçons pour jeter un coup d'œil sur les mœurs, sur la littérature, les arts et les sciences de l'époque que nous aurons étudiée. Avec l'histoire nous ferons marcher de pair la chronologie et la géographie. La première vous aidera à ne pas confondre les faits, à les classer dans votre mémoire avec aisance et clarté ; elle vous empêchera de faire ces chutes si ridicules, ces anachronismes si plaisants auxquels sont exposés ceux qui ne connaissent pas les dates. La géographie ne vous sera pas d'un moindre secours : vous attacherez aux villes les événements et les personnages et les faits aux cités et aux pays. Ces deux sciences sont vraiment les yeux de l'histoire ; sans elles, l'histoire est aveugle, elle marche au hasard sans pouvoir se diriger sûrement vers le but où elle doit tendre. »

Arrêtons ici cette citation : elle suffit, croyons-nous, à indiquer le soin consciencieux que l'abbé Dehaisnes apportait à la préparation de son enseignement. Il aurait pu, ce semble, se confier davantage dans les excellentes études qui l'avaient si bien préparé à la carrière du professorat, comme aussi dans l'étonnante fidélité de sa mémoire et dans sa grande facilité d'élocution : mais un sentiment plus élevé le dominait : il avait une idée plus haute de l'instruction et de l'éducation chrétiennes : ennemi de la médiocrité, du « passable », du « vaille que vaille », il se dirigeait constamment par la pensée de ses devoirs d'état, il apportait en chaque chose tout le soin, toute la perfection dont étaient capables son intelligence et son cœur. Ce fut là, vraiment, la ligne directrice de sa vie entière.

Outre son enseignement qui lui imposait une besogne déjà considérable, l'abbé Dehaisnes, à Douai comme à Auchy, trouvait encore mille occasions d'exercer son activité et d'utiliser ses talents. Il est bien peu de fêtes, d'anniversaires, de distributions de prix du collège Saint-Jean, auxquels il n'ait apporté sa précieuse collaboration, tantôt par un cantique ou une cantate, d'autres fois par une comédie, une scène lyrique, un drame, un impromptu. Nous ne pouvons songer à donner une liste complète de ces productions littéraires si nombreuses et si variées : l'auteur lui-même y attachait parfois si peu d'importance, qu'il avait même perdu le souvenir de plusieurs d'entre elles. Parmi celles qui nous ont été conservées, nous voulons cependant citer les meilleures.

Voici d'abord plusieurs scènes musicales d'une certaine importance, en prose et en vers, orchestrées par M. Charles Heisser, artiste et compositeur de talent, professeur de musique attaché à l'institution Saint-Jean.

Achille, scène imitée de l'Iliade, fut représentée deux fois à Douai, en 1859 et en 1868. Le vaillant guerrier, que les procédés d'Agamemnon ont irrité, se retire de la lutte et refuse son concours à la coalition formée par les Grecs contre Ilion. Ulysse, Phénix, Nestor, Calchas viennent tour à tour essayer de fléchir son courroux. Il ne cède et ne consent à reprendre ses armes qu'à la nouvelle du trépas de son ami Patrocle. Périsse, s'écrie-t-il alors,

> Périsse la discorde au ciel et sur la terre !
> Périsse dans mon cœur, périsse la colère !
> Hélas ! pour me venger d'un superbe ennemi
> Je t'ai ravi le jour, Patrocle, ô mon ami !
> Hélas ! il est tombé loin des champs de son père
> En m'appelant encor de sa mourante voix !
> Et près de mes vaisseaux, vil fardeau de la terre,
> Je faisais resonner ma lyre sous mes doigts !
> Et je n'ai pu sauver cette tête si chere,
> Je n'ai pu l'embrasser une dernière fois.
> Patrocle, je reprends le chemin des batailles ;
> J'oublie Agamemnon et mes tristes discords.
> Ton ombre illustre aura d'illustres funerailles ;
> Des flots de sang Troyen arroseront ton corps ;

Sur ton vaste bûcher je jetterai les armes
De l'homicide Hector par mon glaive égorgé.
Je périrai ! Ma mère en versera des larmes ;
Mais, ô mon noble ami, ce bras t'aura vengé !

Arnold de Gouy est un épisode d'histoire locale. Le pieux châtelain de Douai, guerroyant en Terre-Sainte, est réduit en esclavage par Osman, cheik de Saron. Il s'échappe, mais il s'égare dans le désert, où il exhale ses plaintes désespérées.

Manoir que la Scarpe chérie
De ses flots baigne avec amour,
Douai, douce et fraîche patrie,
Hélas ! vous reverrai-je un jour ?

Il est rejoint par Osman, auquel il oppose une héroïque résistance. Durant la lutte, il se sent accablé par le nombre et, dans un suprême appel, il jette son cri de guerre : « Flandre et Douai ! Gouy à la rescousse ! » Or ses deux fils, à sa recherche depuis de longs mois, se sont perdus dans le désert : ils entendent ce cri cher à leur cœur ; ils courent, ils volent, délivrent leur père et reprennent ensemble la route de la Flandre :

Riche cité, dont le front se couronne
De fleurs, d'épis, de tours et de créneaux,
Douai, salut ! au loin ton nom résonne,
Dans ces déserts triomphent tes drapeaux !

Yvon le pêcheur est une légende poétique de la Bretagne ; l'intrépide pêcheur brave la tempête ; on le croit perdu,

Mais l'esquif sur la vague blanche
A reparu trompant la mort !
Yvon sur les rames se penche...
Il vogue... il a gagné le port !
Et sa voix chante encor : c'est Yvon le pêcheur
Qui se rit des flots en fureur !

Mentionnons encore la grande cantate à *Jeanne d'Arc*, dont nous ne possédons malheureusement que les chœurs ; elle porte la date du 19 juillet 1864.

Les archives de Saint-Jean conservent aussi deux drames en trois actes, en prose : *Paul de Sombreval* (1855) et *La famille de Beaupré* ; une tragédie historique en cinq actes : *Marino Faliero* (1868) ; une scène historique : *La conjuration des Gaulois* ; une autre scène antique : *Homère dans l'île d'Ios* ; une comédie : *L'avare*, imitée de Molière ; enfin deux scènes littéraires : *Un conseil royal à Versailles en 1712* et *Une séance de la confrérie des clercs parisiens* ; ce sont deux excellentes et intéressantes leçons d'histoire locale. Peut-être nous déciderons-nous, quelque jour, à publier un recueil de ces compositions, dont plusieurs sont vraiment remarquables et pourraient avec avantage et profit figurer au répertoire de nos collèges catholiques.

Tels étaient les incessants travaux du professeur de Saint-Jean ; encore ne parvenaient-ils pas à épuiser son infatigable activité. Toujours prêt à se montrer agréable à qui faisait appel à son dévouement, que de services il a ainsi rendus aux prêtres des paroisses, qu'il allait assister dans leurs fonctions, soit au confessionnal, soit en chaire ! Plus tard, étant archiviste du Nord, puis secrétaire-général et vice-recteur de l'Université Catholique, il n'abandonnera point cette coutume qui lui était chère. Comme il le disait volontiers lui-même, ce lui était une joie, une consolation et un délassement de faire ainsi un peu de ministère. Dans les cahiers de sermons qu'il a laissés et où il notait les lieux et les dates de chacun d'eux, nous relevons les mentions des trois paroisses et des diverses communautés religieuses de Douai, de plusieurs paroisses et communautés de Lille, notamment l'orphelinat des Sœurs de la Charité de la rue de la Barre et la Maternité Sainte-Anne dont il fut successivement l'aumônier volontaire, les noms de Raismes, Estaires, Lambres, Esquerchin,

Sin, Cuincy, Haspres, Lesdain, Wambaix, Dechy, Fraismarais, Bantouzel, Bailleul, Gœulzin. Séranvillers, Arleux, Avesnes-le-Sec, Iwuy, Raches, Hornaing, Brunémont, Estrun, Coutiches, Férin, Rieux, Merville, Lauwin-Planque, Landrecies, Vicoigne, Montrecourt, Raimbeaucourt, Rieulay, Crèvecœur, Tourcoing, Walincourt, Lambersart, Marcq-en-Barœul, Loos, Roubaix, Louvil, Lezennes, Seclin, et d'autres encore. Et ce n'était pas seulement des « sermons » proprement dits qu'il acceptait pour les jours de grandes fêtes de l'église ou pour les premières communions, les jubilés, les adorations ; c'était bien souvent des allocutions ou des discours « de circonstance », pour une érection de calvaire, une profession religieuse, une bénédiction d'orgues, une première messe, un panégyrique, une fête de comice agricole, un mariage, une inauguration de vitraux, un baptéme de cloche ; aucun sujet ne le trouvait hésitant, quel que fût le travail ou la préparation spéciale qu'il exigeât.

Lorsqu'il acceptait d'annoncer la parole de Dieu aux fidèles, il les instruisait en les édifiant. Ce n'était pas, si l'on veut, de la « haute éloquence » ; point de style recherché, point de ce que l'on est convenu d'appeler des « effets oratoires »; point d'exagération dans la voix ni le geste, en un mot rien de ces moyens, d'ailleurs fort peu surnaturels, qui charment un moment les yeux et les oreilles, mais n'atteignent que bien rarement l'intelligence et le cœur. Son style était correct, élégant sans affectation, parfois d'une haute élévation : son débit était simple, sobre de gestes ; sa voix, plutôt faible et voilée, était cependant d'un timbre agréable ; ce qui pouvait lui manquer sous ce rapport était amplement compensé par la chaleur et la conviction de sa parole, car il « parlait » en chaire, il conversait avec ses auditeurs, avec tant de simplicité et de naturel qu'il paraissait improviser.

Tous ces travaux du professorat et du ministère lui étaient, il est vrai, communs avec beaucoup de ses collègues ; grâce à Dieu, la vaillante phalange de nos prêtres employés dans l'enseignement comptait alors et compte encore aujourd'hui un grand nombre de ces hommes qui se dévouent, se dépensent sans mesure pour la gloire de Dieu, le salut des âmes et le plus grand bien de la jeunesse catholique. Mais ce qui distingua particulièrement l'abbé Dehaisnes, pendant son professorat à Douai, ce qui lui fit la mesure plus pleine encore de travail et de dévouement, ce fut la part active qu'il prit, dès son arrivée, dans le mouvement scientifique, artistique, historique et littéraire, ce furent les nombreux travaux qu'il publia et les fonctions toutes spéciales qu'il fut appelé à remplir et qu'il sut mener de front avec les obligations du professorat. Nous dirons tout cela dans le chapitre suivant. Bornons-nous à mentionner ici le précieux concours qu'il apporta, durant de longues années, tant à Douai qu'à Lille, à la commission chargée de constater l'aptitude des aspirants et des aspirantes au brevet de capacité pour l'instruction primaire. Le préfet du Nord l'avait nommé membre de cette commission ; aucun choix ne pouvait être plus heureux. Que de jeunes gens et de jeunes filles ont dû le succès de leurs examens à M. Dehaisnes, non pas qu'il « rendît des services », mais simplement, par sa bonté bienveillante, par son abord souriant, par son exquise amabilité, par sa seule présence en un mot, il savait encourager les candidats, les réconforter dans leur trouble, les mettre à même de donner entièrement la mesure et la preuve de leur savoir. « Si M. l'abbé Dehaisnes ne s'était pas trouvé parmi les examinateurs, et ne m'avait encouragé par son accueil bienveillant, nous disait encore dernièrement l'un de ces candidats, je n'aurais pu surmonter mon émotion et mon trouble ; j'aurais, je crois, piteusement échoué à mon examen, malgré l'excellente préparation que j'avais reçue ».

Ce fut, sans aucun doute, pour reconnaitre ces services rendus à l'instruction primaire, comme aussi pour récompenser les remarquables travaux que M. Dehaisnes avait publiés à cette époque, que le Ministre de l'instruction publique et des beaux-arts le nomma officier d'académie, le 17 avril 1868.

La dernière année du professorat de l'abbé Dehaisnes à Saint-Jean coïncida avec « l'année terrible ». Nul plus que lui ne ressentit les patriotiques émotions, les cruelles angoisses, les humiliantes tristesses de ces jours sinistres. Dès que s'organisa la Société française de secours aux blessés et aux malades des armées de terre et de mer, il tint à honneur de s'inscrire parmi ses membres fondateurs. Mais cela ne suffit pas à son amour profond de la patrie. De concert avec ses collègues, il s'occupa, dès nos premiers désastres, de transformer une partie du collège Saint-Jean en ambulance pour nos blessés. Après la bataille de Sedan, trente soldats y furent hospitalisés et y reçurent les soins les plus empressés et les plus délicats ; ceux qui ont survécu à leurs blessures ont conservé d'inoubliables souvenirs de cette ambulance improvisée et ont, à maintes reprises, manifesté leur reconnaissance envers leurs bienfaiteurs. Lorsque le théâtre de la guerre se rapprocha de nous, l'abbé Dehaisnes n'hésita pas un instant. Sur les champs de bataille, que de soldats avaient besoin d'un mot d'encouragement, que de blessés exigeaient des soins immédiats, que de mourants réclamaient une suprême absolution ! Avec plusieurs de ses confrères, l'abbé Dehaisnes se fit aumônier volontaire, malgré ses quarante-cinq ans et la perspective de fatigues et de privations qui n'étaient plus de son âge. Le 20 février 1872, la Société française de secours aux blessés lui décernait une croix de bronze en reconnaissance et en souvenir de sa participation active à l'œuvre et de son dévouement sur le champ de bataille de Bapaume. Cette distinction, peu de monde la connaissait, même dans l'entourage de Mgr Dehaisnes : jamais il ne s'en prévalut d'aucune façon. Il avait fait simplement son devoir et, hormis la récompense céleste, il ne convoitait ni ne désirait rien de plus.

V.

Mgr DEHAISNES A DOUAI. — SES TRAVAUX A LA SOCIÉTÉ D'AGRICULTURE, SCIENCES ET ARTS.

La Société d'agriculture, sciences et arts de Douai, fondée le 23 avril 1798, a toujours tenu parmi les compagnies savantes du Nord de la France un rang des plus honorables. « Héritière des traditions de l'ancienne Université de Douai, ouvrant volontiers ses rangs aux membres de la cour d'appel, de l'université et de l'école d'artillerie établies en cette ville, elle a toujours compté un grand nombre de travailleurs sérieux, parmi lesquels il suffira de citer les Taranget, les Boinvilliers, les Guilmot, les Escallier, les Fétis, les de Coussemaker et les Thomassin. »

Chaque année, la Société ouvre divers concours de sciences, d'histoire ou de littérature. En 1857, elle avait, pour le concours d'histoire, demandé un *Mémoire sur l'origine, les progrès et la décadence des abbayes situées dans l'arrondissement de Douai*. Ce sujet devait tenter tout spécialement le professeur d'histoire de Saint-Jean. Il rédigea un mémoire de 104 pages in-octavo d'une écriture compacte ; nous conservons le manuscrit de ce travail dont une partie seulement, celle qui concerne l'abbaye de Marchiennes, a été publiée dans la *Semaine religieuse du diocèse de Cambrai* en 1871 et 1872. Nous croyons donc utile de donner de ce *Mémoire* qui valut à son auteur la médaille d'or du concours, une rapide analyse que nous empruntons au rapporteur de la Société, M. A. Cahier.

« Le cadre dans lequel l'auteur s'est renfermé ne dépasse pas la circonscription qui constitue aujourd'hui l'arrondissement de Douai. Ses recherches, ses études s'appliquent aux abbayes de Marchiennes, des Prés, de Flines, de Sin et de la Paix. Le mémoire entre bien nettement dans le sujet. Il peint en traits pittoresques la nature sauvage du pays, le caractère et les mœurs des populations au milieu desquelles la religion vient, vers la fin du III⁰ siècle, au cours du IV⁰ et dans les âges suivants, changer le sol et jeter dans les âmes la semence de la parole divine.

» Vers le milieu du VII⁰ siècle, saint Amand fonde l'abbaye de Marchiennes, qui, bientôt, à l'exemple des célèbres abbayes de Chelles et de Fontevrault, devient double, c'est-à-dire que près du monastère d'hommes s'établit un monastère de femmes, recevant du premier les secours spirituels, se gouvernant par une même règle.

» Les commencements de l'abbaye, ses épreuves, les bienfaits qu'elle répand autour d'elle, les exemples de vertu qu'elle propage, les développements qu'elle reçoit, sont l'objet du premier chapitre. — Le second raconte d'abord les invasions des Normands dans la première moitié du IX⁰ siècle, les désastres que ces guerriers farouches répandaient devant eux et qui désolèrent cruellement l'abbaye de Marchiennes. Ce fut à ce moment que s'opéra la séparation entre les religieux et les religieuses. — L'auteur nous conduit ensuite jusqu'au premier quart du XIV⁰ siècle et, dans son troisième chapitre, abandonne momentanément Marchiennes pour s'occuper de la fondation et des premiers développements des abbayes des Prés, de Flines et de Sin. — Au quatrième chapitre, il revient à l'abbaye de Marchiennes pour marquer les services rendus par les religieux de ce monastère à l'agriculture, aux belles-lettres, à l'éducation publique. Rencontrant dans son récit le premier des abbés commendataires de ce couvent célèbre, il prend un soin dont on doit lui savoir d'autant plus de gré qu'il remplit un vide laissé par M. Escallier dans son *Histoire de l'abbaye d'Anchin*:

il explique avec beaucoup de clarté ce que l'on doit entendre par *commende*. par *abbés commendataires*. Il montre comment cette institution remonte, vers le VIIe siècle, aux chefs francs qui, voulant récompenser des seigneurs non revêtus du caractère sacré d'abbé ou d'évêque, les investissaient néanmoins du titre et leur attribuaient les revenus des églises. Nous voyons la commende imposée par la violence au Xe siècle, puis se renouvelant au XVe au profit des favoris des cours. — Disons tout de suite que c'est au chapitre VIe que l'auteur place l'histoire de la commende et des abbés commendataires dans les abbayes sur lesquelles il a fixé son coup d'œil, en faisant remarquer avec une satisfaction bien naturelle que ces établissements avaient passé le XVIe siècle sans trop souffrir de la commende, sans trop se ressentir de l'état de tiédeur dans lequel étaient tombés beaucoup d'autres monastères, sans offrir les symptômes de décadence et de mort que l'on pouvait découvrir dans d'autres communautés. — Enfin son cinquième chapitre est consacré aux annales particulières des abbayes des Prés, de Sin, de Flines, à la fondation de l'abbaye de la Paix.

» Après avoir ainsi rendu l'existence à chacun de ces monastères, l'auteur arrive à l'époque néfaste qui va voir s'engloutir toutes les institutions religieuses de la France et il raconte, l'âme navrée de tristesse, comment ont disparu ces abbayes qui avaient dans la contrée jeté tant d'éclat, fait tant de bien et mérité que leur nom restât honoré à tout jamais. »

Ce travail se distingue. au témoignage même de ceux qui le jugèrent. par son excellent esprit, par de laborieuses et exactes recherches, par une érudition de bon aloi. L'auteur a puisé à des sources nombreuses qu'il a soin d'indiquer scrupuleusement ; il ne se refuse pas de contrôler. quand il y a lieu. les matériaux qu'il rencontre : sa discussion est alors aussi mesurée que consciencieuse et éclairée. Sans doute. il eut pu apporter à son plan quelques heureuses modifications, et, dans une sorte d'histoire générale de l'élément religieux, déterminer les grandes et principales lignes de son tableau, autour desquelles il eût groupé l'histoire spéciale des établissements monastiques. Mais il a craint, croyons-nous, de donner ainsi une étendue exagérée à ce mémoire, auquel il a voulu conserver son caractère strictement local, et surtout le temps lui a manqué pour revoir et châtier son manuscrit. Cette dernière considération explique également les négligences de style, si rares chez lui. Quand on a dépassé le premier chapitre du mémoire, on s'aperçoit aisément que l'auteur commence à craindre d'être pressé par la date de clôture du concours et, plus on avance, plus on reconnait les traces de la précipitation avec laquelle il s'est efforcé d'arriver, en temps voulu, au terme de son entreprise. « Ces réserves faites, nous devons proclamer, conclut le rapporteur, que le mémoire dont il s'agit est une production d'un mérite vrai, solide, due à un labeur non moins sérieux que profond. »

Si nous nous sommes étendu sur ce mémoire, c'est qu'il est le premier travail historique que composa Mgr Dehaisnes et que d'ailleurs, étant demeuré manuscrit, il est l'un des moins connus parmi ses nombreux ouvrages.

Dans le concours littéraire de la même année, l'abbé Dehaisnes obtint aussi une mention très honorable. « Non content des palmes seules de l'histoire, dit M. V. Denis, rapporteur de ce concours, il a voulu y joindre celles de la poésie. Dans une légende historico-poétique, il a retracé avec bonheur le passé glorieux de la ville de Douai. Cette pièce, dans laquelle on remarque de gracieuses images, d'ingénieux aperçus, d'heureux à-propos, se distingue surtout par les souvenirs historiques qu'elle a pour but de rappeler. Les notes savantes qui accompagnent le texte prouvent les patientes et consciencieuses recherches de l'auteur. »

Ce double succès de l'abbé Dehaisnes lui ouvrit toutes grandes les portes de la savante compagnie douaisienne, dont il fut, durant plus de douze ans, l'un des travailleurs les plus assidus. Les procès-verbaux des séances et les rapports annuels en font foi.

C'est d'abord une savante étude sur *Un vieux tableau du musée de Douai*, *l'Immaculée Conception de la Sainte Vierge*, publiée par M. A. Cahier, avec l'importante collaboration de M. Dehaisnes, et qui prouve que la chrétienne ville de Douai honorait déjà, dès la fin du XVe siècle, l'Immaculée Conception.

En 1860, les *Mémoires de la Société* publient son important travail sur *L'art chrétien en Flandre*, envisagé seulement dans l'une de ses manifestations : *la Peinture*. C'était, comme on l'a dit, « un jalon fièrement planté dans cette voie de l'histoire de l'art où il allait si laborieusement frayer des sentiers nouveaux ». Sans doute, dans cette première publication, on constate bien encore çà et là quelque inexpérience, « des preuves de jeunesse »; mais, ainsi que le fait remarquer judicieusement M. Van Drival dans une étude sur ce livre, ce n'est pas là une œuvre de circonstance, une publication incomplète ou prématurée, c'est un livre, dans toute l'extension que l'on peut donner à ce mot, un livre tel qu'on en rencontre assez peu, car il a été, on le voit, lentement élaboré, mûrement réfléchi, coordonné avec sagesse, écrit avec clarté. Ce livre a 400 pages dans le format grand in-octavo, d'une composition serrée. Il contient énormément de matières, beaucoup d'idées connues heureusement présentées, un assez grand nombre de faits nouveaux bien observés et classés avec beaucoup de justesse. » Nous ajoutons volontiers, avec M. Duthil, qu'on y trouve d'heureuses « divinations » que les travaux postérieurs de l'auteur ont transformées en certitudes.

L'on nous saura gré, nous en sommes convaincu, de donner

une esquisse de cet ouvrage, de citer même l'une ou l'autre de ses plus belles pages.

L'auteur divise son sujet en neuf chapitres. Le premier débute par des considérations fort courtes mais très élevées sur l'art en général, sur sa destination primitive, si bien comprise d'abord par les Grecs, puis totalement méconnue. L'art ancien est dans un état de décadence complète au moment de la naissance de Jésus-Christ ; un art nouveau est nécessaire, il trouvera son origine et son inspiration dans l'Homme-Dieu qui renouvelle et restaure toutes choses. « Comme l'Évangile qui lutta contre les idées païennes et les coutumes barbares qu'il n'est jamais parvenu à détruire complètement, l'art chrétien ne devait vaincre qu'au moyen de longs efforts les traditions humaines des Grecs et des Romains et les tendances au naturalisme que le climat, le sol, les origines et les mœurs inspiraient aux peuplades germaines établies en Europe. Après plusieurs siècles de combat, il sortit triomphant de cette épreuve difficile. » Sans contester aucunement l'influence de la civilisation romaine sur l'art de notre pays à cette époque reculée, l'auteur attribue cependant, et avec raison, une prédominance plusieurs fois séculaire à l'art né, avec l'église de Rome, au sein des catacombes, puis à l'influence byzantine, laquelle était avant tout spiritualiste, sera longtemps toute puissante en Flandre et y laissera à travers les âges une ineffaçable empreinte.

Le génie byzantin ne présidera pas seul à l'éducation des artistes flamands. L'Irlande envoie ses missionnaires vers le Nord dans la Gaule Belgique ; à ces Irlandais se joignent quelques-uns de ces évêques anglo-saxons, qui parcourent la Germanie et prêchent parfois sur la rive gauche du Rhin. Ces apôtres, avec leur foi sévère, apportent en notre région le génie bizarre et puissant de leur pays, ses chants passionnés et souvent mélancoliques, ses douces et poétiques légendes et ce goût pour l'éclat et le coloris où l'art flamand ne sera égalé que par l'école vénitienne, c'est-à-dire par une école qui s'inspirera de lui et de ses habitudes.

« Voilà donc les origines principales de l'art chrétien chez les habitants de la Flandre : la nature du sol et du climat leur donnera le goût du réalisme, mais parfois aussi le regret du ciel si doux et si pur des contrées méridionales ; ils puiseront chez les Celtes et chez les Germains un caractère froid et énergique qui tend avec force à tout individualiser et un penchant marqué vers le naturalisme ; le christianisme relèvera leurs cœurs avec ses dogmes, son culte, ses arts et ses traditions légendaires ; les missionnaires d'Irlande viendront contribuer à la fois à affermir l'œuvre de l'église et à tourner vers l'étrange et le matérialisme des imaginations qui n'y étaient déjà que trop portées ; Byzance leur prêtera cette noble sévérité qu'elle n'a jamais perdue et surtout ses formes et ses procédés, préférables à ceux des populations de l'Occident. » Que viennent des circonstances historiques favorables, remarque M. F. Colincamp, en rendant compte de cet ouvrage dans le *Journal général de l'instruction publique* (21 novembre 1860) ; que le clergé de Flandre soit éclairé entre tous les autres clergés du moyen-âge ; que les princes y soient plus riches que partout ailleurs ; que le commerce y soit plus développé qu'en aucun lieu du monde ; que les bourgeois y joignent la piété à l'opulence, et l'on peut deviner quelles perspectives l'art flamand, florissant sous de pareils auspices, verra s'ouvrir devant lui et à quel avenir il est réservé une fois que son jour sera venu.

L'auteur, appuyant toujours ses assertions d'exemples nombreux, nous montre ensuite, de siècle en siècle, les églises, les baptistères ornés de fresques et parfois de mosaïques, à Cologne, à Aix-la-Chapelle, puis en Flandre et constate, en notre pays, une succession ininterrompue, du VIIe au XIIIe siècle.

d'artistes qui, décorant les monuments d'après les traditions de l'Italie et de Byzance, rattachent aux mosaïstes des basiliques constantiniennes les membres de ces corporations qui revêtirent de peintures les cathédrales gothiques du moyen âge.

Dans un second chapitre est étudiée une autre forme de l'art chrétien, la miniature ou la peinture des manuscrits. Après l'indication de l'origine réelle de cet art merveilleux, M. Dehaisnes en retrace l'histoire dans nos contrées ; il nous révèle l'existence de véritables écoles d'enluminure dans chacun des grands monastères de la Flandre : Lobbes, Saint-Martin de Tournai, Saint-Hubert, Gemblours, Maseyck, Saint-Bertin, Saint-Amand, Stavelot, Marchiennes, Anchin, sont autant de pieux ateliers d'où sont sortis souvent de véritables chefs-d'œuvre que l'auteur nous décrit avec autant de compétence que de variété. « Les vues neuves se pressent sous sa plume, dit encore M. Colincamp ; à chaque instant le lecteur apprend des choses qu'il est bon de savoir et l'on sent que l'auteur parle, non seulement de ce qu'il sait pour l'avoir vu de ses propres yeux, mais encore de ce qu'il aime et comme chrétien, et comme artiste, et, ce qui ne gâte rien, comme enfant de la Flandre. Aussi maintes fois le ton s'élève ; il y a autre chose que de la démonstration et de l'érudition et nous savons gré à M. Dehaisnes d'interrompre un instant sa docte exégèse, pour nous dire, non sans émotion :

« Je n'ai jamais pu voir, sur le vélin des manuscrits, la figurine qui représente l'enlumineur, sans y arrêter quelque temps mes regards et ma pensée. Le visage du moine est calme et sérieux ; une légère couronne de cheveux entoure sa tête rasée ; il est enveloppé par une robe de bure aux plis lourds et symétriques ; assis sur un escabeau en bois sculpté, il incline la tête vers le lourd pupitre qui porte un livre orné d'enluminures encore inachevées, et sa main, à l'aide de la plume ou du brunissoir, place l'or, l'argent et les couleurs brillantes ; et cependant,

autour de lui, dans les enroulements capricieux du feuillage et
des arabesques, s'agitent les démons, les sirènes et les dragons
ailés. Cette miniature ne représente-t-elle pas la vie du religieux
rubriciste ? Tandis que, non loin des murs du monastère, guer-
royaient les Francs, les Normands et les Magyars, tandis que se
troublaient partout les manants, les gens d'armes et les seigneurs,
lui, dans la solitude respectée du cloître, il passait sa vie à étudier,
à peindre et à prier. Pour lui, enluminer, c'était obéir ; la règle
le lui ordonnait et son supérieur le lui imposait au nom de Dieu
lui-même ; enluminer, c'était satisfaire son amour, sa passion
pour l'étude et le travail, c'était vivre de la vie intellectuelle et en
faire vivre les autres, comme le dit ce vers d'un copiste dont
l'ouvrage existe à la bibliothèque de Lille :

Scripsit amore sui, conscripsit amore suorum.

Enfin, pour lui, enluminer, c'était travailler à la gloire de
Dieu, au salut des âmes, à sa propre sanctification ; c'était faire
connaître les mystères de la foi, contribuer à la solennité des
saints offices et illustrer le texte des livres sacrés et la figure des
bienheureux. Et nous voyons en effet le miniaturiste, tantôt
offrir son œuvre au Christ, comme dans les manuscrits de Marchiennes et d'Anchin, tantôt appeler ses miniatures des fleurs de
l'âme qu'il présente à la Vierge, comme le moine Lanvin dans
un manuscrit du VIe siècle. Et Radulphe, calligraphe du
VIIIe siècle, voyait, tandis qu'il écrivait son livre, le fondateur
de son abbaye, saint Vaast, qui le contemplait du haut du
Ciel et lui disait : « Écrivain, autant il y a de lignes et de lettres
dans ton œuvre, autant je te remets de fautes. » Les artistes
qu'inspiraient des idées si nobles devaient nécessairement
conduire insensiblement la peinture à une hauteur de pensée
qu'elle n'avait jamais atteinte dans l'antiquité ; entre les mains

patientes et pieuses des miniaturistes, l'art allait peu à peu devenir chrétien. »

Le troisième chapitre continue l'histoire de la miniature et la conduit du XIIIe au XVIe siècle. Il nous montre les enlumineurs protégés par les évêques et les abbés, par les ducs de Bourgogne, par les seigneurs et les riches bourgeois, transformant et perfectionnant leurs procédés d'exécution, quittant la plume pour le pinceau, exécutant de véritables gouaches, commençant à employer les grisailles, produisant, en un mot, de petits chefs-d'œuvre de peinture, d'autant plus importants que les Van Eyck, les Van der Weyden et les Memlinc les transporteront, sans modifications essentielles, sur les vastes retables dont ils décoreront les autels. L'auteur nous fait ensuite assister à la décadence de la miniature qui bientôt ne fut même plus considérée comme appartenant à l'art. « Elle était morte, mais elle avait produit des œuvres remarquables, mais ceux qui l'avaient cultivée devaient, plus tard, être comptés au nombre des artistes chrétiens, mais elle avait, plus que l'architecture et la sculpture, contribué à former dans la Flandre des peintres remarquables et à leur donner un caractère particulier. Il est une vérité qu'il ne faut jamais perdre de vue, si l'on veut bien comprendre l'art chrétien dans les Pays-Bas, c'est que, dans ces contrées, la grande peinture du XVe siècle est fille de la miniature ».

Les cinq chapitres suivants sont consacrés à l'histoire de la peinture proprement dite. L'auteur nous parle d'abord de l'école de Cologne, un peu en dehors de son cadre, il est vrai, mais qu'il faut nécessairement connaître à cause de son influence sur plusieurs des maîtres de l'école flamande. Il étudie ensuite le caractère et les œuvres des peintres des ducs de Bourgogne, puis des confréries de Saint-Luc à Gand, à Anvers, à Bruges, à Tournai et il parvient ainsi à la grande époque de l'art en Flandre.

« Les Van Eyck ont souvent été regardés comme les premiers,

par la date, des peintres flamands : nous venons de prouver, conclut M. Dehaisnes, que bien avant eux il y avait eu des artistes ; outre les miniaturistes que l'on ne peut oublier, outre les maîtres de Cologne qui sont à peine allemands, nous en avons trouvé à Gand, à Anvers, à Bruges, à Tournai et dans la plupart de nos vieilles cités. Nous venons même de prouver qu'au milieu du XVe siècle, les arts y étaient positivement protégés : les bourgeois et les princes, les évêques, les chanoines et les religieux rivalisaient de zèle pour orner leurs demeures, leurs hôtels de ville et leurs églises ; un grand mouvement était imprimé à la peinture. On le concevra difficilement en lisant des dates et des noms dans les pages sans vie de ce livre ; mais ceux qui ont visité les vieilles cités de Bruges et de Gand, qui ont erré dans leurs rues tortueuses et leurs vastes marchés, qui ont contemplé ici un élégant hôtel de ville, là une cathédrale gothique, ailleurs un sombre monastère, monuments ornés des chefs-d'œuvre de la broderie, de l'orfèvrerie et de la peinture, qui ont vu et admiré les vieilles maisons des bourgeois flamands, avec leurs pignons étroits, leurs ogives élancées et leurs étages faisant saillie les uns sur les autres, ceux-là nous comprendront plus facilement. Qu'ils jettent, par la pensée, dans ces rues, un cavalier qui marche au pas, une dame flamande qui se dirige vers l'église, des ouvriers qui sortent par troupes de l'atelier où ils travaillent, ou, sur ces vastes places, soit l'une de ces émeutes dans lesquelles les Gantois demandaient la tête d'Arteveld, soit l'une de ces joyeuses entrées qui réunissaient tout le pays au sein d'une seule cité, qu'ils voient dans les églises et les couvents les évêques et les abbés, les moines, les chanoines et les prêtres, revêtus de chapes et de chasubles en drap d'or et conduisant des processions au milieu des cierges et des châsses ; et ils auront une idée de ce qu'il y avait de vie, de richesse, d'amour pour les arts et de piété dans ces cités maintenant dépeuplées et silencieuses, et ils concevront qu'il existait dans la Flandre un mouvement artistique assez puissant pour opérer la fusion entre les tendances des peuples du Nord à la vérité dans l'art, les aspirations du christianisme à l'idéal et à la sainteté, et les traditions des byzantins, des miniaturistes et des peintres de Cologne, et pour enfanter ainsi le XVe siècle, ce siècle des Van Eyck, des Van der Weyden et des Memlinc qui, non moins glorieux que le *cinque cento* des Italiens, aura le mérite de le précéder et, en partie, de le produire ».

C'est à l'étude de la vie et des œuvres de ces grands artistes du XVe siècle que sont consacrés les trois chapitres les plus importants de ce livre. Dans des pages animées et pleines de faits, que nous voudrions pouvoir citer, M. Dehaisnes fait revivre et agir la famille des Van Eyck, dont le séjour habituel est à Gand ou à Bruges. « C'est là qu'ils produisent ces œuvres encyclopédiques, véritables poèmes de peinture, où l'on ne sait ce qu'on doit admirer le plus, ou de l'idée pleine d'une science profonde qui est le sujet du tableau, ou de l'exécution si parfaite et du fini qui caractérisent chacune des innombrables figures, développement historique et symbolique de ce sujet. » Puis c'est Van der Weyden, ou Roger de la Pasture qui nous apparaît, avec son influence considérable en Italie et en Espagne, avec ses œuvres si nombreuses dispersées dans toutes les parties de l'Europe où elles portent au plus haut degré la bonne renommée de l'école flamande. Enfin Hans Memlinc clôt cette splendide série des grands maîtres qui illustrèrent la Flandre au XVe siècle. « Memlinc est par excellence le peintre chrétien de la Flandre. Jean Van Eyck avait rendu l'art plus vrai et en même temps plus humain, plus naturaliste, tandis que Van der Weyden l'avait rendu plus dramatique ; Memlinc le fit plus suave, plus idéal, plus céleste.... Les véritables sources de son génie furent son cœur et sa foi. C'est en souffrant sur la terre d'exil ou sur un grabat d'hôpital, c'est en priant, perdu dans l'ombre d'une antique cathédrale, qu'il vit descendre du ciel, devant ses yeux charmés, la suave figure de Marie, les formes élancées de sainte Ursule et des anges, la tête mélancolique du disciple bien-aimé. Ce Dieu qu'il adore, cette vierge qu'il vénère, ce patron qu'il supplie, ces saints dont il lit pieusement les légendes, il ne saurait en faire des êtres qui ne soient que des hommes : ce serait une impiété. Sa dévotion et sa sensibilité les transforment et les sanctifient ; leur stature haute, souple, élancée, est pareille à celle de ces arbres sveltes et gracieux qu'il dessine à leurs côtés ; les passions orageuses des mortels n'ont jamais troublé leur tête calme, au front large et élevé, aux yeux modestement baissés, aux traits nobles et fins, qu'entoure comme d'un diadème une longue chevelure dorée ; l'expression douce et grave de leurs figures n'appartient qu'à ceux qui voient Dieu comme il est, face à face. Sans doute Memlinc n'a pas atteint à la suavité de fra Angelico ; mais si ses têtes rappellent encore la Flandre et l'Allemagne, du moins elles respirent un sentiment chrétien et idéal que ne connurent jamais les Van Eyck et Van der Weyden. Artiste pieux, formé à l'école des miniaturistes, il connaissait à fond les dogmes et l'histoire, les naïves légendes et les formes symboliques du christianisme ; en son œuvre tout est religieux, tout a sa tendance mystique, tout a sa raison d'être dans les traditions du passé ; à chaque vérité son caractère, à chaque saint son emblème et ses miracles, à chaque légende et à chaque scène leur paysage et leurs épisodes tels que l'église et l'usage les ont consacrés...... Chrétien et homme de génie, il était aussi un poète à l'âme douce, sensible et mélancolique. Ne lui demandez pas ces écorchés qu'aimera l'école espagnole : l'affreux lui répugne ; dans le panneau consacré à la mort de sainte Ursule, aucune goutte de sang ne souille le blanc manteau d'hermine que porte la princesse, sa figure se montre belle et calme, même en présence de la mort.... Sous son pinceau, le type flamand devient moins matériel, s'élève, s'adoucit et s'épure.... N'oublions pas que, miniaturiste et flamand, il a aussi le mérite de la naïveté et de la vérité ; l'expression qu'il donne à ses personnages est franche et saisie sur le fait ; il n'est pas une tête de commettant où l'on ne reconnaisse un portrait. Dans la châsse de sainte Ursule, quand les marins tirent les cordages, il semble que les voiles vont se déployer ; vous écoutez pour entendre ces mélodies jouées par l'ange qui touche l'orgue dans le Mariage mystique et l'on croirait, en contemplant le diptyque de l'Hôpital Saint-Jean, que Martin de Nieuwenhoven va ouvrir ses lèvres qui frémissent et supplier à haute voix la Vierge qu'implorent ses yeux pleins de vie : Memlinc est frappant de vérité. ».

Ces grands maîtres que l'auteur a étudiés avec de si précieux détails ne furent pas les seules gloires de l'art flamand de cette époque ; ils formèrent d'habiles élèves, ils inspirèrent un mouvement artistique qui se communiqua à toute la Flandre. Sans doute, la gloire des chefs de l'école éclipsa la renommée des disciples, dont quelques-uns seulement ont échappé à l'oubli ; mais de nombreux chefs-d'œuvre de maîtres, dont le nom est aujourd'hui inconnu, furent le résultat heureux de cet élan artistique chrétien. L'école flamande agit d'ailleurs sur l'Europe entière ; l'Italie, si souvent appelée la patrie des beaux-arts et l'école de peinture de toute l'Europe, subit l'influence incontestable des maîtres de la Flandre, avant de produire les grands hommes qui illustrèrent le siècle de Léon X ; il en fut de même de l'Espagne et du Portugal qui furent mis en relations artistiques avec le Nord et par leur esprit religieux et par la domination qu'ils exercèrent sur ce pays ; l'émigration des œuvres et même des artistes de l'école de Bruges vers la péninsule hispanique a été constante au XVe siècle. En un mot, et c'est la conclusion très justifiée de M. Dehaisnes, l'école flamande primitive a inspiré l'amour de la peinture à toute l'Europe civilisée, avant que le mouvement appelé renaissance soit venu répandre des idées, parfois remarquables, mais presque toujours moins élevées, moins originales, moins poétiques.

Un dernier chapitre nous fait assister à la décadence de l'art chrétien en Flandre après le XVe siècle. L'auteur en accuse, avec juste raison, la tendance au naturalisme, si forte chez les hommes du Nord, l'engouement de l'Europe pour la renaissance, l'influence du protestantisme, l'emploi de la gravure et la lutte des Flamands contre les Espagnols. Il constate le commencement de cette triste décadence chez les derniers successeurs de Memlinc ; il nous dit la nouvelle tendance de Quentin Matsys chez lequel tout est peu élevé, ordinaire, trop humain ; il juge avec sévérité Jérôme Bosch et les naturalistes, ces peintres des supplices, des démons et de la mort, à l'allure bizarre et exagérée, mélange de rire et de terreur ; il signale enfin une autre cause d'altération dans la pratique de Jean de Maubeuge et de ceux qui, à son exemple, se firent les imitateurs de la peinture italienne. L'école flamande primitive avait cessé d'exister ; les causes et les hommes dont nous venons de parler lui avaient porté des coups mortels ; elle retrouvera la vie et le mouvement avec le puissant génie de Rubens, mais, comme art chrétien, c'en était fait à jamais.

Nous espérons avoir donné de ce beau travail de M. Dehaisnes un aperçu assez exact, que nous compléterons, chemin faisant, par l'examen de ses nombreuses études sur l'art chrétien. Ce n'est ici que sa première étape sur la route qui le conduira, après trente années de recherches et d'observations assidues, à sa magistrale *Histoire de l'art*.

On pourrait se demander où et quand le professeur de Saint-Jean avait acquis les connaissances si variées et la profonde science artistique que révèle cette première publication. La réponse est facile. Nous avons pu, à l'aide des souvenirs qu'il a laissés, suivre aisément l'évolution de cette « spécialité ». Il faut observer d'abord qu'il est des dons, des aptitudes, des goûts qui sont, pour ainsi parler, innés. Nous sommes de ceux qui croient à la vocation artistique comme à tant d'autres vocations. Dans les diverses compositions de l'écolier, puis de l'élève du grand séminaire, nous constatons déjà une « tournure » très littéraire, très poétique, un esprit fin et délicatement observateur, une âme éprise du beau, de l'idéal. Ces dons qu'il a reçus de Dieu, l'abbé Dehaisnes les perfectionnera par la lecture, par la contemplation réfléchie des chefs-d'œuvre de l'école flamande dont la ville de Douai est si riche, par l'étude des critiques d'art ses devanciers, par d'incessantes recherches dans les bibliothèques, les archives et les musées de la région. Et cela ne lui paraitra pas suffisant. Pour achever son éducation artistique, il ira étudier sur place toutes les productions de l'art de la Flandre ; ses vacances seront ordinairement consacrées à quelque voyage dans les contrées où ont séjourné et vécu les maîtres dont il veut écrire l'histoire ; il ira de pays en pays, de ville en ville, d'église en église, de musée en musée ; il frappera à toutes les portes des collectionneurs et des possesseurs de galeries artistiques et, de chacune de ses excursions, il rapportera une découverte, un document nouveau qui rejoindra dans les cartons, où il les entasse, et ses notes, et ses photographies, et ses impressions de touriste chrétien. En août 1857, en compagnie de son frère tant aimé, il prend la route de la ville éternelle et visite, à l'aller ou au retour, toutes les principales villes de l'Italie, du midi de la France, et surtout de la Bourgogne, cette seconde patrie de l'art flamand. L'année suivante, il parcourt en tous sens la Belgique, qu'il explore à fond ; en 1860, il la revoit, avec quelques-uns de ses amis les plus chers ; il s'avance jusqu'en Hollande et visite au retour les bords du Rhin et la partie de l'Allemagne où se retrouvent des traces de l'école flamande.

Reprenons, il en est temps, la série des travaux de M. Dehaisnes à la Société des sciences de Douai.

En 1860, peu de temps après la publication de son histoire de la peinture flamande, il communique à la savante compagnie *Un dernier mot sur Hans Memlinc*. En étudiant avec bonheur, avec amour, l'œuvre du célèbre peintre flamand, il avait exprimé le regret de ne pouvoir donner que des renseignements assez vagues sur sa biographie. Or un jeune archéologue anglais habitant Bruges depuis plusieurs années, M. James Weale, qui devait se faire un nom dans l'histoire de l'art, découvrit vers cette époque, dans les archives de Bruges, plusieurs documents bien propres à éclairer l'obscurité de l'histoire du maître. Il s'empressa de les communiquer à l'abbé Dehaisnes, avec lequel, dès ce moment, il entretint constamment les relations les plus cordialement respectueuses. Ces documents permettent de restituer au nom de Memlinc sa véritable orthographe et de rectifier la date de sa mort antérieure au mois de décembre 1495. Après ces découvertes, il n'est plus permis désormais de voir dans Hans Memlinc le soldat débauché de l'anecdote inventée par Descamps, le mercenaire de Charles le Téméraire, arrivant, en 1447, épuisé, mourant de faim et de misère, à l'hôpital Saint-Jean. Non, il reste avéré que l'auteur de tant de chefs-d'œuvre était un riche bourgeois de Bruges, ayant pignon sur rue, payant régulièrement chaque année les rentes qu'il doit à plusieurs églises pour des maisons par lui possédées, prêtant même de l'argent à sa cité en 1480.

Le volume des *Mémoires* de la Société de 1861-1863 contient aussi un travail de l'abbé Dehaisnes sur une découverte heureuse au point de vue de l'histoire locale. En remuant, aux archives départementales du Nord, les innombrables pièces non classées relatives à la collégiale de Saint-Amé de Douai, l'auteur trouva le *Testament de Georges Colveneere, chancelier de l'Université de*

Douai. Il s'empressa de prendre une copie exacte de ce précieux souvenir et la fit précéder de très intéressantes particularités biographiques sur ce célèbre professeur de théologie, censeur des livres, prévôt de Saint-Pierre, éditeur de Baldéric, de Flodoard, de Thomas de Cantimpré, et bienfaiteur de l'Université à laquelle il laissa ses biens pour la fondation du Séminaire de la Foi et sa bibliothèque pour les étudiants.

Un autre travail sur *l'Université de Douai en 1790* fut inséré dans le volume suivant. Il contient des lettres et un mémoire de M. Placide de Bailliencourt, notaire royal, l'un des membres les plus zélés du conseil de la commune de Douai, chargé par ses collègues de répondre aux dix-huit questions posées par le directoire du département au sujet de l'Université. Ce mémoire, présentant officiellement l'état de l'instruction publique à Douai à cette époque, fourmille de renseignements précieux qu'on chercherait vainement ailleurs avec un pareil caractère de certitude.

Dans les *Mémoires* de 1866-1867, nous trouvons jusqu'à trois travaux de l'infatigable sociétaire, travaux de sujets bien différents. Le premier est une *Notice nécrologique sur M. l'abbé L. Capelle*, douaisien, missionnaire diocésain, doyen de Saint-Géry de Valenciennes, auteur de plusieurs travaux historiques et littéraires, et membre correspondant de la Société des sciences de Douai. — Le second est une étude fort intéressante et bien documentée sur *Les origines des* Acta Sanctorum *et les protecteurs des Bollandistes dans le Nord de la France*, où l'auteur prouve que ce n'est pas, comme on pourrait le croire, le père Bolland qui a conçu l'idée de publier cet incomparable recueil ordinairement désigné sous son nom, qui a tracé le plan d'ensemble de cet ouvrage et recueilli les manuscrits et les livres formant le fonds le plus ancien de la bibliothèque des Bollandistes, mais bien un autre religieux de la Compagnie de Jésus, le P. Herbert Van

Roswey ; que cette grande œuvre n'a point pris naissance à
Anvers, dans la résidence que l'on s'accorde à regarder comme
son berceau, mais bien à Douai au sein du collège que les
religieux de l'abbaye d'Anchin avaient fondé et confié à la
direction des fils de saint Ignace ; que les premiers éléments
furent tirés des riches archives des abbayes d'Anchin, de Marchiennes et des environs ; enfin que les abbés de Liessies furent
les premiers protecteurs, les meilleurs bienfaiteurs, les amis
constants de Van Roswey, de Bolland et de ses successeurs, et
pour ainsi dire les pères de cette œuvre impérissable de critique
historique et d'érudition religieuse. — Le troisième est intitulé
modestement : *Quelques mots sur un triptyque du XVIe siècle
conservé à Lille.* Cette peinture a été jetée par le hasard des
événements dans le magasin d'un coiffeur de Lille ; un journal
en révèle l'existence ; deux amateurs essaient de déchiffrer une
inscription qu'elle porte : ils ne font qu'altérer tous les noms et
toutes les dates : enfin ils attribuent ce tableau du XVIe siècle à
Hubert van Eyck, mort en 1426. En judicieux et habile critique,
l'abbé Dehaisnes rétablit la vérité sur tous ces points : le tableau
représente deux religieuses lilloises de la famille Dablaing, décédées
en 1531 et en 1557, ainsi que l'indique l'inscription qu'il reconstitue exactement ; quant à l'auteur, il est inconnu, mais il a dû
certainement étudier les œuvres de Memlinc à Bruges et peut-
être celles de Bellegambe à Douai et à Anchin.

Nous n'avons cité jusqu'ici que les travaux insérés *in extenso*
dans les *Mémoires* de la Société. Mais là ne se borne pas l'active
collaboration de M. Dehaisnes aux études de cette savante
compagnie. L'un des usages qu'elle observait fidèlement était
le compte rendu des ouvrages spéciaux et des mémoires des
sociétés correspondantes qui lui étaient envoyés ; ces volumes
étaient remis aux commissions dont se composait la société et
chacune d'elles en demandait l'analyse à quelques-uns de ses

membres, d'après la nature de leurs travaux et de leurs goûts ; rédigées sous forme de rapports écrits, ces analyses étaient lues en commission ou même en séance générale. Nombreux sont les comptes rendus dont se chargea M. Dehaisnes et, disons-le tout de suite, ce ne sont pas de simples procès-verbaux indiquant en quelques lignes le sujet du travail analysé, mais des études consciencieuses, longues parfois, où tout est examiné, contrôlé et même complété par le rapporteur. Fréquentes aussi furent les communications aux séances de la société sur des sujets historiques ou artistiques ; plusieurs restèrent à l'état de manuscrit, d'autres firent l'objet d'études définitives lues en Sorbonne ou insérées dans diverses revues.

Nous avons pu reconstituer la série complète, croyons-nous, de ces rapports et de ces communications ; nous la reproduisons, en partie, c'est-à-dire en éliminant les travaux qui furent imprimés plus tard et en ne citant que les études ou rapports manuscrits.

En 1861, au retour d'un voyage, l'abbé Dehaisnes donne un intéressant récit d'une *Excursion dans le Luxembourg belge, entre Dinant et Rochefort ; cavernes de Han, formées par les eaux de la Lesse suintant à travers les rochers ; stalactites ; stalagmites ; curiosités très remarquables et pittoresques.*

De 1861 à 1863, outre plusieurs communications verbales ou écrites sur l'Université de Douai, c'est un *Rapport sur une étude relative aux riches manuscrits que possède la bibliothèque de Cambrai* (séance du 7 mars 1862) ; c'est la lecture des *Lettres de rémission accordées à Jacques Lesage par Maximilien, pour quelque délit commis en état d'ivresse* ; c'est enfin une intéressante *Note sur la véritable origine de Gayant* (séance du 12 déc. 1862). En compulsant les comptes de la ville de Douai, M. Dehaisnes mit la main sur une pièce complètement inconnue, indiquant le don d'une somme de huit livres fait par la ville à la corporation des cagereurs et des manneliers, pour les aider à confectionner un personnage en forme de *gayant* (forme ancienne de *géant*) devant servir aux *histoires* de la procession solennelle du 18 juin. C'est en 1530 qu'eut lieu la première exhibition du *gayant*. Celui-ci déchoit ainsi du rôle mystérieux et légendaire que lui attribue la chronique du pays, pour se réduire à n'être plus que le spécimen gigantesque de l'industrie des manneliers. Cette découverte pouvait bien déplaire un peu à l'amour-propre patriotique des Douaisiens, mais . . . . . *magis amica veritas !*

De 1863 à 1865, M. Dehaisnes présente à la Société plusieurs notes, entre autres un travail sur *Un tableau de la collection de M. Olive de Marseille et qui a appartenu au collège d'Anchin*, dont il décorait autrefois la chapelle. Son possesseur actuel l'attribuait à Raphaël ; moins hardi, M. Dehaisnes le revendique pour un de nos artistes flamands, mais pour un artiste qui avait vu l'Italie, Jean Schorel, par exemple. Signalons aussi un *Compte rendu sommaire des séances tenues à la Sorbonne par les délégués des sociétés savantes en 1864.*

De 1865 à 1867, plus nombreuses encore sont les communications de l'infatigable auteur ; nous n'en citerons que trois restées manuscrites. Dans ses *Recherches sur Jean Taccoen, seigneur de Zillebeke, pèlerin voyageur, d'après un manuscrit de la bibliothèque de Douai*, il donne le récit des premiers voyages à Rome et en Terre-Sainte de l'un de ces pieux pèlerins que la Flandre compte en grand nombre depuis le XIIIe jusqu'au XVIe siècle. — Une autre notice retrace les incidents de *L'élection de l'abbesse de Flines*, Jeanne de Boubais, en 1507, puis, franchissant une période de deux siècles et demi, établit la comparaison entre ce choix de religieuses ne cherchant dans la nouvelle élue que la sainteté de la vie et le zèle pieux, et la faveur royale mettant, en 1757, à la tête de ce riche monastère, une jeune fille, presque une étrangère, Sophie de Berchény. — Enfin, en août

1866, pour la préparation d'une exposition artistique qui devait coïncider avec le congrès de la Société française d'archéologie mais qui fut empêchée par l'épidémie cholérique. M. Dehaisnes et M. Preux avaient dans leurs *Recherches sur le peintre Boilly* rappelé les principaux points de la biographie de cet artiste, né à La Bassée et auteur de spirituels chefs-d'œuvre, d'une série de portraits qu'a reproduits le *Magasin pittoresque* et de l'apothéose de Marat possédée par le Musée de Lille.

De 1867 à 1869, nous trouvons encore dix à douze travaux dont les sept suivants sont demeurés manuscrits : Une *Description critique de statuettes romaines déposées au musée de Douai ;* une *Note sur un tableau provenant de la collégiale de Saint-Amé et conservé dans la sacristie de l'église Saint-Jacques de Douai ;* une autre note sur *Le retable de la chapelle échevinale de Douai,* salle de la rotonde de l'hôtel de ville actuel ; une autre encore sur les *Dépenses artistiques faites au monastère de Flines au XVIe siècle ;* un *Rapport sur les caractéristiques des Saints du P. Ch. Cahier ;* la relation d'une visite à *L'exposition de tableaux de Roubaix en 1869 ;* enfin un important travail sur *L'homme fossile et les origines préhistoriques de l'homme.*

Ce dernier travail donna naissance à un incident pénible que nous devons rappeler brièvement. L'un des membres de la Société avait, dans la séance du 13 août 1869, lu un rapport sur l'homme préhistorique d'après M. Bourlot et quelques autres auteurs. Le procès-verbal de cette séance, communiqué aux journaux, contenait, grâce à certaines inexactitudes de rédaction, des assertions contre lesquelles M. Dehaisnes crut de son devoir de protester, au nom de la science et de la foi. Absent de Douai au moment de la séance, il ne put demander aussitôt la rectification de ce procès-verbal, mais, dès son retour, il annonça son intention au président de la Société, rédigea son mémoire, et, dans la séance d'octobre, réclama cette rectification qui lui fut refusée. Le lendemain, l'abbé

Dehaisnes écrivait au président de la Société : « J'ai l'honneur de vous envoyer ma démisson de membre de la Société d'agriculture, sciences et arts de Douai. La société, ayant refusé de rectifier *en son nom* un procès-verbal publiée *en son nom*, dans lequel sont émises des opinions qui ont alarmé les consciences catholiques, opinions fausses au point de vue de la science, fausses aussi comme rédaction de procès-verbal, ma conscience et ma dignité m'imposent le devoir de vous remettre ma démission. C'est avec regret que je me sépare de collègues dont j'ai, durant douze années, partagé les travaux et qui ont bien voulu plusieurs fois m'honorer de leurs approbations et de leur confiance ».

La Société douaisienne ne fut pas longtemps privée de l'actif et utile concours de M. Dehaisnes ; elle eut recours à lui quelques années plus tard et le pria de rédiger la *Notice sur M. Alfred Asselin*, autrefois son président, ancien maire de Douai, décédé le 22 septembre 1876. M. Dehaisnes se rendit avec empressement et avec joie à ce désir si légitime. Uni pendant près de vingt ans à M. Asselin par les liens d'une intimité qui lui avait fait partager ses études et ses travaux, ses joies et ses souffrances, et, en quelque sorte, sa vie tout entière, il pouvait, il devait, plutôt que tout autre lui rendre ce pieux hommage. Il le fit, sans exagération, avec vérité, mais aussi *con amore* ; sa notice peut être considérée comme un modèle en ce genre.

Nous savons que la Société, désireuse de conserver la mémoire de Mgr Dehaisnes par une notice spéciale, vient d'en confier la rédaction à l'un de ses membres, M. l'abbé Bontemps, aumônier de la Sainte Union, ancien vicaire, puis successeur de M. Omer Dehaisnes, à Iwuy.

VI.

Mgr Dehaisnes a Douai. — Ses travaux de bibliothécaire et d'archiviste de cette ville. — Classement et inventaire des archives. — Catalogue des manuscrits de la bibliothèque. — Les annales de Saint-Bertin et de Saint-Vaast.

Les assiduités de l'abbé Dehaisnes, dès son arrivée à Douai, à la bibliothèque et aux archives de la ville, les longues et fréquentes séances de recherches et d'études qu'il y passait, les multiples travaux qu'il était ainsi parvenu à mener à bonne fin, n'avaient point tardé à mettre en vue ce laborieux et intrépide chercheur. M. Asselin, le distingué et savant maire de Douai, son ami et son collaborateur, fut bientôt persuadé qu'il rendrait à la science et à la ville un réel service en attachant M. Dehaisnes à la direction de l'un et l'autre dépôt. L'occasion favorable à la réalisation de ce projet ne tarda guère à se présenter.

« Après la publication du catalogue des manuscrits, le bibliothécaire, M. Duthilleul avait entrepris celle du catalogue des imprimés ; un premier fascicule, de 5o pages in-8⁰ sur deux colonnes, comprenant les incunables et la théologie, avait même paru en 1857 ; mais l'insuffisance du crédit et les longues souffrances de l'auteur qui l'empêchèrent de soigner suffisamment ce nouvel ouvrage, en firent suspendre la publication. Le 26 octobre 1860, il donna sa démission et, par un arrêté du même jour, M. Estabel, membre de la commission de la bibliothèque depuis 1849 et bibliothécaire-adjoint depuis le 2 avril 1857, qui s'était occupé activement du classement des médailles, de la bibliographie douaisienne, de la restauration des manuscrits et de la mise en ordre des imprimés, fut nommé bibliothécaire ; par le même arrêté, M. l'abbé Dehaisnes fut nommé bibliothécaire-adjoint. Le service était partagé entre les deux bibliothécaires : à M. Estabel fut plus spécialement réservé le soin des imprimés avec la correspondance administrative ; M. Dehaisnes fut plus particulièrement chargé des manuscrits et des médailles. »

Nous avons reproduit ces renseignements d'après l'excellente *Notice sur la bibliothèque publique de Douai* publiée en 1868 par M. Dehaisnes lui-même et à laquelle il joignit, la même année, une seconde *Notice sur les archives communales de Douai*, dont il avait été nommé conservateur le 26 septembre 1863. Une note ajoutée à ce travail par l'archiviste du Nord, M. A. Desplanque, nous révèle en partie l'immense besogne qui incomba de ce chef au nouvel archiviste. Nous croyons devoir la transcrire entièrement.

« Le 26 septembre 1863, M. Asselin, maire de Douai, vu la lettre ministérielle en date du 25 août précédent, sépara les fonctions d'archiviste de celles de secrétaire et les confia à M. l'abbé Dehaisnes, bibliothécaire-adjoint de la ville. M. l'abbé Dehaisnes trouva les archives dans le local provisoire où elles avaient été déposées l'année précédente, après la démolition du local affecté au greffe. Les besoins du bureau exigèrent qu'il s'occupât d'abord des archives postérieures à 1790 ; il les classa, les distribua dans des cartons et sur des tablettes et acheva l'inventaire général qui, avec les tables méthodiques et alphabétiques, comprend 150 feuillets. Après avoir consacré près de deux ans à ce travail, il s'est occupé des archives antérieures à 1790. Un certain nombre d'armoires étaient remplies de papiers non classés, d'actes en parchemin, de registres jetés pêle-mêle ; dans toutes ces armoires le triage a été fait et les pièces ont été soumises à un classement provisoire. Des milliers d'actes passés devant échevins, ajoutés à ceux réunis par M. Bommart et par dom Caffiaux, ont été rangés chronologiquement dans des cartons. Les registres ont été installés sur des rayons et classés par ordre de matières ; l'inventaire de la série AA est achevé pour les registres. Quant aux pièces isolées, conservées dans des layettes, dans des cartons appelés liasses du cabinet et dans plusieurs armoires, leur dépouillement remplit déjà plus de 1.300 bulletins analytiques. L'ordre adopté dans tout le classement a été celui de la circulaire ministérielle du 25 août 1857, en ajoutant toutefois des indications qui permettent de recourir, pour chaque pièce, au précieux travail de M. Guilmot. En novembre 1866, M. de Rozière, inspecteur général des archives, a complètement approuvé la méthode suivie par M. l'abbé Dehaisnes pour la préparation et la rédaction de l'inventaire sommaire. L'aile ouest de l'Hôtel de Ville, dans laquelle le précieux dépôt trouvera une magnifique installation, sera achevée incessamment. »

Faut-il nous excuser de ces détails un peu *techniques* ? Ne sont-ils pas nécessaires pour faire apprécier l'activité et le soin avec lesquels l'archiviste-bibliothécaire de Douai mit en ordre et fit connaitre les collections historiques d'une des principales villes du Nord ? En examinant les importants travaux consacrés par M. Dehaisnes à l'inventaire du double dépôt confié à sa garde vigilante et éclairée, on ne peut s'empêcher d'admirer la prodigieuse quantité de matériaux, de renseignements, de documents de tout genre qu'ils offrent aux érudits, aux chercheurs, aux amateurs de l'histoire locale et de l'art ; mais il faut avoir pénétré dans ces sanctuaires où sont conservés ces innombrables et précieux souvenirs, il faut avoir étudié le maniement de ces immenses collections, nous dirions presque qu'il faut être du métier pour se rendre un compte exact de la somme de travail, de science, d'activité et de patience nécessaire pour mener à bonne fin le classement et l'inventaire de l'un de ces dépôts. On l'a dit et rien n'est plus exact, l'œuvre de M. Dehaisnes à la bibliothèque et aux archives de Douai fut un véritable travail de bénédictin. En juger seulement par les ouvrages qu'il a publiés à ce sujet, serait n'en prendre qu'une idée incomplète. Que de notes il recueillit, que de « fiches » il rédigea, que d'inventaires partiels et même généraux il prépara, durant les huit et onze années passées en ces doubles fonctions et qu'il laissa manuscrits aux mains de ses successeurs. Ces résultats de son labeur échappent, on le comprendra aisément, à une analyse précise et nous devons nous borner à jeter un rapide coup d'œil sur ses travaux imprimés.

En 1862, il publie une notice sur *Un manuscrit de l'abbaye de Marchiennes* conservé à la bibliothèque de Douai et spécialement intéressant en ce sens que, de toutes les écritures en usage depuis Charlemagne jusqu'à Charles-Quint, il n'en est pas une dont il n'offre un ou plusieurs spécimens. N'est-il pas en effet curieux et instructif de pouvoir suivre sur les 97 feuillets in-folio de ce seul codex toutes les modifications qui, durant près de huit siècles, se sont opérées dans les caractères adoptés par les peuples de l'Europe pour exprimer leur pensée à l'aide de la plume ? Ce manuscrit présente aussi un autre intérêt par les vingt sujets tout à fait distincts qu'on y trouve : un psautier du IXe siècle avec un grand nombre d'oraisons intercalées, les litanies des saints avec les invocations particulières à l'abbaye de Marchiennes, le *Pater*, le *Credo*, et le *Gloria in excelsis* du IXe siècle, n'offrant aucune différence avec le texte d'aujourd'hui, puis des commentaires sur divers passages de l'écriture, des extraits des pères, des annales historiques, des tables chronologiques, des notes relatives à l'histoire de la France et de l'Allemagne, aux événements du pays, à l'abbaye de Marchiennes, etc.

L'année suivante, dans les *Souvenirs de la Flandre Wallonne*,

M. Dehaisnes faisait paraître, avec une introduction et des notes, une première série des plus intéressantes de *Documents inédits sur les origines de l'Université de Douai*, où se trouvent racontées dans le plus grand détail les nombreuses et longues démarches faites auprès de Charles-Quint, dès 1531, par les membres du Magistrat, pour obtenir à leur ville cet établissement d'enseignement ; la demande semblable des Tournaisiens ; la sourde opposition de Louvain ; la réponse des Douaisiens aux motifs allégués par cette ville ; la lenteur des enquêtes décrétées par Charles-Quint. Tout cela dura trente ans ; ce fut en 1560 seulement que Philippe II répondit favorablement aux désirs du Magistrat.

Dans le même recueil, M. Dehaisnes publie, en 1865, des *Notes pour servir à l'histoire des archives de Douai dans la seconde moitié du XVIIIe siècle*. Ces notes, qui avaient fait le sujet d'une lecture à la Société des sciences, ont rapport à l'état matériel des archives à cette époque, aux recherches qu'y vinrent opérer les bénédictins dom Caffiaux, en 1767 et 1768, et dom Bevy, en 1780, au concours empressé que la ville prêta à leurs travaux, en subvenant aux dépenses de leur séjour et en leur donnant même un aide chargé sans doute de la partie matérielle des recherches.

En même temps, il publiait avec M. Asselin les *Inventaires du trésor de la collégiale Saint-Amé de Douai*, retrouvés dans les archives départementales de Lille et s'échelonnant, à des intervalles plus ou moins réguliers, de 1382 à 1627.

En 1867, à l'occasion du second centenaire de la *Réunion de Douai à la France en juillet 1667*, M. Dehaisnes écrivit encore, dans le *Courrier douaisien*, une série d'articles sur le mémorable siège de cette ville, sur sa capitulation et sur l'entrée du roi et de la reine Marie-Thérèse ; ces articles contiennent force détails aussi intéressants que précis, extraits des documents des archives communales.

L'année suivante, en collaboration avec M. Asselin, il publiait dans le même journal une *Notice sur le beffroi, les cloches et le carillon de Douai*, toüjours d'après les documents originaux des archives ; notice particulièrement attrayante pour les douaisiens, car raconter l'histoire du beffroi, n'était-ce pas résumer l'histoire de la cité ? Notice toute d'actualité, puisque, grâce à l'intelligente initiative de M. Asselin, on venait de terminer les travaux de restauration du beffroi, du carillon, de la flèche et du lion de Flandre qui la surmonte portant fièrement en ses griffes la bannière douaisienne.

L'année 1868 voit paraître deux nouvelles publications du laborieux archiviste-bibliothécaire : c'est d'abord la reproduction de *Documents inédits sur l'abbaye de Flines*, dont une partie avait été l'objet d'une communication de l'auteur à la Société des sciences ; puis des *Notices sur des manuscrits de la bibliothèque de Douai*, prélude et extrait du catalogue dont nous parlerons tout à l'heure.

Signalons encore une étude littéraire très délicatement pensée et élégamment écrite sur *les Manuscrits autographes des poésies de Marceline Desbordes-Valmore*, la muse douaisienne, ainsi qu'on l'a justement appelée. Ces dix manuscrits ou albums où Mme Desbordes-Valmore recueillait les poésies qu'elle composait, jetait une strophe, un vers, une date, un cher souvenir, avaient été libéralement offerts, en janvier 1870, à la bibliothèque de la ville par M. Hippolyte Valmore. M. Dehaisnes les décrit et les analyse, non seulement en bibliophile, mais aussi et surtout en poète. Ce petit travail est tout à la fois un délicat remerciement au bienfaiteur de la bibliothèque et une excellente étude historique et littéraire sur la vie et les œuvres de la muse douaisienne.

Nous en aurons fini avec les travaux de peu d'étendue, lorsque nous aurons mentionné la *Notice sur un manuscrit de la bibliothèque publique de Douai* parue en 1871. C'est une étude fort complète sur la chronique écrite par un religieux de Saint-Vaast d'Arras, entre 1024 et 1050, et qui contient le texte le plus ancien et le seul complet des *Annales Vedastini* et, de plus, d'autres chroniques d'une véritable importance pour les origines de notre histoire et pour le Nord de la France.

Ce manuscrit servit tout particulièrement au savant archiviste pour établir définitivement le texte de l'édition des *Annales de Saint-Bertin et de Saint-Vaast* qu'il publia, en 1871, dans la grande collection de la *Société de l'histoire de France*. L'utilité de cette nouvelle édition pouvait se démontrer facilement. Ces annales présentent en effet le récit contemporain le plus exact et le moins incomplet pour la période importante et peu connue qui s'étend de 830 à 899 ; cette importance même exigeait qu'elles fussent éditées avec soin. Il n'en n'avait pas été ainsi jusqu'alors. La première édition des *Annales de Saint-Bertin*, publiée par Duchesne d'après une copie du P. Van Roswey, offre un nombre considérable de fautes et d'inexactitudes parfois très graves ; la seconde édition donnée, en 1749, par dom Bouquet, avec des corrections envoyées à l'abbé Le Beuf par dom Josse Cléty, religieux et bibliothécaire de Saint-Bertin, est fort incomplète et reproduit assez souvent les fautes de la précédente. Pertz a donc eu raison de dire, en publiant ces annales d'après dom Bouquet, que l'édition de ce dernier offre des fautes nombreuses et qu'il eût été facile de corriger. Enfin le manuscrit de Douai n'avait servi pour aucune édition. Il n'était pas moins nécessaire de publier une nouvelle édition des *Annales de Saint-Vaast* : en collationnant le texte de dom Bouquet, reproduit par Pertz, avec celui du manuscrit de Bruxelles qui avait servi a cette première édition, M. Dehaisnes a trouvé 125 inexactitudes ; en le comparant au manuscrit de Douai, qui n'avait pas encore été mis à profit, et à celui de Lobbes publié par Bethmann dans le second volume des *Monumenta* de Pertz, il rencontra 175 variantes et plusieurs omissions d'une grande importance. Ces chiffres indiquent assez l'utilité de ce nouveau travail de l'abbé Dehaisnes. « Aux variantes, dit-il dans sa savante mais trop courte introduction, nous avons ajouté un grand nombre d'annotations ; nous avons reproduit quelques-unes des observations critiques de dom Bouquet et de Pertz et nous avons même essayé de compléter le texte par des notes historiques et géographiques. Dans ces notes, nous avons cru devoir exprimer clairement notre avis, même lorsqu'il était en désaccord avec le sentiment d'érudits de haute réputation ; une opinion nettement exprimée fait naître la discussion et de la discussion jaillit la lumière ».

Cette importante publication contient d'abord les *Annales de Saint-Bertin*, dont la première partie, de 830 à 835, est l'œuvre d'un auteur anonyme; la seconde, de 835 à 861, de saint Prudence, évêque de Troyes · la troisième et dernière, de 861 à 882, du célèbre Hincmar, archevêque de Reims : ces annales occupent les 292 premières pages du volume. Elles sont suivies des *Annales de Saint-Vaast*, de 874 à 900, écrites par un moine de la célèbre abbaye (pages 293 à 360), de *Fragments inédits de la chronique de Saint-Vaast*, tirés du codex de la bibliothèque de Douai, dans lequel les annales proprement dites sont précédées d'une chronique commençant à la création et se continuant jusqu'en 874 (pages 361 à 404) et de quelques courts fragments inédits puisés dans un manuscrit de Saint-Bertin, aujourd'hui conservé à Bruxelles, qui offre dans sa première partie les annales d'Éginhard avec des différences de texte d'une certaine utilité. Deux tables fort soignées, l'une des matières et des noms de personnes, l'autre des noms de lieux, terminent le volume.

Durant son séjour à Douai, l'abbé Dehaisnes avait préparé le *Catalogue des manuscrits de la bibliothèque* et, en partie du moins, l'*Inventaire sommaire des archives communales* : mais ces deux travaux, véritables monuments de patience et d'érudition, ne furent livrés à l'impression que plusieurs années après qu'il eût quitté les honorables fonctions qu'il remplissait à Douai.

Le premier en date est l'*Inventaire*, qui parut en 1876, en un volume in-quarto de 64 pages sur deux colonnes, d'après le modèle adopté par le ministère de l'instruction publique pour les inventaires d'archives départementales, communales et hospitalières. Celui-ci porte le titre d'*Inventaire analytique* et ne comprend que la série **AA**, *Actes constitutifs et politiques de la commune*, la seule que l'abbé Dehaisnes ait pu achever avant son départ de Douai. Il contient l'analyse exacte et complète de 35 registres importants et de 3.953 documents sur parchemin ou papier, répartis en trois sections. La première de ces sections concerne les privilèges mêmes de la commune et comprend d'abord les lettres et autres actes octroyant, confirmant ou modifiant les privilèges en général, les lois constitutives et la coutume de la ville, puis les privilèges particuliers relatifs à l'administration communale, aux impôts et aux tailles, aux propriétés de la ville et des bourgeois, au service militaire, à la justice et au commerce, enfin les précieux cartulaires ou registres aux privilèges, aux bans et aux ordonnances des échevins ou des souverains, modifiant la coutume. La seconde section renferme toutes les pièces relatives aux rapports de la commune de Douai avec le souverain et le comte de Flandre et avec leurs représentants à Douai, les divers actes concernant les députés et agents de la commune auprès du roi et de ses représentants, la correspondance administrative avec les mêmes personnages, avec les députés et agents en cour, enfin les documents relatifs aux fêtes et cérémonies publiques, les lettres de compliments ou de condoléances au souverain, au comte, à leurs représentants. La dernière section est consacrée à la part prise par la commune dans la discussion des affaires publiques et administratives; elle se compose des pièces relatives aux assemblées des États généraux des provinces des Pays-Bas, aux assemblées des États des villes et châtellenies de Lille, Douai et Orchies et enfin à l'assemblée des États généraux de France en 1789. On voit, par ce seul exposé, quelle mine féconde cette première portion du riche dépôt de Douai peut offrir aux chercheurs, aux érudits qui s'occupent de l'histoire de Douai et de la Flandre. Les annotations nombreuses et savantes, qu'y a jointes l'auteur de l'inventaire, contribuent puissamment à guider les recherches et à les rendre plus rapides ; elles en font un travail parfait de tout point.

Tout aussi remarquable et digne d'éloges est le *Catalogue des manuscrits de la bibliothèque de Douai* publié en 1878, dans la grande collection des *Documents inédits de l'histoire de France* entreprise par le gouvernement : il y forme le tome VI° du *Catalogue général des manuscrits des bibliothèques publiques des départements*. Ce n'est pas une aride et sèche nomenclature, ce n'est pas seulement une exacte description et un fidèle inventaire de chacun des 1.239 manuscrits conservés à Douai ; à ce travail de classement et de préservation, l'abbé Dehaisnes a voulu joindre une foule de renseignements analytiques et comparatifs et de précieuses références qui dénotent chez leur auteur la plus vaste érudition. Pour chacun de ces manuscrits, il indique les divers ouvrages ou traités qu'il renferme, avec l'*incipit* et le *desinit* ; puis il en recherche la provenance, examine le caractère que présente l'écriture et ajoute tous les renseignements bibliographiques qu'il a pu découvrir concernant chacun de ces ouvrages ou traités. Il relève avec le plus grand soin les notes et les noms trouvés sur les feuillets de garde, les dimensions du volume, son état de conservation. Quand les auteurs des manuscrits se sont désignés eux-mêmes, il joint aux renseignements qui précèdent, sinon une notice complète, au moins des indications biographiques et bibliographiques sur ces auteurs ;

si, au contraire, ils ont conservé l'anonyme, il n'est point d'investigations qu'il s'épargne pour tàcher de soulever ce voile ; il réussit souvent ainsi à éclairer tel ou tel point obscur de l'histoire littéraire, à résoudre d'intéressants problèmes d'érudition, ou tout au moins à mettre, par ses indications ou ses hypothèses, d'autres érudits sur la voie de précieuses découvertes. Encore une fois, c'est là une mine féconde dont l'exploration est rendue facile et rapide par les tables si complètes des manuscrits par fonds ou provenances et par ordre chronologique, des auteurs, des ouvrages anonymes et des matières, qui complètent le volume dont elles remplissent les pages 775 à 907. Pour dire notre pensée entière, nous n'hésitons pas à donner à ce *Catalogue* l'un des tout premiers rangs parmi les ouvrages similaires.

VII.

Mgr Dehaisnes a Douai. — La Revue de l'art chrétien. — La Société des amis des arts. — La Revue des sciences ecclésiastiques. — La Semaine religieuse du diocèse de Cambrai. — Les congrès de la Sorbonne.

Nous avons essayé de montrer en Mgr Dehaisnes le distingué professeur du collège Saint-Jean, tout ensemble historien, poète, auteur dramatique, le laborieux bibliothécaire et archiviste de Douai, le collaborateur assidu de la Société des sciences. Cette esquisse ne peut suffire à mettre dans tout leur jour son infatigable activité et son « œuvre » durant ses dix-huit années de séjour dans l'Athènes du Nord. Il nous reste à dire le précieux et considérable concours qu'il apporta à différentes revues et à citer au moins la série ininterrompue de ses publications durant cette période.

Dès 1860, sa collaboration est acquise à la *Revue de l'art chrétien* fondée quelques années auparavant par le savant abbé Corblet. Il y publie l'un de ses premiers travaux d'art chrétien, son *Étude sur le retable d'Anchin*, qu'il avait jointe en appendice à son volume : *De l'art chrétien en Flandre*. Rien de curieux comme l'histoire de ce retable qui ornait autrefois l'autel de l'abbaye d'Anchin et que l'on conserve actuellement dans la sacristie de l'église Notre-Dame à Douai. M. Dehaisnes raconte avec verve, avec entrain, les péripéties de la reconstitution totale de cette œuvre d'art, dont les différentes pièces avaient été dispersées par les vandales de la Révolution et un peu aussi par leurs successeurs ; il redit, en quelques pages d'allure vive et littéraire, la première trouvaille, les recherches, les déceptions et enfin le succès complet du docteur Escallier. Puis il étudie, dans le plus grand détail et avec une indiscutable compétence, les neuf panneaux qui composent ce splendide polyptique. L'extérieur représente le triomphe de la croix dominant le monde, offerte par le Sauveur à la vénération de tous les hommes, honorée par la Vierge et ceux qui, à son exemple, ont vaincu la chair, par la puissance temporelle que représente Charlemagne, l'abbé d'Anchin et des magistrats, et par la puissance spirituelle que personnifient saint Benoit et plusieurs moines d'Anchin. Les panneaux intérieurs sont consacrés à la sainte Trinité adorée dans le ciel par la Vierge, les apôtres et tous les ordres de la cour céleste. Citons une des belles pages que M. Dehaisnes consacre à ce qu'il appelait volontiers « son chef-d'œuvre de prédilection. »

« Lorsqu'après avoir gravi les Alpes pendant les dernières heures de la nuit, le voyageur arrive au sommet de la montagne et qu'à un brusque détour de la route il aperçoit devant lui le soleil qui se lève, répandant ses teintes roses dans le ciel, sur la neige des glaciers et sur la cime des rochers sauvages, il s'arrête ébloui, étonné ; il admire. Cette comparaison qui pourrait paraître ambitieuse nous a semblé rendre l'impression que les véritables amis des arts éprouvent, quand, après avoir étudié avec soin les panneaux extérieurs du retable d'Anchin, ils font tourner sur leurs gonds les volets mobiles et qu'au sein d'une lumière rose et dorée, sur un trône d'or, ils entrevoient la sainte Trinité et, sous des arcades où ces rayons projettent leur éclat qui va s'affaiblissant graduellement, la sainte Vierge et saint Jean-Baptiste, les apôtres et les vierges, les martyrs et les confesseurs. Eux aussi ils se tiennent debout, éblouis, étonnés ; eux aussi ils admirent. C'est comme une transition subite du crépuscule au matin le plus brillant, j'allais dire de la terre au ciel ; c'est un véritable coup de théâtre en peinture. Pour trouver un tableau où se présente un contraste aussi puissant d'effet, nous nous sommes rappelé la *Transfiguration* de Raphaël, dans laquelle l'opposition est si frappante entre la cime illuminée du Thabor et les sombres flancs de la montagne. Et, encore, le polyptique d'Anchin nous semble-t-il, sous ce rapport, l'emporter sur le chef-d'œuvre de la peinture italienne ; mais la disposition du retable en volets mobiles offrait à l'artiste de Bruges un avantage dont ne jouissait pas Raphaël. Constatons qu'aucun autre maître de l'école flamande primitive ne s'est servi de cette disposition pour produire un effet aussi grand et aussi en rapport avec l'idée générale. »

Quelle est la date et quel est l'auteur de ce chef-d'œuvre ? Selon M. Dehaisnes, il aurait été exécuté vers 1520. Quant à l'auteur, il ne peut être Memlinc, comme l'ont affirmé MM. Arsène Houssaye et Viardot, non plus qu'un maître de l'école de Cologne ; M. Dehaisnes ne croit pas davantage qu'il soit l'œuvre collective de l'une de ces confréries de Saint-Luc qui existaient encore au commencement du XVIe siècle ; mais là s'arrètent ses conclusions certaines. Peut-être, ajoute-t-il, pourrait-on attribuer ce retable à Gérard Horenbault ou à Jean Gossaert de Maubeuge, mais ce n'est qu'une conjecture. « Et qu'on ne s'étonne pas trop, conclut-il, en apprenant que l'auteur de l'un des chefs-d'œuvre de l'école flamande primitive reste inconnu. Travaillant d'après les mêmes idées, les mêmes modèles et les mêmes maîtres, n'aspirant pas à prouver un talent original et à faire école, les peintres du XV⁰ siècle ne montrent pas dans leurs ouvrages ces différences essentielles qui distinguent aujourd'hui les artistes . . . . . D'ailleurs, dans les siècles de foi, l'artiste chrétien travaillait avant tout pour Dieu ; il avait un but plus élevé qu'une renommée, hélas ! toujours vaine, parmi les générations qui devaient fouler ses cendres. L'auteur de l'*Imitation* n'a pas écrit son nom sur la première page du livre que l'on appelle le plus beau qui soit sorti de la main des hommes. L'architecte qui élevait ces vastes cathédrales dont le caractère pieux, la majesté et la poésie nous touchent et nous font mieux prier, était bientôt oublié : souvent nulle pierre ne parlait de lui, ou, s'il gravait les initiales de son nom, c'était sur une poutre, sur une pierre suspendue au-dessus de l'abîme, au sommet d'une flèche, à une hauteur où n'osera jamais se poser le pied de l'ouvrier le plus audacieux. Les peintres de l'école chrétienne n'ont point signé leurs œuvres ou n'ont tracé que quelques caractères presque hiéroglyphiques dans une sombre draperie, sur le rebord d'un encadrement en bois. Leurs contemporains ne pensaient pas, en voyant leurs tableaux, à demander le nom de l'artiste, mais ils adoraient la grandeur de Dieu qui s'y révélait, ils vénéraient la Vierge qui s'y montrait si belle, si pure et si sainte, ils priaient avec plus de ferveur en contemplant ces scènes élevées et pieuses ; le but du peintre était atteint. Il en est de même de l'auteur du retable d'Anchin ; il est inconnu, mais les religieux de l'abbaye ont médité devant son œuvre sur le triomphe de la croix et sur les splendeurs du ciel ; leurs cœurs ont mieux prié Marie et les saints, après avoir vu ces têtes au type si suave et si pieux ; il est inconnu, mais l'artiste, en étudiant les panneaux de ce chef-d'œuvre, vient depuis des siècles, et viendra longtemps encore, apprendre le fini de l'exécution, le soin des détails, la largeur des conceptions et surtout la foi, la piété nécessaires pour les peintures religieuses qui doivent décorer nos temples et nos autels. »

L'incertitude relative à l'auteur du retable d'Anchin ne devait cependant pas tarder à disparaître. En 1862, M. Dehaisnes publiait, dans la même *Revue de l'art chrétien*, en collaboration avec son ami M. Asselin, un important travail modestement intitulé : *Recherches sur la vie et l'œuvre de Jean Bellegambe, peintre douaisien du XVIe siècle*. « L'un de ces heureux hasards qui arrivent parfois aux travailleurs avait levé enfin tous les doutes et donné à la France, à la Flandre, à la ville de Douai, un nom de plus à ajouter aux noms glorieux dont elles peuvent s'énorgueillir. » M. Alphonse Wauters, le savant archiviste de la ville de Bruxelles, venait de découvrir dans un des manuscrits de son dépôt un *Mémorial à MM. l'abbé et religieux d'Anchin*, où se lisait la phrase suivante : « Les plus excellentes pinctures sont de la table du grand autel à double feuilletz, peinturée par l'excellent paintre Belgambe. » Cette citation établit que Jehan Bellegambe est l'auteur du retable d'Anchin, mais, toutefois, ajoute M. Dehaisnes, elle n'offre pas l'une de ces preuves irréfutables, de ces démonstrations évidentes auxquelles chacun doit nécessairement se rendre ; elle laisse lieu à certaines objections qui ont leur côté spécieux. M. Dehaisnes, grâce aux recherches particulières qu'il avait faites depuis plusieurs années, avec M. Asselin, sur les manuscrits d'Anchin, grâce au soin avec lequel il avait suivi les publications relatives à Jean Bellegambe, grâce enfin à l'examen attentif de toutes ses œuvres auquel il se livra de nouveau, se trouvait en mesure de réfuter ces objections, de faire connaître jusqu'à un certain point la vie de cet artiste et de donner une idée de son œuvre et de son talent. Ce sont ces premiers résultats, d'une importance déjà grande, qui font le sujet du travail que nous analysons, qui seront complétés peu à peu, pour ainsi dire, au jour le jour, et qui, vingt-huit ans plus tard, aboutiront à l'œuvre magistrale et définitive de Mgr Dehaisnes sur « le maître des couleurs, l'excellent peintre Jehan Bellegambe. »

Sans quitter le domaine de l'art, rappelons encore la part considérable que prit M. Dehaisnes dans la réorganisation, en 1864, de la *Société des amis des arts de Douai*, dont il fut durant de longues années le dévoué secrétaire. Le but de cette société est de réunir dans un commun effort ceux qui s'intéressent aux beaux-arts, d'encourager les artistes contemporains, tant par des acquisitions et par des commandes que par des expositions, et de répandre autour d'elle le plus grand nombre possible d'objets d'art de vrai mérite. Dans ce but, elle organise chaque année une exposition de tableaux et de gravures ; elle en acquiert les meilleurs qui, joints à un certain nombre de dons offerts par le ministère, les artistes ou les amateurs, sont répandus par la voie du sort parmi ses souscripteurs. M. Dehaisnes se chargeait des rapports sur les lots destinés à être ainsi répartis et chacun de ces rapports est une véritable étude de critique d'art, toujours compétente, toujours littéraire et finement spirituelle.

Dans le domaine plus spécial des sciences sacrées, M. Dehaisnes était loin de rester inactif, comme le prouve sa collaboration assidue à deux excellentes revues fondées durant son séjour à Douai. Nous voulons parler de la *Revue des sciences ecclésiastiques* et de la *Semaine religieuse du diocèse de Cambrai*.

La première avait été créée, en 1860, par le pieux et docte abbé Bouix. Depuis quelque temps, l'illustre canoniste nourrissait ce grand projet de fonder un organe ayant pour but de ranimer la vie scientifique parmi le clergé, de défendre et de propager les doctrines du Saint-Siège. L'état déplorable de l'enseignement théologique rendait alors cette création tout à fait urgente ; sans doute, une *revue* ne pouvait, à elle seule, guérir le mal, mais n'était-elle pas un moyen de le combattre et de préparer peu à peu la restauration tant désirée ? Dès le principe, l'abbé Bouix sut imprimer à sa revue son esprit propre, un grand amour pour l'église, un saint respect pour sa divine constitution, une fidélité généreuse à défendre contre les attaques du dehors et du dedans cette grande et noble cause. Mais, dès la fin de la première année, il dut se reposer sur son collaborateur et ami, M. l'abbé Hautcœur, alors professeur au collège Saint-Jean de Douai, de la direction que sa santé et ses travaux ne lui permettaient pas de garder. Le concours du distingué professeur d'histoire de Saint-Jean fut sollicité : il est superflu de dire que M. Dehaisnes accueillit avec empressement cette requête. La première année de la *Revue* s'achevait à peine qu'il passait de la promesse à l'exécution et lui donnait son étude sur *Les Maronites devant l'Église et devant la France* que nous avons mentionnée plus haut.

L'année suivante, à l'occasion d'un ouvrage récent du docteur Th. Mock, de Munster, la *Revue* publie une *Dissertation critique sur la donation promise par Charlemagne au Saint-Siège en 774*, dans laquelle M. Dehaisnes présente, de la façon la plus claire et la mieux documentée, le résumé complet de l'histoire de la puissance temporelle des papes, préparée, amenée et commencée par le cours naturel des choses dirigé par la Providence, agrandie et définitivement constituée par Pépin à Kiersy-sur-Oise en 754, consacrée et augmentée par Charlemagne dans un acte donné à Rome en 774 et différent de celui de Pépin ; celui-ci en effet avait promis la donation de l'Exarchat, de la Pentapole et de la ville de Narni, tandis que Charlemagne confirma ce premier don et y ajouta la Corse, le territoire qui s'étendait jusqu'à Mantoue et

Monselice, l'Istrie et la Vénétie, les duchés de Spolète et de Bénévent.

Les volumes suivants de la *Revue* contiennent aussi plusieurs études de l'abbé Dehaisnes. C'est d'abord un travail très érudit sur *Le Saint-Siège devant le protestantisme de 1521 à 1542*, inspiré par la publication des *Monumenta Vaticana* du docteur Hugo Laemmer. Parmi les importants documents publiés par le savant converti allemand, l'abbé Dehaisnes en choisit un certain nombre et les met en œuvre ; il retrace ainsi la conduite des papes Léon X, Adrien VI et Clément VII, et des légats Aleandro et Campegio en présence de la révolution religieuse opérée par Luther et ses adhérents en Allemagne et par Henri VIII en Angleterre. Il nous fait assister à la célèbre diète d'Augsbourg, en 1530, et à celle de Nuremberg, deux ans plus tard ; puis il nous transporte en Angleterre, toujours à la suite du nonce Campegio, qui y traite la grave question du divorce de Henri VIII ; on sait que ni l'habileté diplomatique de ce légat, ni la longanimité de Clément VII ne purent arrêter Henri VIII dans la voie où l'entraînaient les passions les plus mauvaises ; le déplorable schisme d'Angleterre était désormais établi. Après avoir ainsi offert aux lecteurs de la *Revue* de curieuses révélations et de sérieuses idées sur les diètes de l'Allemagne et sur le divorce de Henri VIII, M. Dehaisnes, glanant çà et là dans les *Monumenta* de Laemmer, traite encore plusieurs questions intéressantes, notamment celle du concile qui rencontra tant d'obstacles et celle de la fondation par le Saint Siège des collèges de différentes nations, dans lesquels les ecclésiastiques étrangers sont allés et vont encore aujourd'hui puiser, à leur centre même, la doctrine catholique et l'unité de la foi.

M. Dehaisnes avait étudié les commencements de l'hérésie luthérienne en Allemagne et en Angleterre. Dans un autre travail, *Sixte-Quint et Henri IV*, il traite de l'*Introduction du protestantisme en France*. Le caractère dogmatique de la réforme, la résistance qu'opposa à son action à la fois séductrice et violente le sentiment national de la France, l'avènement de Sixte-Quint au trône pontifical et ses relations avec Henri IV, interrompues prématurément par la mort de ce pape, la conversion de Henri IV et sa soumission au pape Clément VIII, enfin la promulgation de l'édit de Nantes, telles sont les importantes questions traitées par l'auteur de cette étude, suivant pas à pas l'ouvrage de M. Segrétain sur ce sujet.

Rappelons seulement la note de M. Dehaisnes sur *Un manuscrit de l'abbaye de Marchiennes*; nous en avons parlé plus haut. Ce fut, au moins pour cette époque, la dernière étude qu'il inséra dans la *Revue des sciences ecclésiastiques*; ses occupations si multipliées, la préparation d'importantes publications suspendirent, durant de longues années, sa collaboration que nous le verrons reprendre durant sa retraite à Lille.

Dans les derniers jours de mars 1866, une réunion tout intime avait lieu, à Douai, dans le modeste appartement de M. l'abbé Hautcœur, directeur au collège Saint-Jean. M. Destombes, supérieur du collège, M. Crombé, missionnaire diocésain, M. Clarisse, aumônier de l'hôpital militaire de Lille, M. Dancoisne, aumônier des Frères Maristes de Beaucamps et M. Dehaisnes s'y constituaient en comité de fondation et de rédaction de la *Semaine religieuse du diocèse de Cambrai*. C'était M. Clarisse qui avait eu cette idée de publier un petit journal exclusivement religieux et diocésain ; il s'en était ouvert à M. Crombé qui voulut bien sonder les dispositions de Mgr l'Archevêque. Elles se montrèrent favorables et provoquèrent cette réunion où furent prises les dernières dispositions et où fut arrêté le programme définitif. MM. Hautcœur et Dehaisnes furent chargés de la rédaction du *prospectus-programme*.

« Ce n'est pas, disent-ils, une nouveauté que nous créons ; des feuilles semblables à celle pour laquelle nous vous demandons votre appui existent actuellement en France, dans plus de cinquante diocèses ; toutes sont dans une situation prospère, ce qui prouve tout à la fois et l'opportunité de pareilles œuvres, et le bien qu'on les croit appelées à produire. Depuis longtemps nous regrettions , et nos regrets , nous le savons, étaient partagés par un grand nombre de nos confrères dans le sacerdoce, que notre diocèse n'eût pas aussi, comme tant d'autres, son *bulletin religieux*. Il nous semblait que si une feuille, s'occupant exclusivement d'intérêts catholiques , avait des chances d'éveiller un écho sympathique dans le cœur des prêtres et des fidèles, c'était assurément parmi nous. Quelles immenses ressources ne trouve-t-on pas dans le zèle, la science, les vertus de notre clergé et dans le remarquable esprit de foi qui anime nos populations ? Les bonnes œuvres, et nous prenons ces mots dans leur plus vaste compréhension, ne fleurissent-elles pas sur notre sol comme dans leur terrain naturel ? Notre pays n'est-il pas un de ceux où l'action de la Providence se fait le plus merveilleusement sentir ? Oui, certes ; il faudrait être injuste ou aveugle pour le nier. Quelles ressources, nous le répétons, et quelles espérances de succès pour une feuille religieuse ! Nous nous attendions donc à voir, d'un moment a l'autre, quelque plume exercée se mettre à l'œuvre pour dire, chaque semaine, les faits religieux propres à édifier le diocèse et suivre, parmi nous, le mouvement des idées et des œuvres catholiques. Notre attente jusqu'ici ne s'étant pas réalisée, nous avons cru , après avoir pris conseil et nous être recueillis devant Dieu, qu'il nous était permis de tenter l'entreprise. »

« Après avoir exposé le *calendrier liturgique*, la *Semaine religieuse* fera connaitre les *cérémonies particulières* et les *offices extraordinaires* ; elle dira les *jours d'adoration perpétuelle* dans les diverses églises du diocèse, l'*itinéraire de Mgr l'Archevêque* dans ses tournées de confirmation, les *mutations ecclésiastiques*, et donnera ensuite de *courtes notices sur les saints* de la semaine. Nous ferons suivre ordinairement ces préliminaires d'un *article de piété* : tantôt quelques réflexions en forme d'*homélie* ou de *méditation sur l'évangile du dimanche* ; tantôt des considérations sur les *fêtes* et les *temps liturgiques* ; ou enfin l'explication pieuse des *cérémonies de l'église* et des remarques pratiques sur l'*excellence et l'usage des sacrements*. Après ce premier article viendront des études populaires (nous prenons ce mot dans son vrai sens, c'est-à-dire claires et faciles, sans cesser d'être sérieuses et instructives) sur les *saints du pays*, l'*archéologie sacrée*, les *institutions religieuses*, les *abbayes* et *chapitres du diocèse*. Nous n'écarterons pas cependant de notre travail, au moins de temps en temps, des considérations d'un ordre historique plus élevé ; mais nous nous efforcerons toujours de rester à la portée du plus grand nombre de nos lecteurs. Il nous a semblé que nous répondrions au vœu général en donnant ensuite place, dans notre recueil, à quelques *notices biographiques*, toutes les fois que les circonstances le permettront.... Dans la dernière division de notre cadre, intitulée *faits divers*, nous réunirons les nouvelles religieuses de la semaine, les récits de cérémonies pieuses, les comptes rendus de missions ou de retraites, et tout ce qui nous paraîtra digne, dans le diocèse, la France ou même l'église universelle, de fixer l'attention. »

Quelques pages annexées à ce programme et rédigées par M. Dehaisnes indiquaient plus spécialement sa part de collaboration et faisaient déjà pressentir tout l'intérêt qui s'attacherait à la partie historique de la *Semaine religieuse* ; il se chargea de cette partie de la *Semaine* avec Mgr Hautcœur, qui y publia d'importants articles, notamment sur l'abbaye de Flines et avec Mgr Destombes, qui y fit paraître, dans une série ininterrompue d'articles disséminés dans les vingt-cinq premières années, sa remarquable *Histoire de l'église de Cambrai.*

Nous ne pouvons songer à dire tout ce qui a été fait par la *Semaine religieuse* sous la direction de M. Clarisse et du successeur qu'il se choisit en M. le chanoine Delassus. Ne serait-ce pas inutile d'ailleurs et ne sont-ce pas choses connues de tous ceux qui ont suivi l'évolution de cette œuvre ? Nous ne pouvons même donner une liste complète des articles de M. Dehaisnes ; presque aucun d'eux n'est signé et, pour plusieurs, nous n'avons pu nous prononcer avec certitude. On trouvera dans la *bibliographie* qui termine cette notice l'indication de ceux de ces articles qui ont été « tirés à part » et parmi lesquels nous nous contenterons de mentionner, outre la *Notice sur l'abbaye de Marchiennes,* dont il a été parlé plus haut, les notices sur *Notre-Dame d'Equerchin,* sur *Les trois vierges de Caestre,* sur *L'abbaye de Liessies,* sur *L'église de Saint-Piat de Seclin,* deux savantes études sur *La relique de la vraie croix, conservée à Lille en l'église Saint-Etienne* et sur *La sainte vraie croix de Douchy* et enfin les *Notices historiques sur les villes, les villages et les paroisses du diocèse de Cambrai.* « Résumer en quelques lignes les principaux faits historiques qui se rattachent à chaque localité ; donner les noms des familles seigneuriales qui y ont autrefois dominé ; indiquer, autant que possible, la date de la construction de l'église et le patron à qui elle est consacrée ; faire connaître, avec les anciennes manières d'orthographier, les diverses étymologies que l'on a proposées ; rappeler, quand il y aura lieu de le faire, les armoiries et les noms des personnages remarquables : voilà, écrivait, en 1867, M. Dehaisnes, le cadre de notre travail. » Quarante notices environ parurent dans la *Semaine religieuse,* durant les dix ou douze premières années ; puis l'auteur suspendit son travail, « déterminé à le recommencer d'après un plan plus large et à le faire paraître en fascicules supplémentaires qui pourraient être réunis et former un ensemble. » Il avait même rédigé, sur ce nouveau plan, une douzaine de notices que d'autres travaux urgents lui avaient fait abandonner momentanément et que nous avons retrouvées dans ses cartons. Depuis lors, nous lui avions confié notre projet d'une édition nouvelle du *Cameracum christianum*, pour laquelle nous mettions en réserve tous les documents qu'il nous était donné de rencontrer. Mgr Dehaisnes approuva l'idée et agréa notre humble collaboration. Les deux projets parallèles devaient donc se fondre en un seul qui eût compris, outre les notices du *Cameracum* revues et complétées, l'histoire très abrégée, mais sur preuves, de chacune des localités, de ses origines, de ses monuments civils ou religieux. En 1894, durant le congrès catholique de Lille, dans l'une des séances de la commission d'art chrétien, la question de la description et de la conservation des monuments et des objets d'art religieux fut longuement traitée, en présence de Mgr l'Archevêque de Cambrai. Sa Grandeur voulut bien approuver les idées émises par la commission et lui demander de préparer sur ce sujet si important un questionnaire détaillé et complet qu'elle transmettrait à chacun des doyens, curés et chapelains de son diocèse. La commission confia à Mgr Dehaisnes, son président, et à M. l'abbé Leuridan, son secrétaire, la rédaction de ce questionnaire. L'année suivante, Mgr l'Archevêque, donnant une plus grande extension à ce projet, informa Mgr Dehaisnes de son intention de faire consacrer une année des conférences ecclésiastiques de son diocèce à l'étude de l'histoire de chacune de ses paroisses et le pria de compléter le questionnaire dans ce sens. Nous nous remimes à l'œuvre aussitôt ; puis, le questionnaire envoyé, nous résolûmes l'un et l'autre d'attendre l'abondante moisson de documents que contiendraient sans aucun doute les réponses des conférenciers, pour reprendre la rédaction de ces *notices* qui se transformeraient ainsi en un *Cameracum historicum*, ou, si l'on veut, en une histoire *locale* qui s'ajouterait modestement à l'histoire *générale* de l'église de Cambrai de M>gr Destombes.

On nous pardonnera cette digression qui se rapporte d'ailleurs à une préoccupation constante de M>gr Dehaisnes : la description et la conservation de tous les souvenirs de l'art religieux dans notre pays. Reprenons l'examen des incessants travaux de l'archiviste de Douai.

Chaque année, au *Congrès des sociétés savantes à Paris*, il présentait un ou même deux mémoires, soit dans la section d'histoire, philologie et sciences morales, soit dans la section d'archéologie.

La première en date est sa *Notice sur le Père Trigault*. Ayant eu la bonne fortune de retrouver les ouvrages, devenus aujourd'hui très rares, du célèbre missionnaire douaisien, ainsi que plusieurs lettres et documents inédits, M. Dehaisnes avait pu le suivre pas à pas et écrire sa vie. C'est du résumé de cette biographie qu'il donna lecture au public savant de la Sorbonne. Quant à la *Vie du Père Nicolas Trigault*, il la fit imprimer à Tournai, chez Casterman, en 1864, et la dédia à son ami, M. l'abbé Fava, vicaire général de Saint-Denis (Réunion), vice-préfet apostolique du Zanguebar, aujourd'hui évêque de Grenoble. Citons cette page charmante :

« Vous n'avez pas oublié, mon cher ami, ces jours du séminaire, durant lesquels, jetant les yeux vers un avenir lointain encore, nous parlions ensemble d'océans à traverser, de contrées sauvages à parcourir, de peuplades barbares et idolâtres à former à la foi et à la civilisation. Ces vagues projets, ces rêves de notre jeunesse, vous les avez réalisés : vous avez traversé plusieurs fois la mer des Indes ; les côtes inconnues de l'Afrique orientale ont été explorées par le navire qui vous a été confié ; et c'est grâce à votre zèle qu'une mission, qui sera féconde en résultats, a été établie dans l'île mahométane et païenne de Zanzibar. Resté dans la patrie, je me suis rappelé nos aspirations d'autrefois et vos travaux d'aujourd'hui, en étudiant la vie et les ouvrages de l'un des premiers apôtres que la Flandre envoya dans les contrées que baigne l'océan indien. Comme vous, il était douaisien ; comme vous, il a planté la croix au milieu de populations qui se courbaient devant le croissant ou devant de grossiers fétiches ; il a traversé ces mêmes flots que vous avez tant de fois sillonnés : aussi c'est à vous que je dédie cette *Vie du Père Trigault*. Lorsque vous lirez ces pages sous les palmiers de l'île de la Réunion ou dans ce vaste établissement de Zanzibar auquel un souvenir du pays natal vous a fait donner le nom douaisien de *La Providence*, rappelez-vous les jours de notre jeunesse ; rappelez-vous que, parmi les nombreux amis que vous avez laissés en France, il en est un qui n'a cessé de vous suivre dans vos courses lointaines du regard et de la pensée et dont l'amitié ne peut être refroidie ni par les années, ni par la distance, ni par les abîmes des grandes eaux, *aquæ multæ non potuerunt extinguere charitatem* ; rappelez-vous qu'en écrivant les travaux du P. Trigault dans l'Inde et dans la Chine, je me suis surpris à songer à vos missions de l'île de Zanzibar et de la côte d'Afrique ; rappelez-vous cela et donnez-moi un souvenir devant Dieu et dans votre cœur. »

La vie du P. Trigault, précédée d'une savante introduction historique et géographique sur la Chine au commencement du XVIIe siècle, retrace, dans une suite de plus de 300 pages, d'un intérêt toujours soutenu, les éminentes qualités, les vertus et les travaux de ce douaisien qui fut tout à la fois un zélé missionnaire, un écrivain de talent et un savant dont les ouvrages et les études de linguistique firent connaître cette contrée à l'Europe et préparèrent les grands travaux des jésuites du XVIIe et du XVIIIe siècles et des sinologues de nos jours.

Dans le même congrès, M. Dehaisnes exposait le résultat des

recherches qu'il avait entreprises avec M. Asselin, sur *L'art à Douai aux XII°, XV° et XVI° siècles et sur la vie et l'œuvre de Jean Bellegambe, auteur du retable d'Anchin*. C'est à l'aide d'extraits nombreux recueillis dans les comptes de la ville, dans les registres aux bourgeois, dans les chirographes et les testaments, qu'il donne une idée des goûts artistiques si développés chez les douaisiens de cette époque et qu'aux quinze artistes de Douai connus jusqu'à ce jour, il ajoute une importante série de trois à quatre cents noms.

En 1864, il communiqua à l'auditoire d'élite qui se pressait à la Sorbonne deux nouvelles études ; l'une sur *Les origines de l'Université de Douai*, d'après le recueil de documents inédits dont nous avons déjà fait mention ; l'autre sur *La passion de saint Adrien et de sainte Natalie*, manuscrit du XV° siècle, écrit, en 1458, par Jean Miélot, chanoine de Lille en Flandre, pour le duc de Bourgogne et possédé actuellement par M. Van der Cruisse de Waziers, de Lille. Le peintre qui a décoré de dix-neuf admirables miniatures ce splendide manuscrit est demeuré inconnu jusqu'ici. C'est peut-être une œuvre de Roger Van der Weyden, conjecture, sans l'affirmer, M. Dehaisnes ; en tout cas, le jour où quelque poudreux in-folio révélera le nom de cet artiste, il sera placé à l'un des premiers rangs parmi nos maîtres flamands.

La collection des *Mémoires lus en Sorbonne en 1866* contient encore deux travaux de M. Dehaisnes. Dans le premier, intitulé *Essai sur les relations commerciales de la ville de Douai avec l'Angleterre au moyen âge*, l'auteur montre « les drapiers douaisiens allant au XII° et au XIV° siècle acheter aux riches abbayes de la catholique Angleterre les toisons des moutons qui paissaient en bandes énormes dans leurs vastes pâturages et les rois de cette contrée encourageant par des privilèges ces relations commerciales. Douai, avec les autres grandes cités manufacturières des Flandres, constituait une association puissante appelée la *Hanse de Londres*, qui protégeait au delà du détroit les intérêts de notre négoce. Douai, qui le croirait aujourd'hui ? fournissait de draps les grands seigneurs anglais. Ces faits jusqu'alors peu connus, exhumés des archives municipales et publiés avec pièces justificatives, jettent un nouveau jour sur le rôle joué par les comtes de Flandre dans les longues luttes de la France et de l'Angleterre. » — L'autre travail, préparé avec la collaboration de M. Asselin, est une *Étude sur la châsse de sainte Gertrude de Nivelles*, l'un des plus remarquables spécimens de l'art religieux du XIII' siècle, œuvre conçue par un moine d'Anchin, Jacquemes l'orfèvre, qui en traça les dessins, et exécutée par Colars de Douai, associé du belge Jacquemon de Nivelles.

L'année suivante, dans la section d'histoire, nous trouvons l'étude très documentée de M. Dehaisnes sur *La domination française à Douai et dans la Flandre Wallonne depuis les origines jusqu'en 1667*. « On y voit, d'un côté, les rois de France, cherchant avec une persistance souvent couronnée de succès à rattacher directement à leurs États cette province que les nécessités de la politique en avaient distraite et mettant en pratique, à leur insu, ce principe des nationalités que Henri IV proclamait en ces termes : Tout ce qui est naturellement français doit être sujet du roi de France. De leur côté, les douaisiens, dont les intérêts se trouvaient souvent en opposition avec ceux des sujets flamands de leurs comtes, eussent volontiers accepté leur réunion à la couronne, si des rigueurs et des excès, si surtout, dans des guerres de religion, le sentiment catholique ne les avaient jetés et retenus dans les bras des empereurs d'Allemagne et des rois d'Espagne, jusqu'au moment où Louis XIV, en vertu du droit de dévolution, réalisa cette profonde pensée du grand politique Mazarin : que la possession des Pays-Bas assurait à la ville de Paris un boulevard inexpugnable et que ce serait véritablement alors qu'on pourrait l'appeler le cœur de la France ». — Dans la section des beaux-arts, MM. Dehaisnes et Asselin communiquèrent une intéressante monographie sur *L'art à Douai dans la vie privée des bourgeois du XIIIe au XVIe siècle.* « Ceux-ci ne donnaient pas seulement dans les temples sacrés des preuves de leur amour pour l'art ; le mobilier de leurs demeures, les tentures qui les garnissaient, les miniatures de leurs livres d'heures, les joyaux de leurs compagnes, tout attestait à la fois la richesse et le goût des bourgeois de Douai au moyen âge. Fouillant les vieux inventaires, les testaments, mille documents trop dédaignés, MM. Dehaisnes et Asselin ressuscitent, pour ainsi dire, tous ces objets que le temps a détruits et dont l'amateur recherche aujourd'hui avec passion les rares échantillons et ils écrivent ainsi un curieux chapitre d'archéologie artistique. »

C'est encore à la Sorbonne, en 1868, que M. Dehaisnes donne communication de son *Essai sur le Magistrat de Douai*, qui initie d'une manière si complète le lecteur à tous les détails intéressants de la vie administrative communale de nos aïeux. Il détermine d'abord avec précision l'organisation du magistrat et les modifications intervenues dans la nomination de ses membres, puis il indique les attributions diverses de chacun de ceux qui composaient ce corps municipal qu'il étudie enfin dans ses rapports avec le pouvoir central et avec la cité.

Cette participation assidue aux congrès historiques et artistiques de la Sorbonne, les nombreux et remarquables travaux qu'il y avait présentés, valurent à M. Dehaisnes le titre de correspondant du ministère de l'instruction publique pour les travaux historiques et archéologiques ; sa nomination porte la date du 12 octobre 1868.

VIII.

Les nombreux travaux de l'abbé Dehaisnes et la compétence dont il avait fait preuve dans le classement et l'inventaire des archives communales de Douai n'avaient pas tardé à le faire grandement apprécier en haut lieu, surtout au ministère de l'intérieur dont relevait alors l'administration des archives. A la mort du regretté M. Alexandre Desplanque, archiviste du département du Nord (8 février 1871), il n'y eut qu'une voix pour lui donner comme successeur M. Dehaisnes. Son dernier acte, comme archiviste de Douai, fut d'adresser un suprême adieu à la dépouille mortelle de l'ami qu'il perdait, du collègue qu'il allait remplacer ; son premier travail, comme archiviste du Nord, fut de publier une *Notice sur la vie et les travaux de M. Desplanque.* « M. Desplanque lui-même, écrivait-il dans sa préface, a accompli envers son prédécesseur, M. Le Glay, le pieux devoir d'une notice nécrologique ; des relations d'amitié vieilles d'un grand nombre d'années, une étroite communauté de goûts et d'occupations, ma nomination au poste que sa mort a laissé vacant, une résidence de plusieurs mois dans un local rempli encore de son souvenir, tout me rappelle l'obligation de rendre le même hommage à celui qui fut mon prédécesseur et mon ami ».

M. Dehaisnes fut appelé à ces nouvelles fonctions par un arrêté du préfet du Nord, du 19 juillet 1871, sur la présentation du ministre de l'intérieur. « C'était de la part de l'administration une heureuse inspiration de recruter les archivistes du département parmi les hommes savants et dévoués qui se distinguaient en donnant leurs soins aux archives des villes du ressort. Le docte M. Le Glay avait montré ce que l'on pouvait en attendre et les travaux historiques de M. Dehaisnes étaient un sûr garant du zèle et du succès avec lesquels il marcherait sur les mêmes traces. »

En dehors des grands dépôts de la capitale, les archives du Nord peuvent être regardées comme les plus importantes de la France ; les comtes de Flandre, les ducs de Bourgogne, les rois d'Espagne et, plus tard, les Bourbons et l'Assemblée constituante de 1789 ont réuni dans ces archives le trésor des chartes des Pays-Bas et les documents les plus précieux au point de vue religieux, politique et civil, au point de vue des mœurs, des coutumes et des arts. Depuis Louis XIV jusqu'à 1791, la garde de ces archives avait été confiée à une famille de diplomates et d'érudits qui s'est illustrée par d'importants services rendus au pays et à la science, les Godefroy ; partout, dans le dépôt du Nord, l'on trouve les traces et la preuve de leur esprit de méthode et de leurs immenses travaux d'inventaire et aussi le souvenir de M. Le Glay, leur successeur d'impérissable mémoire. Ce dernier avait établi dans un ordre relatif qui leur permettait d'attendre, de longues années encore, un dépouillement et un inventaire définitif, les archives ecclésiastiques qui étaient parvenues au département, sinon intactes, du moins dans un état encore respectable de conservation. Il n'en était pas de même des archives civiles ; après la Révolution, l'on avait introduit dans cette section un prétendu classement en grandes séries qui ne répondait à aucune méthode, à aucune idée ; la distinction des *fonds*, ce principe essentiel du classement des archives départementales, n'avait pas été observée, et, sous le nom de documents de la Chambre des Comptes, étaient compris des liasses et des titres postérieurs à la suppression de cette Chambre, dont un grand nombre avaient appartenu aux Intendances de Flandre ou de Hainaut, au bureau des finances de Lille, aux États provinciaux de la Flandre wallonne, de la Flandre maritime et du Cambrésis. M. Le Glay ne s'était pas fait illusion sur les vices du classement antérieur à son arrivée ; il en avait même, à plusieurs reprises, signalé les imperfections et les défauts, mais il ne l'avait pas détruit, sa préoccupation ayant été de remédier d'abord au désordre qui régnait dans les archives ecclésiastiques. M. Desplanque entreprit le remaniement de tous les registres, en formant les grandes séries d'après le principe de la division par fonds indiqué dans la circulaire de 1841 et en prenant pour base des sous-séries l'ordre plus logique, plus scientifique et plus utile des subdivisions topographiques. Par cette opération, les registres de la Chambre des Comptes furent séparés des éléments étrangers qui les encombraient et l'on vit se reconstituer, comme d'eux-mêmes, plusieurs fonds accessoires, tels que ceux des eaux et forêts, de l'intendance, des états provinciaux, des châtellenies et villes. L'attention de M. Desplanque s'était aussi tournée vers le *Cumulus*, c'est-à-dire vers les nombreuses liasses non classées, non dépouillées, dont les pièces, assez souvent, n'ont rien de commun, si ce n'est le papier qui les recouvre ou le cordon qui les retient ; il avait inventorié un certain nombre de ces liasses, mais le temps et les forces lui firent défaut, et, en 1868, il constatait avec regret qu'il en subsistait encore le chargement d'au moins vingt-cinq voitures.

Tel était, au point de vue du classement, l'état du dépôt des archives du Nord, à l'entrée en fonctions de M. Dehaisnes. Quant à la publication de l'*Inventaire*, un premier volume avait été imprimé ainsi que les quarante-cinq premières feuilles d'un second. Mais ce premier volume, qui contenait les pièces isolées de la Chambre des Comptes, de 706 à 1450, rédigé d'après les prescriptions de la circulaire du 20 janvier 1854, ne pouvait satisfaire le nouvel archiviste ; méthode et rédaction étaient notoirement insuffisantes. « La circulaire de 1854, lancée par des bureaucrates incompétents, disent à ce sujet MM. Langlois et Stein, avait eu le tort d'imposer aux archivistes l'obligation de donner les mêmes dimensions à toutes leurs analyses, sans tenir compte de l'importance relative des articles, et d'interdire absolument l'indication de toute date en dehors des dates extrèmes. Ces instructions, absurdes en elles-mêmes, ne laissaient aucune part à l'initiative ni à l'intelligence des rédacteurs : elles les forçaient en outre à une production régulière dont il n'était que trop facile aux archivistes peu consciencieux de diminuer le poids en travaillant avec légèreté. On avait visé surtout à publier beaucoup et à donner à tous les volumes un grand air d'uniformité, conception puérile et même dangereuse, si l'on considère qu'en matière d'érudition toute besogne mal faite est à refaire de fond en comble ».

La *refonte* du premier volume de l'inventaire des archives du Nord fut la première préoccupation de M. Dehaisnes. Il rédigea dans ce but un rapport aussi savant que précis, qui lui valut les plus chaleureux éloges de la commission supérieure des archives. Aussitôt cette approbation reçue, il se mit courageusement à ce travail immense, sans toutefois négliger les occupations inhérentes à ses fonctions. Il opéra le nouveau classement et rédigea la majeure partie des *fiches* destinées au nouvel inventaire. A l'époque de sa retraite, le travail était déjà bien avancé. « L'inspecteur général, M. de Rozière, eût bien désiré le lui voir terminer dans sa retraite et son avis était partagé par son collègue, M. Desjardins, et par le préfet du Nord ». Mais ses occupations nouvelles ne lui permirent point de se charger de ce surcroît de besogne.

Après avoir terminé, en 1872, le second volume de l'*Inventaire*, qui contient l'analyse des *cartulaires* et des *registres des chartes*, il publia, en 1877, un troisième volume, comprenant les *registres de l'audience*, puis, en 1881, un quatrième, commençant la *recette générale des finances*. « La sagacité de méthode et la sûreté scientifique » que révèle cet inventaire valurent à son auteur une médaille d'argent que le ministre lui décerna le 10 juin 1879.

Aucun de ces volumes ne contient d'*introduction* ; mais M. Dehaisnes suppléait amplement à cette lacune par les excellentes et utiles monographies qu'il publiait sur les diverses sections de son riche dépôt. Mentionnons en premier lieu sa notice si documentée sur *Les archives départementales du Nord pendant la Révolution*. Cette étude devait, pour la région du Nord, jeter quelque lumière dans la controverse soulevée depuis plusieurs années. « Un certain nombre d'auteurs se sont demandé, écrit-il, s'il est bien vrai que la Révolution ait fait disparaître, par des destructions systématiques, la plus grande partie des archives départementales de la France et si l'influence des lois de *brûlement* s'est exercée d'une manière générale et sur les titres importants autant que sur les pièces de procédure et les papiers de moindre valeur. M. le comte Duchâtel semble nier qu'il en ait été ainsi ; selon M. Vallet de Viriville, c'est un préjugé de croire que nos grandes pertes de documents historiques sont dues à la Révolution française ; M. Bordier, tout en reconnaissant qu'en beaucoup de lieux des documents précieux ont été livrés aux flammes, dit que ces pertes paraissent avoir été singulièrement amplifiées et que les parchemins détruits étaient, non des pièces historiques, mais des titres portant reconnaissance de droits féodaux ou concession de distinctions honorifiques. Au contraire, M. le marquis de Laborde soutient que, pendant la Révolution, il y avait la ferme volonté de détruire tout ce qui rappelait le passé, en bien comme en mal ; la populace n'était pas seule à demander à grands cris un auto-da-fé de toutes les précieuses collections de l'histoire ; l'Assemblée elle-même était disposée à l'ordonner, convaincue qu'il y avait dans ces studieux asiles un aliment de contre-révolution, d'où la féodalité, la superstition et la tyrannie pouvaient renaître ». M. Dehaisnes avait découvert dans les liasses non classées un nombre considérable de pièces relatives à cette question ; elles lui permettent assez souvent de déterminer le titre, le nombre, le poids des documents du dépôt du Nord qui furent anéantis durant la Révolution. Il raconte les faits qui lui sont révélés avec l'impartialité la plus complète ; mais, en s'efforçant de ne dépasser jamais les limites du vrai, il ne craint pas de blâmer le vandalisme, l'incurie et l'inepte ignorance, partout où il les rencontre ; il n'avance rien qu'il ne prouve d'ailleurs par la série de pièces justificatives qu'il publie in-extenso. Ce travail, grâce surtout aux excellentes tables de matières, de noms de personnes et de noms de lieux qui le terminent, est d'une incontestable utilité, non seulement pour le conservateur du dépôt qui peut ainsi classer avec certitude et répondre sans hésitation et sans lenteur aux demandes qui lui sont adressées, mais aussi pour les travailleurs auxquels il peut épargner d'inutiles voyages, des recherches longues et infructueuses.

Tout aussi utiles, plus utiles même, sont les deux travaux que nous allons examiner. Le premier est un *État général des registres de la Chambre des Comptes de Lille relatifs à la Flandre.* Les documents des archives départementales, si importants pour l'histoire générale, comme pour l'histoire du Nord de la France et de la Belgique, ne pouvaient être facilement consultés par les érudits, à cause du manque d'un inventaire imprimé. En attendant l'achèvement de cette publication, dont l'immense étendue réclame un temps considérable, M. Dehaisnes voulut donner une idée, à l'aide d'indications générales, des richesses renfermées dans son dépôt, et faire ainsi connaître aux travailleurs quels sont les documents qu'ils y peuvent trouver. Les registres dont cet *État* est le relevé font connaître l'ensemble de l'administration de la Flandre maritime, de la Flandre wallonne, de la West-Flandre et de l'Oost-Flandre, au point de vue de la recette générale des finances, des domaines du roi et du comte, des espiers et autres recettes en nature, des wateringues et des moeres, des bailliages, des aides et subsides, des reliefs de fiefs, des biens confisqués, des tonlieux et droits divers, des nouveaux acquêts et des dépenses pour fortifications et artillerie. Cette simple énumération suffit pour prouver l'importance de cette publication où se trouvent mentionnés plus de 3.000 comptes et 228 reliefs de fiefs et terriers. Un double index des noms de personnes et des noms de lieux ajoute encore à son utilité toute pratique.

Le second travail est une *Étude sur les registres des chartes de l'audience*; c'est une excellente introduction au tome III de l'*Inventaire*. Dans les 145 volumes qui composent cette série, se trouvent entérinées officiellement, pour l'usage de la Chambre des Comptes de Lille, les lettres de rémission de peines, de rappel de ban, de légitimation, d'amortissement et d'octroi de privilèges, accordées, de 1386 à 1661, par les ducs de Bourgogne et les rois d'Espagne, leurs successeurs, en qualité de comtes de Flandre. Le savant archiviste du Nord, après avoir donné quelques renseignements très précis sur l'audience, les membres qui composaient ce conseil, les actes qui leur étaient soumis et les droits qu'ils percevaient, fait connaitre les raisons qui ont amené la formation de ces registres, l'ordre qui y était suivi, les modifications qui y furent apportées, et enfin la méthode d'après laquelle il les a analysés dans l'*Inventaire*. Puis, à l'aide des documents qu'ils renferment, il donne une idée exacte des désastres de la guerre, des crimes et des malheurs, des mœurs et des usages dans les Pays-Bas, du XIVe au XVIe siècle. Une série de pièces justificatives, comprenant les actes les plus intéressants reproduits in-extenso, termine cet excellent travail.

Outre le classement et l'inventaire du dépôt départemental, les fonctions d'archiviste comprennent l'inspection et la surveillance de tous les dépôts d'archives des communes et des établissements hospitaliers. Pour s'acquitter de ce devoir, M. Dehaisnes employait chaque année un ou deux mois à faire sa tournée d'inspection. Que de services il a pu rendre ainsi, non seulement à la science historique, mais aussi aux communes ou paroisses qu'il visitait ; que de documents il a sauvés de l'oubli ou de la destruction et signalés à l'attention des érudits ; que de précieux renseignements il a recueillis sur l'histoire de chacune des localités du département, sur ses monuments civils ou religieux, sur les œuvres d'art qui y sont conservées ! Quand il rencontrait une collection de quelque importance, il s'efforçait d'en faire comprendre la valeur à l'administration communale, l'engageait à en faire opérer le classement selon le cadre adopté par le ministère, lui indiquait la voie à suivre pour atteindre ce but. Il parvenait parfois à obtenir que l'*inventaire* en fût rédigé par l'un des employés des archives et imprimé aux frais de la commune, aidée par une subvention du Conseil général. Dans le cas contraire, il prenait les mesures nécessaires pour qu'aucun des documents ne disparût ou ne fût détruit. Parmi les *inventaires* qui furent rédigés durant sa gestion d'archiviste départemental, nous citerons seulement ceux qui furent livrés à l'impression : ce sont les *inventaires sommaires* d'Hondschoote (1876), de Bourbourg (1877), de Bergues (1878), de La Bassée (1880), de Bouchain (1882) ; l'*inventaire analytique* d'Armentières (1877) ; et le premier volume de l'*inventaire analytique et chronologique* des archives hospitalières de Lille, comprenant le fonds de l'hôpital Notre-Dame dit Comtesse (1879). Chacun de ces travaux fut exécuté par l'un des employés des archives, en dehors des heures réglementaires de service et sous la direction de M. Dehaisnes, qui fit précéder chaque volume d'une introduction contenant un résumé de l'histoire de la localité, d'après les documents analysés dans l'inventaire.

Quant à la section moderne des archives départementales, il nous suffira de dire qu'il s'en occupa avec un zèle et un soin qui lui valurent à maintes reprises les félicitations et les remerciements du préfet et du Conseil général, notamment au sujet des deux tables analytiques des travaux de cette assemblée départementale de l'an VIII à 1837 et de 1838 à 1875. « Éprouvant depuis longtemps une profonde estime pour votre caractère et votre personne, lui écrivait à cette occasion M. Plichon, président du Conseil général, j'ai eu, de plus, maintes occasions d'apprécier l'esprit éclairé et judicieux qui marque vos nombreux travaux. Celui qui vient d'être présenté au Conseil général tient sans doute une place bien modeste parmi vos œuvres dont plusieurs témoignent d'une érudition approfondie, mais il n'en sera pas moins pour nous d'une utilité incontestable et d'un secours précieux dans plus d'une circonstance où, le temps nous étant mesuré, il nous faut trouver rapidement les précédents d'une question. Désormais cette recherche sera des plus faciles, grâce à l'ordre méthodique et à la clarté de vos tables ; nous avons déjà pu nous en convaincre en les consultant. C'est d'ailleurs un ouvrage consciencieux, résultat de patientes et laborieuses compilations, qui mérite à bon droit les éloges que lui a décernés le Conseil général et que je suis chargé de vous transmettre ».

A ces divers travaux, que l'on pourrait appeler les travaux du « métier », M. Dehaisnes trouvait moyen d'en ajouter plusieurs autres dont nous parlerons plus loin. De plus, successeur du regretté M. Desplanque, il eût vivement désiré poursuivre la publication du *Cartulaire du Nord de la France*, commencée par son prédécesseur qui y voulait attacher sa renommée d'historien et d'archiviste. Cette publication devait comprendre le recueil de toutes les chartes antérieures à l'an 1201 et relatives à la Flandre, au Cambrésis, au Hainaut ancien, à l'Artois, au Calaisis et au Boulonnais ; elle devait reproduire textuellement les chartes inédites et se borner à des indications bibliographiques complètes pour celles qui étaient déjà publiées. M. Desplanque dépouilla ou fit dépouiller pour ce cartulaire, non seulement les archives départementales du Nord et du Pas-de-Calais, mais aussi les archives et les bibliothèques publiques et particulières de tout le Nord-Ouest de la France, les dépôts importants de la Belgique et les collections Grenier et Moreau de la bibliothèque nationale. Onze feuilles de cet ouvrage étaient déjà tirées quand éclata la guerre de 1870 ; le travail fut arrêté et ne put être repris avant la maladie qui devait enlever son auteur. Depuis lors, cette grande publication, malgré tous les efforts que put faire M. Dehaisnes, est restée interrompue, quoique préparée jusqu'à l'an 1100, « attendant le jour où des mains généreuses, des mains amies voudront accorder à celui qui l'a préparée et commencée le véritable monument qui devrait être élevé à sa mémoire ».

Pour suppléer en partie à cette publication qu'il n'avait pu achever, M. Dehaisnes avait conçu le projet d'une revue trimestrielle : *Les archives du Nord de la France*, pour laquelle il s'était assuré le concours de ses collègues et amis, MM. les archivistes Richard, du Pas-de-Calais, Paeile et Rigaux, de Lille, Leuridan, de Roubaix, Lepreux, de Douai, Durieux, de Cambrai, Desorbaix et Caffiaux, de Valenciennes. Laissons-le exposer lui-même son projet : « Les archives et les bibliothèques du Nord de la France possèdent un nombre considérable de documents qui sont encore inédits. Dans le dépôt départemental de Lille, le plus riche peut-être de tous les dépôts provinciaux de la France, on trouve des titres du plus haut intérêt au point de vue des libertés communales, des mœurs, des coutumes, des arts, des établissements religieux, de bienfaisance et d'instruction, des relations politiques et commerciales de la France et de la Flandre avec l'Espagne, l'Italie, l'Angleterre et le nord de l'Europe. Les privilèges, les coutumes, les registres aux bans, les délibérations communales,

les registres aux bourgeois et les comptes conservés dans les archives communales de la région peuvent aussi fournir matière aux travaux les plus intéressants. Sachant que l'histoire ne pourra être écrite avec certitude que le jour où un nombre considérable de documents auront été édités, les archivistes des départements et des principales villes du Nord et du Pas-de-Calais se sont déterminés à entreprendre la publication des titres, des cartulaires et des manuscrits les plus importants ou les plus curieux de leurs dépôts. Cette publication, comprenant le département et les villes avoisinantes, ne renfermera que le texte des documents, avec une courte introduction sur leur provenance, leur matière et leur importance. Ces textes seront édités avec une exactitude et une correction aussi complètes que possible : on y joindra, si faire se peut, des fac-simile. Il y aurait deux séries différentes : l'une, générale, serait consacrée aux pièces concernant l'ensemble de la région ; l'autre, spéciale, serait réservée à chacune des villes importantes et à la région environnante. Dans la série générale, nous pouvons déjà promettre de publier les chartes des libertés communales, les actes en langue romane antérieurs à 1250, une série de titres inédits antérieurs à 1200, des inventaires d'objets mobiliers du XIIe et du XIIIe siècles, des lettres de rémission, des documents politiques de l'époque de Charles VII, Louis XI, Charles VIII et François Ier, des extraits des comptes de la recette générale des finances, des recettes de Flandre, d'Artois et de Hainaut, de plusieurs abbayes, collégiales et églises. Dans la série particulière pourront être publiés, pour ne parler que de la région de Lille, des extraits des comptes et des registres aux bourgeois, les coutumes, le cartulaire de Saint-Pierre, des lettres des archives d'Armentières relatives aux troubles religieux, des documents des archives de Roubaix, de Comines, de Linselles, concernant les seigneurs et l'administration communale de ces localités. Les archives des hospices offriront aussi des titres intéressants ; il en sera de même des manuscrits des bibliothèques publiques et particulières...... ».

Malgré l'intérêt et la haute utilité de cette publication, malgré les services considérables qu'elle eût pu rendre aux érudits et aux amateurs d'histoire locale, ce projet ne put aboutir. Mgr Dehaisnes tenta de le reprendre, sous une autre forme, par la fondation d'une *académie catholique* dont nous parlerons plus loin ; mais ce nouvel essai n'aboutit pas davantage. Avec quelle satisfaction nous saluerions une nouvelle tentative dans cette voie !

On a vu, par tout ce qui précède, quel dévouement et quelle activité M. Dehaisnes apporta dans l'accomplissement de ses fonctions d'archiviste départemental. Nous pouvons dire, sans aucune exagération, qu'il s'y dépensa tout entier. En publiant coup sur coup tant de remarquables travaux, il avait achevé de se placer au rang des hommes les plus compétents et les plus appréciés dans cette carrière. Que dire des innombrables services qu'il a rendus à tant de chercheurs et d'écrivains ? Nous relisions dernièrement, dans les *Archives de la France* du marquis de Laborde, ce passage qu'on nous permettra de citer : « Tout concourt dans les archives à fortifier l'intelligence, à étendre les vues, à aiguiser la critique de l'archiviste..... Il reçoit des demandes écrites et motivées, qui présentent presque toutes une difficulté historique, un problème. Si elles n'ont pas assez de clarté ou sont trop compliquées, l'archiviste se met en rapport avec le demandeur et discute avec lui son projet d'étude et la portée de son travail. Les demandes aux archives ne peuvent être précises que pour les actes déjà cités avec leurs cotes ou pour ceux dont l'analyse se trouve dans les inventaires imprimés ; autrement le demandeur s'enquiert de ce qu'on pourrait lui fournir sur tel ou tel sujet. L'archiviste se rend un compte exact de ce qu'il veut, lui apporte aussitôt des documents qu'il ne connaissait pas, qui étendent singulièrement les horizons de son sujet, le mettent dans la voie de la vérité historique, si souvent faussée dans son esprit par les livres, et lui ouvrent des aperçus qui changent tout son plan. De ce moment, l'article superficiel, projeté pour la revue en vogue, devient un volume substantiel dont l'auteur a toute la gloire ; heureuses les archives quand il consent à les remercier publiquement de leur libéralité et, en s'attribuant les découvertes de l'archiviste, à ne pas l'accuser d'ignorance. Peu importe la reconnaissance ou l'ingratitude : l'archiviste a recueilli de sa collaboration une notion plus approfondie qui profitera aux autres demandeurs et c'est ainsi que chaque nouvelle recherche, le familiarisant davantage avec les archives, le rend maître des documents confiés à sa garde.... ».

En relisant ce passage, notre pensée s'est reportée tout spontanément sur Msr Dehaisnes. Aucun, plus que lui, ne fut accueillant et secourable aux débutants dans ces études historiques, parfois si arides ; aucun, plus que lui, n'offrit une collaboration plus éclairée et plus efficace aux érudits déjà versés dans l'étude des sources historiques, mais qui n'eussent pu, sans son concours, utiliser les documents si importants et si variés des archives du Nord. On l'a dit avant nous : « Ses talents si divers s'alliaient chez lui à une bonté véritablement inépuisable. Toujours prêt à rendre service pour le seul plaisir d'être agréable au prochain, il accueillait tout le monde avec une égale amabilité. Il s'employait activement pour être utile à tous ceux qu'il avait accueillis et souvent il allait jusqu'à s'imposer pour eux des démarches pénibles et fatigantes, des travaux qui lui coûtaient de longues heures de recherches et d'études. Ce lui était d'ailleurs une jouissance de rendre service à autrui. La plupart du temps, quand il s'était ainsi dépensé pour quelqu'un, on eût pu croire qu'il était lui-même l'obligé ; et ils sont légion ceux à qui il a rendu service ».

Pour tout dire en un mot, M. Dehaisnes paraissait entièrement « identifié » à ses riches archives ; rien ne pouvait faire supposer qu'il n'y terminât point ses jours. Mais la Providence de Dieu avait sur lui d'autres desseins. En 1882, il adressait au préfet du Nord la lettre suivante :

« Nommé archiviste du département du Nord, le 19 juillet 1871, je me suis efforcé, depuis onze ans, de travailler, avec tout le soin et toute l'activité possibles, au classement des titres et papiers, aux inventaires et à tout ce qui concerne le service du bureau. Grâce au bienveillant concours de vos prédécesseurs et tout spécialement au vôtre, Monsieur le Préfet, j'ai pu, je crois, être utile au riche dépôt des archives du Nord, comme ont bien voulu plusieurs fois l'attester MM. les inspecteurs généraux et MM. les directeurs du service, au ministère de l'intérieur. J'avais l'espoir de conduire moi-même à bonne fin les longs travaux d'inventaire que les ordres reçus du ministère m'avaient fait entreprendre, il y a quelques années. Des circonstances qui sont complètement en dehors du service des archives m'empêchent de le faire. Je me suis particulièrement occupé des Facultés Catholiques de Lille, lors de leur création, il y a six à sept ans. On fait aujourd'hui de nouveau appel à mon dévouement et l'on me demande de me consacrer tout entier à cette œuvre, qui est tout à la fois religieuse et intellectuelle. J'ai beaucoup hésité avant de prendre une détermination ; il m'est pénible de quitter des fonctions honorables, en complet accord avec mes goûts et mes travaux, et dans l'exercice desquelles je crois avoir rendu des services et pouvoir encore en rendre. Mais l'autorité que doivent exercer sur la conscience d'un prêtre ceux qui me font cet appel l'a emporté sur mes goûts et mes intérêts personnels ; j'ai pris la résolution de quitter le service des archives et de vous présenter ma démission. Je continuerai, si vous le désirez, à remplir ces fonctions jusqu'à la fin du mois d'octobre. À partir de novembre, jusqu'au jour où mon successeur sera nommé, le chef de bureau pourrait être chargé du service et je me ferais un devoir de lui venir en aide, chaque fois qu'on pourrait avoir besoin de moi pour des recherches exigeant des connaissances paléographiques ou présentant des difficultés spéciales. Je me tiendrai aussi à la disposition de mon successeur, pour tous les renseignements qu'il pourrait avoir à me demander au sujet des travaux de classement et d'inventaire...... ».

Cette retraite surprit et attrista, non seulement le haut personnel de la préfecture du Nord, mais aussi celui de l'administration centrale des archives de France. « Vous ne vous êtes pas trompé en pensant que la nouvelle de votre démission m'étonnerait et surtout m'affligerait, écrivait à M. Dehaisnes l'un des inspecteurs généraux ; si je l'avais connue plus tôt, j'aurais fait tous mes efforts pour combattre votre résolution.... Si je n'avais pu vous décider à décliner les propositions qui vous étaient faites, à tout le moins vous aurais-je instamment prié de suspendre votre réponse jusqu'à la conclusion de ce premier volume d'inventaire dont nous avions combiné ensemble la refonte et qui nous était apparu à tous deux comme la base de l'édifice..... » Mais toute instance était inutile : les supérieurs ecclésiastiques de M. Dehaisnes avaient fait appel à son dévouement pour une œuvre qui lui était chère entre toutes. Son devoir était là ; sa conviction sur ce point était inébranlable et sa décision sans retour. Il quitta donc ses fonctions d'archiviste du département du Nord, en octobre 1882, emportant dans sa retraite l'estime et le respect de tous ceux qui l'avaient eu sous leurs ordres et qui voulurent lui manifester hautement leurs sentiments en le nommant, le 24 novembre de la même année, archiviste honoraire, et, le 11 mai de l'année suivante, membre de la commission de surveillance des archives départementales et communales du Nord.

IX.

Mgr Dehaisnes a Lille. — La fondation de l'Université Catholique ; recrutement du corps professoral ; souscription. — L'Académie catholique du Nord. — L'exposition d'art religieux de 1874. — Mgr Dehaisnes secrétaire-général, vice-recteur, vice-recteur honoraire. — La Maternité Sainte-Anne. — Voyages a Rome. — La retraite. — La prélature ; armes et devise.

Loin de nous la pensée plus que téméraire de vouloir écrire l'histoire de l'Université Catholique de Lille ; nous devons nous borner à rappeler les faits auxquels Mgr Dehaisnes prit une part active et prépondérante et nous voulons le faire le plus brièvement possible.

Il faut remonter à l'année 1860 et à la fondation de la *Revue des sciences ecclésiastiques* par MM. Bouix et Hautcœur, pour trouver la première pensée de la fondation d'une Université Catholique dans le Nord de la France ; dès cette époque, maints articles de la revue se rapportent à ce grave sujet traité toujours avec discrétion et comme une espérance qu'un avenir lointain peut-être réaliserait. Durant les soirées tout intimes des professeurs du collège Saint-Jean de Douai, M. l'abbé Hautcœur et son inséparable ami, M. l'abbé Dehaisnes, agitaient souvent cette question, caressaient et ravivaient cette espérance. Leur parfaite communauté d'idées sur ce point était vraiment providentielle ; Dieu préparait en eux les plus ardents promoteurs de cette grande cause, les plus actifs organisateurs de l'œuvre, quand le moment serait venu.

On a eu raison de dire qu'en 1873, au temps où la loi sur la liberté de l'enseignement supérieur n'était encore qu'une lointaine espérance, l'Université Catholique de Lille était déjà projetée, décidée et presque créée. L'on fut tout étonné, dès les premières réunions où devait se traiter la question de cette fondation, alors que l'on s'attendait à devoir passer de longs jours à étudier les voies et moyens les plus propres à établir solidement cette œuvre, à élaborer les règlements et les programmes, à prévoir, en un mot, les multiples détails d'une aussi importante organisation, que tout ce travail préparatoire était fait déjà et qu'il n'y avait plus qu'à en peser et à en discuter les conclusions.

Rappelons en quelques lignes ces mémorables séances du congrès catholique de Lille.

Pendant qu'on ne formait encore à Paris et en d'autres villes importantes de France que d'heureux projets, les catholiques du Nord étaient entrés résolument dans la voie de l'action. C'était à la fin d'octobre 1873. Les comités catholiques du Nord et du Pas-de-Calais s'étaient réunis en un congrès de deux jours, afin de traiter de tous les grands intérêts religieux. Mgr Régnier, archevêque de Cambrai, assisté de Mgr Monnier, son auxiliaire, et de M. l'abbé Proyart, délégué de Mgr Lequette, évêque d'Arras, présidait l'assemblée. « Le programme était très chargé, mais comme il arrive dans ces sortes de réunions, une question, qu'une secrète ardeur de tous adopte davantage, devint presque l'unique objectif de ce congrès régional : on traita surtout de l'enseignement ».

La question fut introduite par un solide rapport de la commission d'enseignement, présenté par M. Dehaisnes. « La question de la liberté de l'enseignement supérieur catholique et de la fondation d'une Université Catholique dans le Nord de la France, est, dit l'éloquent rapporteur, la plus importante de celles qui étaient soumises à notre commission. Car enfin, malgré l'intérêt qui s'attache à l'instruction primaire et à l'instruction secondaire, il faut se rappeler que plus de la moitié des jeunes gens qui suivent ces études sont élevés par des prêtres séculiers ou par des maîtres et des maîtresses appartenant à des congrégations religieuses. Il en est tout autrement, hélas ! de l'enseignement supérieur. Pas un seul étudiant, aspirant aux grades, ne reçoit légalement un enseignement libre, un enseignement chrétien ; depuis plus d'un demi-siècle, l'enseignement a été négatif au point de vue religieux, quand il n'était pas hostile ou complètement matérialiste ».

Après avoir établi la nécessité d'un enseignement supérieur catholique, M. Dehaisnes pose cette question : « Est-il possible d'agir dans la situation actuelle ? Faut-il attendre que l'assemblée nationale ait accordé la liberté de l'enseignement supérieur, ou doit-on et peut-on, dès maintenant, s'occuper de la fondation d'écoles de hautes études ? » Oui, répond-il sans hésitation à la dernière question, « il faut dès maintenant établir des écoles de hautes études qui ne soient pas des conférences, des leçons d'amateurs, mais des cours sérieux qui comblent les lacunes de l'enseignement de l'État et puissent préparer les jeunes gens à entrer dans les écoles et à obtenir les grades de licencié ou de docteur, dans les facultés de théologie, de droit, de médecine, de lettres et de sciences. » Avec quelle conviction et quelle chaleur il répond ensuite à toutes les objections que l'on pouvait soulever contre cette idée et dissipe toutes les craintes des timides ou des irrésolus ! Aussi ne faut-il point s'étonner si les conclusions de son rapport furent votées par d'unanimes acclamations. Dès le soir même, une commission spéciale fut constituée pour arriver à un résultat pratique. Elle se réunit pour la première fois le 24 novembre, traça son programme et nomma deux comités, l'un pour les questions relatives aux études, sous la présidence de M. chanoine Hautcœur, l'autre pour la propagande. Laissons résumer les travaux de ce double comité par M. Dehaisnes lui-même, leur rapporteur au congrès de 1874.

« Le 15 décembre, réunion du comité des études. Dans cette

séance, M. le chanoine Hautcœur traça d'une main large et ferme les grandes lignes de l'institution. Il fut ensuite résolu, après discussion, que, remettant à la fin de l'année scolaire la question de l'établissement d'une école de hautes études, on travaillerait à obtenir le plus tôt possible la liberté de l'enseignement supérieur. — Une autre question importante pour la contrée fut agitée et résolue dans la séance du 19 janvier 1874. Quelle ville devait être choisie comme siège de l'Université Catholique du Nord de la France ? A la presque unanimité, on adopta les conclusions des membres de la sous-commission (MM. Hautcœur, Van Drival, Dehaisnes, Champeaux et Théry) qui avaient été posées en ces termes : 1° Il est nécessaire d'établir une seule université, avec réunion de toutes les facultés dans une même ville ; 2° c'est à Lille que cette université doit être établie. — Dans la séance du 23 février, qui eut lieu dans le palais épiscopal d'Arras, sous la présidence de Mgr Lequette, on traita longuement la question des internats à établir dans l'Université Catholique du Nord de la France. Le rapport de la sous-commission spéciale (MM. Hautcœur, Poulet, Legrand, Hollebecque, les RR. PP. Pillon et Boulanger, M. Champeaux) proposa la conclusion suivante qui fut adoptée après discussion : l'Université Catholique, sans prendre la responsabilité des internats autres que ceux qu'elle fondera elle-même pour la théologie et la philosophie, accepte et même encourage ceux qui seraient créés pour les autres facultés, par les ordres religieux, les prêtres séculiers, les professeurs de l'Université ou toute autre initiative catholique. — Le comité de propagande n'était pas demeuré inactif. Pendant que le comité des études discutait tout ce qui était relatif à l'organisation, lui, préparait l'exécution. N'oubliant pas que tout édifice durable doit être élevé par Dieu lui-même, il a fait publier, chaque mois de l'année qui vient de s'écouler, des bulletins de prières, répandus à 30,000 exemplaires, qui sont allés partout demander une intercession auprès du Seigneur, pour l'œuvre si importante et si difficile de la création d'une Université Catholique. Un bulletin, sous forme de revue (dont M. Dehaisnes fut le principal rédacteur), fut publié et répandu à 600 exemplaires dans toute la contrée. Un vaste local, l'ancien hôtel de la Préfecture, nous fut loué pour quatre ans et destiné à la future Université. »

« Devait-on cependant commencer à agir avant d'avoir la liberté, en se servant de l'autorisation qu'il était possible d'obtenir? En cas de réponse affirmative que devait-on faire ?... A la suite d'un remarquable rapport du prêtre distingué qui est, dans notre contrée, l'homme de la situation, M. le chanoine Hautcœur, il fut décidé que l'on ouvrirait un cours de première année de droit et, pour les élèves ecclésiastiques, un cours complet de philosophie..... Des obstacles insurmontables sont venus au dernier moment empêcher l'ouverture de ce cours de philosophie... Plus heureux pour le cours de première année de droit, les membres des comités sont parvenus à obtenir, pour le 4 novembre, les autorisations ministérielles. Ce cours ouvrira le 23 novembre ».

« Voici le résultat, concluait M. Dehaisnes : un cours de première année de droit. C'est peu, dira-t-on peut-être. Oui, c'est peu, si l'on compare ce cours à l'ensemble des cours de toutes les facultés. Mais c'est beaucoup, parce que c'est un commencement ; c'est beaucoup, parce que l'idée d'une Université Catholique est posée par un fait ; c'est beaucoup, parce que c'est un premier pas dans la carrière, une première victoire obtenue ».

Le 12 juillet 1875, la loi de liberté est votée par l'Assemblée nationale. Le 2 août, sous la présidence de Mgr Monnier, la commission générale se réunit et décide, pour le mois de novembre suivant, l'ouverture d'une faculté de droit, comprenant les cours des trois années, et d'un cours de première année de médecine, les autres facultés devant se constituer successivement de manière à former, au bout de deux années, le corps universitaire complet.

Mais il faudra pour cela des millions ! Il faudra aussi et surtout des hommes !... Et les millions furent généreusement livrés par l'inépuisable charité des catholiques de la province ; et les hommes, savants, chrétiens, dévoués, furent trouvés ; et en moins de deux années la région du Nord eut son Université Catholique avec ses cinq facultés.

M. Dehaisnes se dépensa, sans compter avec le temps ni avec la fatigue, pour procurer à l'œuvre naissante et les ressources et les hommes. « Chargé de parler aux prêtres réunis à Cambrai pour la retraite annuelle, écrit M. l'abbé Bontemps, il le fit avec tant de compétence, de chaleur et de confiance dans l'avenir, qu'il entraina le clergé à sa suite. L'Université Catholique était fondée en principe. Ce fut le plus beau triomphe de M. Dehaisnes et ce sera éternellement devant Dieu son plus beau titre de gloire ». Il se chargea particulièrement de la tâche ardue et délicate de recruter le personnel enseignant. Il parcourut la France entière, faisant appel aux savants catholiques, pressant les hésitants et triomphant des résistances des trop modestes par l'irrésistible entrain de son zèle et de sa foi dans la grande œuvre et aussi par l'autorité de sa parole et de son nom si avantageusement connu dans le monde savant. C'est ainsi qu'il parvint, au prix de mille fatigues, à réunir cette brillante pléiade de professeurs éminents qui, dès les premiers jours, appelèrent sur notre Université naissante l'admiration de la France catholique, l'estime de nos adversaires et la confiance des familles chrétiennes. « L'Université constituée, avec Mgr Hautcœur pour premier recteur, reprend M. l'abbé Bontemps, M. l'abbé Dehaisnes se remettait modestement à ses travaux d'archives, aussi humble après le succès que s'il n'était jamais sorti de la poussière de ses parchemins. Mais le cardinal Régnier ne pouvait laisser passer inaperçu l'immense service qu'il avait rendu ; il fallait payer la dette de reconnaissance de la province ecclésiastique tout entière, si toutefois de pareilles dettes peuvent se payer sur terre et il l'éleva aux honneurs du canonicat » (3 janvier 1877).

Tout en poursuivant avec un zèle infatigable l'œuvre de la fondation de l'Université, au sein des congrès catholiques, dans les commissions, durant les innombrables démarches qu'il fit pour assurer le succès de la souscription initiale ou pour recruter les membres du corps professoral, M. Dehaisnes lançait l'idée de la création d'une *Académie catholique*, d'une association pour le progrès des lettres, des arts et des sciences au point de vue religieux. Il en parla une première fois au congrès de 1874. Il y voyait en quelque sorte un complément nécessaire à l'Université Catholique : « Outre l'enseignement didactique qui tombe du haut de la chaire des professeurs dans l'esprit et le cœur des étudiants, il y a un enseignement simple, continu, de tous les jours et de tous les instants, accessible à toutes les intelligences, qui pourrait être donné à notre génération par une association nombreuse d'hommes d'élite se consacrant à l'étude des lettres, des arts et des sciences, dans une pensée d'apostolat, dans le but de rétablir, sous l'empire du Verbe divin, le règne du Vrai, du Beau et du Bien, dans le domaine de l'art et de la pensée, dans le cercle de plus en plus étendu des investigations de l'histoire et de la science. Les sociétés savantes exercent une action peu éclatante, mais réelle ; de leurs réunions de chaque semaine ou de chaque mois, de leurs concours et de leurs distributions annuelles de récompenses et de médailles, résulte une puissance qui se fait sentir, non seulement sur tous les membres de ces associations, mais aussi sur les écrivains et les artistes qu'elles encouragent, sur la classe ouvrière dont elles récompensent les fidèles services, sur les personnes si nombreuses, à Lille même, qui assistent à leurs séances annuelles et à leurs expositions publiques. Ce moyen d'action, nous catholiques, nous pouvons le mettre à profit en le transformant, en lui donnant plus de puissance. »

L'année suivante, au même congrès, il fait renouveler le vœu relatif à la fondation de cette association et présente un premier projet de statuts. M. le recteur de l'Université Catholique et M. Dehaisnes sont priés de vouloir bien s'occuper tout spécialement de cette question. Aussitôt une commission d'initiative est formée ; on y discute le titre, les statuts, le fonctionnement de l'œuvre, on s'assure le concours des savants catholiques de la région. Pour le congrès de l'année suivante, tout était prêt et le projet y fut acclamé.

Pour donner une idée exacte de la pensée des promoteurs de cette œuvre, nous croyons utile d'en faire connaître les statuts qui n'ont point été imprimés : on les trouvera à la fin de cette notice.

L'idée fit lentement son chemin ; elle était rappelée chaque année par des rapports, des discussions et des vœux au sein des congrès catholiques. Le 3o mars 1882, Mgr l'Archevêque avait approuvé les statuts de la future Académie, ainsi que le choix, prévu par leur article XIX, des neuf premiers membres titulaires : MM. l'abbé Baunard, J. Chautard, l'abbé Dehaisnes, Deligne, l'abbé Didiot, Th. Leuridan, A. de Margerie, G. Théry et le Cte de Vareilles. Mais au Congrès du mois de novembre suivant, on découvrit que « l'opportunité de cette fondation paraissait discutable en ces temps de luttes ». Le président de la commission d'enseignement déclarait toutefois, au nom du bureau, que « l'idée serait conservée pour des jours meilleurs ». Ces « jours meilleurs » arriveront-ils bientôt ?

Entre temps, M. Dehaisnes avait trouvé aussi le moyen de s'occuper activement des fêtes du couronnement de Notre-Dame de la Treille. Il fut l'un des plus zélés organisateurs du splendide cortège religieux et historique qui se déploya dans les rues de la cité ; il est l'auteur de la cantate dont la musique fut mise au concours par les comités catholiques ; il fut surtout, en qualité de vice-président, le promoteur, l'organisateur et le pourvoyeur de la magnifique exposition d'objets d'art religieux qui fut ouverte dans les locaux de la future Université et y offrit à l'admiration de la foule nombreuse, qui s'y pressa durant plusieurs mois, les merveilleux souvenirs de l'art chrétien. Que de lettres, de communications aux journaux, de démarches, de travail et de soin furent nécessaires, pour découvrir, obtenir, faire arriver, cataloguer et classer les nombreux objets d'art qui y furent envoyés par les églises, les institutions religieuses et charitables, les collectionneurs et les amateurs de toute la région ! « Du moins, disait, à la veille de l'ouverture de cette exposition, un journal de la ville, si les efforts des membres de la commission d'organisation ont été grands et persistants, si notre honorable et savant archiviste, M. l'abbé Dehaisnes, a fatigué les chemins de fer de ses voyages quotidiens, du moins ils ont eu la satisfaction de voir que leurs fatigues n'ont pas été vaines ; ils ont réussi à faire par l'initiative privée ce que la municipalité, faute de ressources, avait renoncé à entreprendre ».

Lorsque l'Université Catholique fut fondée et organisée de toutes pièces, M. Dehaisnes ne cessa point de lui continuer sa sympathie et son précieux concours, au sein du Conseil d'administration. Fréquentes étaient ses relations avec les membres du corps professoral qu'il avait, à l'origine, visités presque tous aux quatre coins de la France et dont il avait assuré, par ses démarches, par sa douce influence, l'active et utile collaboration à l'œuvre de l'enseignement supérieur catholique. Il les avait accueillis à leur arrivée à Lille, les recevait chez lui, se mettait sans restriction à leur service : en réalité, il faisait pour ainsi parler « partie intégrante » de l'Université. Mais il ne lui était attaché par aucun autre titre que son dévouement. En 1882, ces liens furent resserrés encore ; nous avons dit plus haut avec quelle abnégation il avait répondu à l'appel qu'on lui avait adressé et quitté les archives du Nord pour se consacrer exclusivement à l'Université Catholique. Il alla vivre sous le même toit que son ami de tous les jours, Mgr Hautcœur, dont il ne sera plus séparé que par la mort.

Le 27 novembre 1882, Mgr Monnier, chancelier, nommait M. le chanoine Dehaisnes secrétaire-général des Facultés Catholiques. Nous ne saurions dire avec quelle joie fut saluée son arrivée au milieu de nous. A la séance solennelle de rentrée, Mgr le Recteur l'annonçait en ces termes : « Les Facultés Catholiques ont fait une acquisition d'une valeur inappréciable dans la personne de M. le chanoine Dehaisnes, qui a résigné les fonctions d'archiviste départemental, pour se consacrer entièrement, avec le titre et les fonctions de secrétaire-général, à l'œuvre qu'il connaît si bien et qui lui doit tant depuis son origine. Ce qu'il nous apporte de science et de talent, personne d'entre nous ne l'ignore ; mais pour apprécier à leur valeur son zèle, son dévouement, ses qualités personnelles, il faut, comme celui qui vous parle, avoir vécu côte à côte avec lui, souvent mêlé aux mêmes travaux, depuis près de quarante ans. Salut à ce vaillant frère d'armes ! Et merci, mille fois merci du concours qu'il nous apporte ».

Au congrès catholique, quelques jours auparavant, lorsque Mgr Duquesnay donna la parole à M. Dehaisnes pour la lecture d'un rapport sur l'Université Catholique, celui-ci fut salué par un tonnerre d'applaudissements, qui se changèrent en une véritable ovation, quand le vénéré archevêque le remercia en ces termes : « Messieurs, tout à l'heure en vous annonçant M. le chanoine Dehaisnes, je le qualifiais de savant archiviste du département du Nord. *Savant*, nous n'en avons jamais douté : cette parole, nous ne la retirons pas ; *archiviste du département du Nord*, c'est ce titre que vous avez, Monsieur le chanoine, humblement, modestement et avec un désintéressement qui a provoqué l'admiration, déposé entre les mains de vos chefs. Vous n'êtes plus l'archiviste officiel du département du Nord, mais vous en resterez toujours le savant vénéré et consulté. Et savez-vous pourquoi, Messieurs, M. le chanoine Dehaisnes a abdiqué ce titre d'archiviste qui convenait si bien à ses goûts et à ses habitudes ? C'est pour se dévouer à cette grande œuvre des Facultés Catholiques dont il vient de vous parler, c'est pour populariser, pour vulgariser de plus en plus, dans les deux départements du Nord et du Pas-de-Calais, la souscription en faveur des Facultés Catholiques. »

C'est bien là, en effet, le double but que poursuivit le nouveau secrétaire-général. Quand il avait réglé toutes les affaires courantes, terminé les multiples besognes de ses importantes fonctions, il se mettait en route, allant frapper à la porte des châteaux, des somptueux hôtels de nos grandes villes, des humbles presbytères de la campagne : partout il recevait bon accueil. Il y avait en lui tant de science et de bonté, tant de délicatesse exquise, tant de conviction et de chaleureuses instances, que sa cause était gagnée d'avance et qu'il provoquait, presque à coup sûr, chez ceux qu'il visitait, le dévouement et la générosité dont il avait commencé par donner l'exemple lui-même. Le dimanche ou les jours de fêtes, dans la chaire de quelqu'une des grandes églises du diocèse, ou devant le modeste auditoire d'une paroisse de campagne, il allait « prêcher » ou plutôt parler aux fidèles de sa chère Université Catholique, du bien qu'elle produit dans les intelligences et dans les cœurs des étudiants, de son importance capitale au point de vue de la restauration religieuse et sociale, des espérances qu'on fondait sur elle et des consolants résultats déjà acquis. C'était comme un bulletin de victoire, comme un chant de triomphe, saluant le renouvellement chrétien de la France.

En décembre 1884, M. Dehaisnes, tout en conservant ses fonctions de secrétaire-général, succéda au regretté M. Bazin, vice-recteur, qu'il avait d'ailleurs suppléé depuis un an déjà que la maladie le retenait éloigné de Lille. Ce n'était pas une sinécure que cette charge nouvelle. Aux termes des statuts, le vice-recteur est de droit le suppléant du recteur absent ou empêché ; il est chargé de veiller, sous la direction du recteur, à la régularité des services académiques, au maintien du bon ordre et à l'observation des règlements disciplinaires ; il doit suivre l'enseignement dans toutes ses branches et s'assurer de l'assiduité des étudiants aux cours obligatoires pour chacun d'eux ; il assiste aux cours et aux examens aussi souvent qu'il le juge à propos ; il doit étendre sa sollicitude sur les étudiants de toutes les facultés, ayant soin qu'ils fassent honneur à l'Université, par une vie studieuse et des mœurs vraiment chrétiennes ; enfin il a sous ses ordres les employés subalternes de l'Université.

Rien de plus ardu et de plus délicat que ces fonctions, on le comprend aisément. « Bras droit » du recteur, il lui fallait suivre les progrès de chacun des étudiants, surveiller le mouvement des cours, fusionner dans une idée commune un nombreux personnel, unanimement dévoué, sans aucun doute, mais composé d'éléments nécessairement disparates. Et cependant, parmi tous ceux qui furent en rapports avec lui durant cette période, il n'en est guère, depuis les doyens des facultés jusqu'au plus humble des employés subalternes, qui n'ait conservé de ces rapports un souvenir agréable et même reconnaissant. Nous ne pouvons, c'est évident, révéler ici les confidences qui nous ont été faites ; nous devons cependant dire que, parmi les étudiants qui furent sous sa « férule » plusieurs nous ont apporté leur témoignage tout spontané et nous ont affirmé, avec émotion, que c'est à « ce cher vice-recteur », à « ce bon M. Dehaisnes » qu'ils doivent le bonheur insigne d'être demeurés fermes dans la voie droite, de s'être ressaisis après un moment d'abandon, en un mot, d'être devenus « des hommes ». Et quand, parfois, il fallait faire une réprimande, quand une mesure disciplinaire s'imposait, quand une « exécution » devenait nécessaire, M. Dehaisnes agissait sans doute avec une fermeté inébranlable et une justice stricte, mais il savait encore alors trouver le mot approprié à la situation et au caractère de chacun ; il savait relever celui qui avait failli, le remettre en bon chemin et, bon gré mal gré, c'était encore par un remerciement et dans un sentiment de vraie reconnaissance que se terminait l'affaire.

Puis, « comme il avait été le recruteur principal du personnel enseignant, il devint le recruteur des étudiants. Après avoir efficacement concouru à faire monter les professeurs dans leur chaire, il se mit, avec autant de succès, à attirer les élèves autour des chaires de ces maîtres choisis par lui. Nul ne pouvait résister à l'autorité de son nom, à l'affabilité de son caractère, à la logique persuasive de son raisonnement. Il fut l'homme des heures difficiles pour notre Université Catholique ».

A ces doubles fonctions de secrétaire-général et de vice-recteur, M. Dehaisnes joignit encore la direction et la rédaction du *Bulletin de l'œuvre des Facultés Catholiques de Lille*, à dater de janvier 1883. Lui-même, huit ans auparavant, pour préparer la création de l'Université et favoriser la première souscription, avait fondé et rédigé ce *Bulletin* paraissant à des intervalles irréguliers et auquel M. Clabaut substitua dans la suite un bulletin mensuel, ayant des abonnés, et donnant, outre tout ce qui concernait la souscription, les documents officiels et les faits relatifs à l'Université Catholique de Lille et même aux autres universités. M. Dehaisnes reprit avec joie la direction de ce bulletin auquel il imprima une allure vraiment utile et intéressante ; il la conserva jusqu'à sa retraite.

Rappelons encore un souvenir plus intime. Dès son entrée en

fonctions à l'Université, M. Dehaisnes s'était intéressé tout particulièrement à la maternité Sainte-Anne, qui fonctionnait alors dans son installation provisoire de la rue du Marché. Deux fois la semaine, il allait y célébrer la sainte messe. Plus tard, en 1889, lorsque cette œuvre prit possession de l'édifice élevé à son usage dans la rue du Port, n° 86, Mgr Dehaisnes en devint l'aumônier volontaire. « Il s'acquittait de sa mission avec le dévouement le plus absolu et le plus désintéressé, nous écrit à ce sujet la R. M. Supérieure de la maison ; soit le jour, soit la nuit, toujours nous le trouvions prêt à rendre les services demandés, et pour les malades de la maison de santé, et surtout pour les femmes de la maternité. De ces dernières particulièrement, il s'occupait d'une manière assidue ; il s'initiait à la vie privée de ces pauvres femmes, les écoutait avec bonté, leur disait à toutes un mot d'encouragement et de réconfort, et, plus d'une fois, nous l'avons vu verser des larmes en entendant le récit de leurs misères. L'œuvre des layettes trouva en lui un zélé propagateur et un sage directeur ; plusieurs opuscules qu'il publia à ce sujet en font foi ». Rien de plus touchant, en effet, que de rencontrer, au milieu des savants travaux de l'archiviste, entre ses consciencieux inventaires et ses remarquables publications d'histoire de l'art, une humble « brochurette » modestement intitulée : *L'œuvre des layettes de la maternité Sainte-Anne* ; n'est-ce pas la meilleure preuve de son zèle vraiment sacerdotal et de sa douce charité ? « Cette œuvre des layettes, nous dit-il lui-même, comprend des dames patronnesses et des dames associées qui s'engagent à donner chaque année une cotisation de dix francs. Les premières se chargent, en outre, de confectionner elles-mêmes ou de faire confectionner à leurs frais un certain nombre de layettes et à aller, à tour de rôle, visiter les femmes qui sont à la maternité, leur remettre les layettes et leur donner, s'il y a lieu, quelques consolations, quelques conseils, quelques secours ». Ajoutons un simple détail : depuis 1881 jusqu'à la mort de Mgr Dehaisnes, plus de trois mille femmes ont été reçues à la maternité, et, sauf de rares exceptions, le charitable aumônier les a toutes vues, encouragées et consolées. N'est-ce pas là un bien fructueux ministère sacerdotal ? « Nous ne saurions, nous dit encore la R. M. Supérieure, nous ne saurions jamais exprimer assez les regrets que sa mort a laissés dans notre maison, ni publier assez haut l'immense bonté de son cœur, l'exquise délicatesse de ses procédés envers la communauté et à l'égard de nos pauvres femmes ».

En mars 1883, M. Dehaisnes accompagna Mgr Hautcœur dans son voyage *ad limina*. « Représentants de notre grande œuvre, lisons-nous dans le *Bulletin des Facultés*, ils vont déposer aux pieds du Saint-Père le compte rendu de ce qui a été fait jusqu'ici ; en même temps ils lui offriront l'hommage de notre piété et de notre dévotion filiale et ils lui diront les espérances que nous entrevoyons pour un prochain avenir. Ils présenteront au Souverain Pontife une adresse exprimant les sentiments du corps professoral, si entièrement et si complètement docile et dévoué aux enseignements du Siège apostolique, et ils nous rapporteront une de ces bénédictions souveraines et paternelles, toujours fécondes en grands résultats ». Sa Sainteté daigna recevoir les deux pèlerins le soir même du dimanche de Pâques, jour où n'avait lieu aucune autre réception. Une lettre tout intime, écrite *currente calamo* par M. Dehaisnes, nous offre le récit de cette audience : « Nous avons été introduits dans la chambre à coucher du Saint-Père et, après les génuflexions d'usage, il nous a fait asseoir tout auprès de lui. Il nous a parlé d'abord de Mgr l'Archevêque et du diocèse de Cambrai ; puis nous a demandé force détails sur l'Université Catholique, non seulement au sujet des études et de l'enseignement, particulièrement de la théologie et de la médecine, mais encore sur tout ce qui concerne la piété, sur les sentiments religieux du corps professoral, sur l'esprit de nos étudiants, sur leur conduite, sur les

moyens employés pour les maintenir dans la bonne voie ; l'organisation des maisons de famille a paru l'intéresser spécialement,
ainsi que tout ce qui concerne la bibliothèque et les riches collections scientifiques des Facultés. Léon XIII interroge beaucoup ;
on voit qu'il veut se tenir au courant de tous les moindres détails.
Durant plus d'une heure qu'il a retenu Mgr le Recteur, il n'a cessé
de nous parler avec une simplicité, une bienveillance, une confiance
dont il est impossible de se faire une idée sans l'avoir constatée par
soi-même. Nous lui parlions aussi aisément, aussi simplement
que si nous avions causé avec un confrère de notre diocèse. Au
moment où nous l'avons quitté, le Saint-Père a invité Mgr Hautcœur à revenir le voir en audience privée, dimanche prochain,
avant notre départ ». Dans cette seconde audience, Sa Sainteté
remit *manu propria* à Mgr Hautcœur, deux brefs adressés, l'un au
corps professoral de l'Université, l'autre au bureau des comités
catholiques du Nord, renfermant tous deux l'expression de l'intérêt
tout paternel qu'il porte aux Facultés Catholiques de Lille et les
bénédictions qu'il leur accorde.

Au début de l'année scolaire 1886-1887, M. Dehaisnes qui,
durant deux années, avait rempli par intérim les fonctions de
vice-recteur, fut nommé vice-recteur honoraire, conservant toutefois le secrétariat général et la direction si importante du service
de la souscription. Ce lui fut une joie et une consolation de résigner
les délicates fonctions du vice-rectorat entre les mains de celui que
la Providence appelait au milieu de nous. Exilé de sa chère Alsace,
M. le chanoine Didio retrouvait, comme il s'est plu à le dire lui-
même, une patrie dans la ville hospitalière de Lille, une famille
dans les chers étudiants auxquels il ne cesse de prodiguer, à
l'exemple de son prédécesseur, et les conseils de son expérience,
et les trésors de son dévouement et de son affection paternelle.

En janvier 1888 , Mgr Monnier résigna ses fonctions de
chancelier de l'Université Catholique ; le Souverain Pontife,

reconnaissant d'une manière éclatante les éminents services qu'il avait rendus à l'œuvre, lui conféra le titre de chancelier émérite, avec le droit de siéger au Conseil supérieur, et le nomma évêque assistant au trône pontifical et comte romain. Pour remplir après lui ces hautes fonctions de chancelier, le Saint-Siège désigna Mgr Hautcœur et le nomma, en même temps, membre du Conseil supérieur des évêques. On sait que, dans l'Université Catholique, le chancelier représente la personne même du Souverain Pontife ; il est chargé spécialement de maintenir l'Université dans l'esprit de dévouement à la chaire infaillible de Pierre et dans la fidélité à ses enseignements ; il préside, en sa qualité de représentant du Saint-Siège, au gouvernement des Facultés sur l'état desquelles il présente au Souverain Pontife, au moins tous les trois ans, un rapport détaillé ; c'est lui enfin qui confère les grades de bachelier, de licencié et de docteur propres à l'Université Catholique. C'était donc un témoignage tout spécial de son estime et de sa bienveillance que Léon XIII donnait à Mgr Hautcœur qui, depuis plus de douze ans, exerçait avec tant d'habileté et de dévouement les fonctions de recteur.

Le 8 février suivant, M. Dehaisnes demandait au Conseil supérieur de le relever de ses fonctions de secrétaire général chargé du renouvellement de la souscription et reprenait sa vie d'études, ne gardant que le titre de vice-recteur honoraire, mais continuant de s'occuper activement, comme par le passé, de « sa chère Université » comme membre du Conseil d'administration et de la Commission permanente. Cette détermination lui permettait de ne point quitter « son vaillant frère d'armes ».

Quelques jours plus tard, ils reprenaient le chemin de la ville éternelle, accompagnés de M. l'abbé Bontemps, vicaire de M. Omer Dehaisnes, à Iwuy. Ils furent reçus en audience particulière, le dimanche 4 mars. « Le Saint-Père prit lui-même la parole : « Nous attachons, dit-il avec une grande bienveillance, la plus grande importance et nous portons le plus vif intérêt à l'Université Catholique de Lille, la seule en France qui soit complète, celle aussi qui dispose de plus de ressources et qui offre les plus sûres garanties d'avenir et les meilleures espérances de développement. Le bon évêque de Lydda, Mgr Monnier, nous a envoyé sa lettre de démission ; il ne pouvait pas se donner d'une manière complète à ses fonctions de chancelier ; il en était empêché par ses nombreuses occupations, par la nécessité de remplacer l'archevêque pour la confirmation et les autres fonctions épiscopales, dans le vaste diocèse de Cambrai. Vous, vous serez là sur place ; vous vous occuperez de l'Université et vous le ferez avec la connaissance que vous avez de l'œuvre et de ses besoins, avec l'amour que vous lui portez. Que tous vos efforts tendent à y entretenir l'union et la concorde. Et ainsi, avec la grâce de Dieu, l'Université se développera et produira des fruits abondants pour la sainte Église. » Mgr Hautcœur présenta alors à Sa Sainteté le grand album dans lequel sont représentés les différents édifices de l'Université. Le Saint-Père fut très visiblement satisfait de cet ouvrage ; il le feuilleta un instant, se réservant, nous dit-il, de le voir plus à loisir. Il ajouta : « Vous avez beaucoup fait à Lille ; vous avez fait de grandes choses. Nous nous intéressons tout particulièrement à la faculté de théologie. Il faut qu'elle prospère. » Et se tournant vers M. le Chanoine Dehaisnes, il demanda s'il était professeur dans cette faculté. Mgr le Chancelier répondit en faisant connaître les services que M. Dehaisnes a rendus, non seulement comme secrétaire général, mais aussi comme l'un des fondateurs de l'œuvre et il parla des travaux historiques de M. Dehaisnes, en présentant au Saint-Père les trois volumes de l'*Histoire de l'art*. Le Saint-Père, devant qui les volumes furent entr'ouverts, s'y intéressa tout particulièrement ; il se rendit compte immédiatement de la nature de l'ouvrage et de la somme de travail qu'il représentait. « Ah ! dit-il, ce sont des documents, tout cela, des documents inédits ! Je suis bien content. C'est bien, M. l'abbé, c'est très bien. Vous honorez l'église par des travaux de cette nature. Il faut qu'il y ait des prêtres qui prennent part au mouvement intellectuel de l'époque. Continuez vos travaux et ainsi faites honneur à l'église. Je bénis vos travaux et je vous bénis. » Puis, voyant la lettre par laquelle M. Dehaisnes lui faisait hommage de son ouvrage, il ajouta : « Nous vous répondrons. » Enfin Mgr le Chancelier demanda au Saint-Père des bénédictions spéciales pour l'Université, pour lui, pour le recteur, pour tout le personnel des Facultés, maîtres et étudiants. Léon XIII les accorda avec la bienveillance et la bonté paternelles qu'il avait témoignées durant toute l'audience. »

La « réponse » promise par le Saint-Père à M. le chanoine Dehaisnes lui parvint au mois d'août suivant. Sa Sainteté Léon XIII daignait lui conférer le titre et les honneurs de prélat de sa maison. C'était une récompense qui était bien due à ses mérites, à ses travaux et à ses services ; ce fut pour tous ses amis, comme pour lui-même, une très grande joie ; mais, tous ceux qui l'ont connu le savent comme nous, les dignités ne changèrent rien à sa vie de travail, si simple et en même temps si féconde.

Les armes que choisit le nouveau prélat étaient : *de gueules à une charte de parchemin scellée et à demi-déroulée ;* sa devise : *Toute ma vye Dehaisnes seray.*

Voici l'origine et l'explication de cette devise qui, sans le contexte, pourrait n'être pas comprise par un certain nombre de nos lecteurs. Mgr Dehaisnes conservait précieusement, parmi ses souvenirs de famille, un petit vitrail plombé de 54 centimètres de hauteur sur 3o centimètres de largeur. Ce vitrail lui venait d'un de ses ancêtres qui exerça la profession de brasseur ; Mgr Dehaisnes l'a légué à son ami de tous les jours, M. Quarré-Reybourbon, qui lui a fait une place de choix parmi les nombreux objets d'art de sa riche collection.

La plus grande partie de ce vitrail est occupée par un médaillon ovale représentant le patron des brasseurs, saint Arnould, en ornements sacerdotaux, mitre en tête et attributs en mains. Au-dessous, se trouve un autre cartouche, en forme de parallélogramme, contenant l'inscription suivante :

> *Sainct Arnoult, ce bon patron, je vous requier*
> *Qu'il vous plaise me laisser boire vostre bière ;*
> *Et sy long temps que vostre bière beuveray,*
> *Tous les jours de ma vye je vous serviray.*
> *Anno 1636.*

Et plus bas :

> Sans porter querelle à personnes,
> Toute ma vye Dehaisnes seray.

C'est ce souvenir de famille et, en même temps, ce jeu de mots deux fois séculaire, que Mgr Dehaisnes avait voulu faire revivre en sa devise. Aucune autre d'ailleurs n'eût été mieux appropriée au caractère si aimable et si doux de celui qu'on appelait d'ordinaire « le bon Monseigneur. »

X

Mgr DEHAISNES A LILLE. — SERVICES RENDUS AUX SOCIÉTÉS SAVANTES ; LA COMMISSION HISTORIQUE DU NORD ; LA SOCIÉTÉ DES SCIENCES DE LILLE ; LE COMITÉ FLAMAND DE FRANCE ; LA SOCIÉTÉ DE GÉOGRAPHIE DE LILLE ; AUTRES SOCIÉTÉS. — LES CONGRÈS DE SORBONNE. — LES CONGRÈS DES CATHOLIQUES DU NORD ET DU PAS-DE-CALAIS. — COLLABORATION AUX REVUES ; LE BULLETIN SCIENTIFIQUE DU NORD ; LA REVUE DE L'ART CHRÉTIEN ; PUBLICATIONS DIVERSES.

« Il est, écrivait naguères Mgr Dehaisnes dans sa *Notice sur M. de Coussemaker*, un certain nombre de personnes qui volontiers plaisantent ou parlent avec dédain des *sociétés savantes* de province. Parfois, ceux-là même qui officiellement leur décernent des éloges, ne se privent pas du malin plaisir de tourner en dérision l'importance que l'on attribue à ces sociétés. Et pourtant les érudits de la province rendent de véritables services à la science. Non seulement ils font des monographies, des études spéciales, dans lesquelles ils redressent les erreurs des écrivains qui ont fait des travaux d'ensemble, et préparent des matériaux et des idées pour les esprits généralisateurs, mais ils conservent et propagent autour d'eux le goût des choses de l'esprit et l'estime pour ces œuvres de l'intelligence que dédaigne notre siècle avide d'argent et de jouissances matérielles ; ils tournent vers la science l'existence d'un certain nombre d'hommes notables, parmi lesquels se révèlent parfois des écrivains d'une sérieuse valeur scientifique. C'est du sein de ces sociétés que sont sortis l'abbé Cochet, M. d'Arbois de Jubainville, M. de Soultrait, et tant d'autres érudits que nous pourrions nommer. » Nous devons ajouter que Mgr Dehaisnes fut, par excellence, l'homme des sociétés savantes à Lille et même dans le Nord de la France ; nous pouvons rattacher à ces sociétés presque toutes les œuvres historiques et artistiques qu'il a publiées durant les vingt-six ans qu'il vécut à Lille.

La *Commission historique du département du Nord* avait vite apprécié la valeur du laborieux archiviste que la ville de Douai s'était attaché ; elle présenta sa candidature au préfet qui nomma l'abbé Dehaisnes membre correspondant, le 28 mai 1864. Le 4 juillet suivant, en conformité avec le nouveau règlement de la commission, un sous-comité fut installé à Douai ; M. Dehaisnes ne cessa d'en être l'un des membres les plus assidus aux séances et l'un des travailleurs les plus persévérants ; les procès-verbaux en font foi. Il se chargea de la rédaction de l'inventaire des objets précieux conservés dans les églises de l'arrondissement et ne tarda pas à communiquer à la commission le *Catalogue descriptif des objets d'art conservés à Saint-Pierre de Douai* qui fut déclaré digne de servir de spécimen pour le travail d'ensemble. Plus tard, il rédigea aussi pour la commission l'*Histoire des archives municipales de Douai*, un mémoire sur *Le travail de l'archiviste Réal*, qui fut chargé en l'an II de dépouiller les archives des anciens établissements de Douai, une note sur *La chronique du liber argenteus de Saint-Amé*. En 1871, à son arrivée à Lille, il devient membre titulaire-résidant et, dès lors, à peu d'exceptions près, son nom figure dans les procès-verbaux de toutes les séances mensuelles. Il n'est guère de discussions scientifiques auxquelles il ne prenne part ; ses collègues le nomment membre de toutes les commissions. Nombreuses aussi sont ses communications ; en voici une rapide nomenclature : *Note sur les ghildes de Sainte-Barbe à Douai et à Arras ; Rapport sur le projet d'un dictionnaire topographique du département du Nord ; Rapport sur les propositions de classement des monuments historiques du département du Nord ; Note sur le mémoire manuscrit du marquis de Coligny concernant la Flandre françoise occidentale ou Flandre du costé de la mer ; Rapport sur des peintures polychromes de l'église de Lez-Fontaine ; Liste des monuments historiques du département du Nord proposés pour le classement ; Note sur un calice du XIe siècle de l'église de Cobrieux ; Notes archéologiques sur divers monuments civils ou religieux de l'arrondissement de Lille et sur les objets d'art qu'ils renferment ; L'Espagne a-t-elle exercé une influence artistique dans les Pays-Bas ?*

En 1876, à la mort de M. E. de Coussemaker, M. Dehaisnes se trouvait tout naturellement désigné pour lui succéder comme président de la Commission historique. Les suffrages unanimes de ses collègues l'appelèrent à cette importante fonction. Dès la première séance qu'il présida, il exposa, dans une courte allocution, ses idées, son programme, ses projets. Selon lui, « c'est dans l'étude de l'archéologie que se trouve la raison d'être de la Commission. Ceux qui ont élevé les monuments et exécuté les objets d'art dans une certaine zone territoriale se sont presque toujours inspirés des mêmes principes, des mêmes traditions, des mêmes modèles. Le savant, l'historien, le littérateur, le poète ne révèlent guère que les tendances de leur esprit et de leur imagination ; l'architecte et l'artiste ont suivi, au moins dans les temps anciens, des règles qui étaient presque toujours identiques pour toute une contrée. De là la nécessité, en archéologie, des études comparatives qui embrassent l'ensemble d'un pays ; de là, la nécessité de former des commissions régionales qui comprennent tout un département. Les sociétés savantes de chaque arrondissement peuvent, aussi bien que la Commission historique, se livrer aux recherches qui concernent l'histoire, la littérature et les sciences ; il leur est plus difficile de s'occuper des travaux archéologiques. Il faut donc, pour cela, une société *ad hoc* et c'est là le but principal de la Commission ». C'est dans ce sens que Mgr Dehaisnes ne cessera d'imprimer à cette savante compagnie une très heureuse impulsion, qui, sans la faire aucunement se désintéresser des travaux historiques entrepris en son sein, la fera s'appliquer plus spécialement à l'archéologie et à l'histoire de l'art ; c'est dans ce sens que furent entrepris et menés à bonne fin par la Commission d'utiles travaux. Mgr Dehaisnes donnait lui-même l'exemple. En 1877, il présente au nom de la Commission un rapport complet sur *Les monuments historiques du département du Nord* ; en 1880, une étude historique sur l'influence artistique qu'a pu exercer l'Espagne dans les Pays-Bas. C'est sous les auspices et avec le concours de la même Commission qu'il édite, en 1886, son œuvre capitale : l'*Histoire de l'art en Flandre* ; dans le *Bulletin* encore il insère ses *Notes biographiques et historiques sur Dupleix* ; et, en 1894, ses deux importants travaux, véritables monuments de patientes recherches et d'impeccable érudition :

Notices descriptives sur les monuments historiques du département du Nord, et *Notices descriptives sur les objets mobiliers conservés dans les établissements publics de l'arrondissement de Lille*.

Tout aussi considérable sera son œuvre au sein de la *Société des sciences, des arts et de l'agriculture de Lille*, pour tout ce qui concerne l'histoire et l'art. Nommé membre titulaire le 2 février 1872, il donne aussitôt à ses collègues la primeur de sa *Notice biographique sur M. Desplanque*, puis une *Note sur la bataille de Saucourt*, dans laquelle il restitue à notre actif de gloire la brillante victoire remportée par Louis III sur les Normands, à quelques lieues d'Abbeville. Il communique à la même compagnie une liste des *Documents des archives départementales concernant l'instruction publique* ; une *Notice sur les archives pendant la Révolution* ; une autre *Notice sur les registres aux chartes de l'audience* ; des *Notes archéologiques sur les églises de l'arrondissement de Lille* ; sa *Notice sur la vie et les travaux de M. de Coussemaker* ; d'intéressants travaux sur *Les beaux-arts en Flandre avant le XI° siècle*, sur deux artistes flamands, *Jean le Tavernier, d'Audenarde*, et *Louis Liédet, de Bruges*, tous deux miniaturistes des ducs de Bourgogne, Philippe le Bon et Charles le Téméraire. A l'occasion de l'acquisition par le musée de Lille de deux tableaux de Jean Bellegambe de Douai, il fait connaître à la Société les documents si précieux qu'il a recueillis sur cet artiste ; dans une autre circonstance, à la suite d'une visite à la tour de Saint-Amand, il entretient ses collègues de l'intérêt historique qui s'attache à ce monument et de l'utilité urgente de remédier au délabrement dans lequel il est tombé. Une autre fois, il fait une très intéressante communication sur *L'invention de la peinture à l'huile* attribuée généralement à Jean Van Eyck, en 1410 ; par des passages concluants de plusieurs manuscrits et par un grand nombre d'extraits de comptes, inédits pour la plupart et recueillis dans divers dépôts, il établit que l'emploi de l'huile pour le mélange des couleurs était usité habituellement dans toute la Flandre plus d'un siècle avant Van Eyck ; celui-ci ne fit que perfectionner ce procédé en s'en servant le premier pour peindre les carnations et les têtes.

En 1888, élu président de la Société, Mgr Dehaisnes choisit pour sujet de son discours à la séance solennelle : *L'art à Lille dans les temps modernes.* « Archiviste, j'ai consacré mon existence à des recherches sur les maîtres du moyen âge et de la renaissance, dit-il ; mais, en même temps, homme de mon époque, je m'associe au mouvement artistique qui se produit de nos jours autour de nous et c'est avec bonheur, avec fierté, que je viens aujourd'hui, devant le nombreux public qui se presse en cette enceinte, jeter un coup d'œil sur les progrès de l'art à Lille depuis deux siècles et donner une idée des institutions, des établissements et des fondations qui font de notre cité un centre artistique puissant et la placent à l'un des premiers rangs, après Paris, parmi les villes de France ». Telle est la thèse qu'il développe avec talent et conviction, saluant en terminant cette phalange d'élite d'artistes lillois qui développent par leurs œuvres ces trois grandes choses dont Dieu a déposé le germe en notre âme : le bien, le vrai et le beau.

La même année, à son retour d'Italie, Mgr Dehaisnes donne encore à la Société la primeur des notes recueillies pendant son voyage et décrit *de visu* un certain nombre d'œuvres remarquables de peintres flamands antérieurs à la renaissance conservées à Turin, à Gênes, à Naples. Dans plusieurs autres séances, il expose le plan du grand ouvrage qu'il fera paraître dans les *Mémoires* de la Société sur *La vie et l'œuvre de Jean Bellegambe.*

L'année suivante, il réserve encore à la Société la publication de ses intéressantes et savantes *Recherches sur le retable de Saint-Bertin et sur Simon Marmion ;* il lui présente aussi le récit de ses impressions artistiques au cours de ses visites aux musées de Berlin, de Dresde, de Nuremberg, de Darmstadt et de Francfort.

En 1891, il entretient la Société des œuvres de l'école flamande qu'il est allé étudier sur place dans les musées, les églises et les collections particulières de la Sicile et plus spécialement de Messine, de Catane et de Palerme, ainsi que du midi et de l'est de la France qu'il a visités à son retour. Sous le titre *Quatre tableaux du chœur de l'église de la Madeleine à Lille*, il présente, d'après les documents inédits, d'intéressants détails sur l'auteur de ces toiles, André-Corneille Lens, et sur les rapports qui existaient, dans la seconde moitié du XVIIIe siècle, entre les artistes en vogue et ceux qui leur confiaient l'exécution d'œuvres importantes.

Relevons aussi, dans les *Annuaires* de la Société, l'analyse de trois savantes études de Mgr Dehaisnes. La première est consacrée à la part donnée aux beaux-arts et à l'histoire dans *Les fêtes et marches historiques de la Belgique et du Nord de la France*. La seconde traite, à l'aide d'un nombre très considérable de documents et de faits historiques, la question difficile et délicate des *Délimitations de la langue française et de la langue flamande dans le Nord de la France* depuis le Xe siècle jusqu'à nos jours et établit que, durant cette période, l'on n'a jamais parlé le flamand dans le Hainaut, le Cambrésis, la Picardie, l'Artois et la Flandre Wallonne, cet idiome n'ayant perdu que des zones de terrain assez restreintes, sur les bords de la Lys et du canal de Neuf-Fossé, et dans la plaine maritime de Dunkerque à Calais et Boulogne. La troisième rend compte d'excursions archéologiques faites par lui à Bruay et à Maing, près Valenciennes, où l'on a découvert une peinture murale de la fin du XVe siècle ou du commencement du XVIe, une curieuse pierre commémorative datant de 1365 et un cénotaphe de la fin du XIe ou du commencement du XIIe siècle, remarquable en lui-même comme objet d'art, et d'autant plus intéressant qu'il n'existe guère d'autres monuments de cette nature d'une date aussi reculée.

Le *Bulletin des séances* mentionne encore, en 1894, deux études sur *La cathédrale d'Amiens* et sur *Les monuments religieux de Laon*, destinées toutes deux à la splendide publication : *La France artistique et monumentale*.

Au début de l'année 1895, la Société avait décidé, qu'outre la série de ses *Mémoires*, elle ferait paraître, sous le titre d'*Actes*, une seconde série de volumes in-quarto, se prêtant mieux à la publication de travaux illustrés de planches de dimensions plus considérables que le format des *Mémoires*. Le *Nord monumental et artistique* de Mgr Dehaisnes, dernier travail achevé du vivant de son auteur, inaugura cette nouvelle série.

Le *Comité flamand de France* compte aussi, dès l'année 1871, Mgr Dehaisnes parmi ses membres les plus dévoués ; il suffit, pour s'en convaincre, de parcourir les volumes des *Annales* et du *Bulletin* de cette savante Compagnie. Outre les communications de moindre étendue et les observations nombreuses présentées par lui au cours des séances du *Comité flamand*, Mgr Dehaisnes y publie les travaux suivants : *État général des registres de la Chambre des comptes de Lille relatifs à la Flandre ; Note sur les archives de la Flandre maritime depuis 1790 jusqu'à nos jours ; État des objets en or, en argent et en métal, trouvés en 1792 dans les églises et les communautés du district de Bergues et du district d'Hazebrouck ; Le peintre Melchior Broederlam ; Le Comité flamand, allocution prononcée le 20 novembre 1888 à Hazebrouck ; Les délimitations du français et du flamand dans le Nord de la France, depuis la formation de ces deux idiomes ; La découverte d'un portail roman de l'église Saint-Vaast de Bailleul ; Allocution prononcée, le 24 septembre 1895, en l'église de Flêtre, à l'inauguration du monument de Jacques de Meyere.*

N'oublions pas la *Société de géographie de Lille* qui, depuis sa fondation, comptait Mgr Dehaisnes parmi ses membres, qui le nomma membre de son comité d'études et lui offrit même le fauteuil de la vice-présidence. Mgr Dehaisnes n'a rien fait paraître dans le *Bulletin* de cette société, mais son aimable et dévoué compagnon de voyage, M. Quarré-Reybourbon, y donna plusieurs relations fidèles, animées, empreintes d'un cachet tout personnel, de leurs communes excursions artistiques : *Palerme, souvenirs de voyage ; Notes et souvenirs anecdotiques d'un voyage dans l'est et le midi de la France et dans le nord de l'Italie ; Second voyage en Italie : Italie du centre, du sud et Sicile.* Nous tenions d'autant plus à citer ces trois ouvrages que, selon la parole même de M. Quarré-Reybourbon, il y a, jusqu'à un certain point, communauté de pensées et d'impressions dans ces pages écrites au jour le jour, et que d'ailleurs leur auteur reproduit çà et là quelques feuillets empruntés au carnet de voyage de Mgr Dehaisnes.

Par tout ce qui précède, on peut juger des services considérables qu'a rendus Mgr Dehaisnes dans les sociétés savantes du Nord et de la part importante qu'il a prise à leurs travaux. On ne s'étonnera donc point qu'un bon nombre des associations les plus justement renommées, fondées pour l'avancement des sciences, des lettres et des arts, aient tenu à honneur de lui offrir le titre de membre correspondant. De ce nombre sont la *Société d'émulation de Roubaix* (1871) ; l'*Académie d'Arras* (1874); la *Société des antiquaires de la Morinie* (1879) ; le *Cercle archéologique de Mons* (1880) ; la *Société nationale des antiquaires de France* (1882) ; l'*Académie des arcades de Rome*, dont Mgr Dehaisnes fit partie, depuis 1884, sous le nom académique de *Sofronisco Rodio* ; la *Société archéologique de l'arrondissement d'Avesnes* (1886) ; la *Société française d'archéologie* (1887) ; le *Congrès international pour la protection des œuvres d'art et des monuments* (1889) ; l'*Académie royale des sciences, des lettres et des beaux-arts de Belgique,* qui le nomma membre associé en 1891 ; la *Societe historique et littéraire de Tournai ;* l'*Union artistique du Nord ;* la *Gilde de Saint-Thomas et Saint-Luc de Gand,* etc. Le jour même de sa mort, un pli ministériel lui apportait sa nomination de *membre non résidant du comité des beaux-arts* de Paris ; à la dernière réunion des sociétés savantes à la Sorbonne, qui vient de se clôturer au moment où nous écrivons ces lignes, M. Henri Jouin, rapporteur général du comité des beaux-arts, rappelait ce souvenir avec émotion.

Nous avons dit déjà la participation assidue de Mgr Dehaisnes à ces réunions annuelles des sociétés savantes, durant son séjour à Douai. Il n'eut garde de la cesser lorsqu'il fut fixé à Lille. Nous ne pouvons guère donner ici qu'un rapide aperçu des nombreuses communications artistiques qu'il fit à ces divers congrès.

La première en date est relative à l'*Inventaire des richesses d'art de la France dans le département du Nord ;* le gouvernement avait entrepris cet immense travail pour toute la France et avait demandé aux diverses sociétés archéologiques de s'en occuper activement. Pour le Nord, la réponse était aisée ; grâce au zèle de la Commission historique et de son président, M. Dehaisnes, le travail était complètement terminé pour l'arrondissement de Lille et en bonne voie pour les autres arrondissements.

Dans une autre communication intitulée : *Histoire de l'art dans la Flandre, l'Artois et le Hainaut avant le XI" siècle,* M. Dehaisnes, donnant un rapide aperçu du grand travail qu'il prépare, établit, d'après de nombreuses mentions, que le mouvement artistique dans les Pays-Bas existait déjà au XIII" et au XIV" siècles, contrairement à l'opinion accréditée que ce mouvement n'avait commencé qu'au XV" siècle.

Au même congrès, il lit une seconde étude sur *La tapisserie de haute lisse à Arras avant le XV" siècle,* où il signale quelques inexactitudes et un certain nombre de lacunes dans l'*Histoire générale de la tapisserie* dont MM. Guiffrey, Pinchart et Müntz venaient de faire paraître les premières livraisons ; il produit des documents qui reculent de plus de cinquante ans la date fixée par ces auteurs à l'origine de la tapisserie de haute-lisse à Arras et ajoute 21 mentions antérieures à 1450 aux 7 qui sont relevées par M. Guiffrey.

Dans *L'école flamande avant les Van Eyck*, le savant historien établit sur preuves certaines que, dès le commencement du XV° siècle, avant les Van Eyck, l'école flamande existait, préparée par des générations d'artistes et par d'importants travaux exécutés dans la contrée durant les siècles précédents.

Ses *Notes sur quelques peintures des maîtres de l'école flamande primitive conservées en Italie* sont le résultat d'un voyage d'étude en cette contrée. Elles constatent, jusqu'au fond de l'Italie, l'influence de l'art flamand et confirment cette parole de M. de Laborde : « Loin de s'évanouir dans cette patrie des arts, sous les rayons de son soleil, l'école du Nord y grandit encore, en associant ses qualités précieuses, ses conquêtes nouvelles, au génie naissant du *cinque cento*. »

A la Sorbonne encore, Msgr Dehaisnes donne lecture d'un résumé de ses *Recherches concernant les volets du retable de Saint-Bertin* et, l'année suivante, de ses *Recherches sur la vie et l'œuvre de Simon Marmion*. En 1891, il détache de ses notes de voyage quelques aperçus particulièrement intéressants sur *Les œuvres des maîtres de l'école flamande primitive conservées en Italie et dans l'est et le midi de la France*. Il en signale un certain nombre à Dijon, à Beaune, à Lyon, à Turin, à Milan, à Venise, à Bologne, à Sienne, à Florence, à Rome, à Naples, en Sicile, notamment à Palerme, à Aix-en-Provence, à Villeneuve.

Dans une autre étude sur *L'art flamand en France depuis la fin du XII° siècle jusqu'au commencement du XVI°*, il étudie la nature et l'étendue de l'action exercée en France par l'école flamande durant cette époque. Son rayonnement fut tel qu'il rejaillit jusqu'en Allemagne et au delà des monts, en Italie et en Espagne. Faut-il cependant, comme l'a fait M. de Laborde, donner le nom de renaissance à ce mouvement qui se fit sentir alors en France ? Non, répond Mgr Dehaisnes, ce ne fut pas une renaissance, une résurrection d'un passé quelconque, mais une évolution, une transformation ; l'art, de spiritualiste qu'il était, devint naturaliste ; auparavant religieux, il tendit à devenir humain et profane.

En 1893, le sujet de sa lecture fut : *L'histoire et l'art dans les cérémonies et les fêtes publiques aux Pays-Bas*, étude rédigée à l'occasion du grand cortège historique de Lille, dont nous parlerons plus loin. L'année suivante, il traitera de *L'enluminure au XVIe siècle dans le Nord de la France et du miniaturiste Hubert Cailleau*. L'art de l'enluminure fut encore protégé dans le Nord de la France et les Pays-Bas par les souverains et les dignitaires de l'église jusqu'en 1550 ; mais, dès cette époque, ce fut la décadence. Mgr Dehaisnes la constate en étudiant l'œuvre et la vie du miniaturiste de Valenciennes, Hubert Cailleau ; les malheurs et la triste fin de celui qu'on peut appeler le dernier miniaturiste du Nord de la France sont l'image de la ruine de l'art de l'enluminure. A partir du XVIIe siècle, il y aura encore quelques peintres et quelques aquarellistes qui illustreront des livres ; il n'y aura plus d'enlumineurs.

Après les congrès des sociétés savantes en Sorbonne, nous devons parler des congrès organisés à Lille par les catholiques du Nord et du Pas-de-Calais. Déjà nous avons dit la part active qu'y prit M. Dehaisnes au sujet de son œuvre de prédilection, l'Université libre de Lille ; il nous reste à dire son rôle de président de la section de l'art chrétien, formée, dès 1880, au sein de ce congrès. Nombreuses furent les communications qu'il fit à cette commission sur différents sujets d'art chrétien. En 1882, il donne une étude sur la miniature qui, aux XII°, XIII° et XIV° siècles, fut la véritable école de nos peintres religieux ; il fait émettre par le congrès le vœu que l'on retourne à l'étude de ce moyen âge si oublié, si négligé, et cependant si fécond en créations artistiques. L'année suivante, il lit un travail sur *André Beauneveu*, sculpteur du XIV° siècle, originaire de Valenciennes, et dont le nom était presque inconnu jusqu'alors.

En 1884 fut introduite l'importante question de la conservation et de la description des objets d'art et des édifices religieux, sujet constant des préoccupations de la commission. La question fit son chemin lentement ; tant d'autres œuvres utiles, œuvres de foi et de piété, œuvres d'enseignement, œuvres sociales et charitables, sollicitaient l'attention et les efforts de tous les catholiques, que cette œuvre de l'art chrétien demeurait pour ainsi dire fatalement au dernier plan. Il fallut toute la persévérance de Mgr Dehaisnes pour faire aboutir à un résultat pratique. On formula d'abord le vœu de la fondation, dans les séminaires et les universités catholiques , d'un cours d'archéologie et d'art religieux ; les ecclésiastiques et les fabriciens seraient naturellement moins portés à laisser vendre ou détruire les objets d'art de leurs églises, lorsqu'on leur aurait appris à en connaître la valeur. Dans ce but, on demanda également la formation, auprès de chaque évêché, d'une commission diocésaine chargée d'étudier tous les plans de construction ou de restauration des édifices sacrés et de donner son avis sur la valeur et l'importance des objets anciens qu'on aurait le projet d'aliéner. Comme utile mesure de préservation, on adopta aussi le projet de rédiger l'inventaire descriptif des monuments et des objets d'art religieux du diocèse ; pour l'arrondissement de Lille, Mgr Dehaisnes présenta le travail achevé de main de maitre. Étendant la question d'art chrétien à l'étude de l'histoire locale, la commission, toujours guidée par son zélé président, émit le vœu de voir adopter, dans le diocèse de Cambrai et dans les autres diocèses, les excellentes mesures employées par Mgr Delannoy dans son diocèse d'Aire et de Dax, et prescrivant au clergé de consacrer deux années des conférences ecclésiastiques à l'étude de l'histoire et de l'archéologie de chacune des paroisses du diocèse. Nous avons dit plus haut l'heureux résultat enfin obtenu, grâce au bienveillant appui de Mgr l'Archevêque de Cambrai, qui, en présidant la séance du 21 novembre 1895, annonça à la commission que l'inventaire des objets d'art religieux, la description des édifices consacrés au culte et l'histoire de chaque paroisse formeraient le sujet des conférences ecclésiastiques du diocèse pendant le temps nécessaire à son complet achèvement et que les résultats de ce travail seraient revisés et complétés par une commission nommée spécialement à cet effet. De plus, Mgr Sonnois, tout en rendant hommage à la bonne volonté et aux connaissances des architectes, déclarait avoir toujours désiré contrôler par lui-même les plans de tous les édifices religieux de son diocèse auxquels on avait travaillé ; ce contrôle est parfois nécessaire, jamais nuisible. Mgr désirait se décharger en partie de ce soin sur une commission ; il pria la section de l'art chrétien de lui soumettre les noms des personnes susceptibles de composer cette commission.

A chacune des séances de la section d'art chrétien, Mgr Dehaisnes donnait une lecture ou une communication sur les différents sujets à l'ordre du jour. Citons-en quelques-unes : *L'encensoir de Lille*, le plus beau qui soit connu ; *La châsse de sainte Gertrude de Nivelles ; Comment s'est formé un artiste chrétien*, Savinien Petit ; *La place à donner aux images pieuses dans la décoration des maisons ; Note sur des peintures de Jean Bellegambe, représentant l'Immaculée Conception ; Le retable d'Anchin ; L'ornementation et la miniature dans les manuscrits jusqu'au XVIe siècle ; Les objets d'art des églises de l'arrondissement de Lille ;*

Description du bréviaire Grimani ; Les processions et les cortèges religieux et historiques de la région ; Les trouvailles archéologiques de Maing et de Bruay. D'autres fois encore, il guidait ses collègues du congrès dans leurs visites artistiques aux églises ou aux musées de la ville, notamment à la basilique de Notre-Dame de la Treille. En un mot, il était l'âme de la section d'art chrétien, qui perdit en lui son fondateur et son guide le plus sûr.

Il nous reste à signaler encore la collaboration de Mgr Dehaisnes à diverses revues ou publications périodiques.

En 1860, MM. Gosselet et Desplanque avaient fondé le *Bulletin scientifique, historique et littéraire du département du Nord et des pays voisins.* M. Dehaisnes, dont ils avaient sollicité le concours, y publia, dès les premiers numéros, une étude sur *Le musée archéologique de Douai,* un *Rapport sur le prix de mille francs décerné dans le ressort académique de Douai,* des notes bibliographiques sur *Les Pourbus par M. Kervyn de Volkaersbeke,* des notices sur *Arnould d'Hesdin,* sur *Un manuscrit de la bibliothèque publique de Douai,* sur *Les documents historiques concernant la Flandre maritime recueillis et publiés par E. de Coussemaker,* sur *Les tapisseries lilloises* de M. J. Houdoy. En 1871, à la mort de M. Desplanque, il lui succéda dans la direction du *Bulletin,* qu'il conserva avec M. Gosselet jusqu'en 1875. Durant cette période il y fit paraître les travaux suivants : *Esquisse historique du département du Nord avant 1789 ; Chapitres de l'histoire de Lille par M. Houdoy ; La sainte et noble famille de Lille ; Les commanderies du temple et de l'ordre de Malte dans l'Artois, la Flandre wallonne et le Hainaut français ; La ville franche et la prévôté d'Haspres ; Les savants Godefroy ; Le cartulaire de l'abbaye de Flines ; Charles IX : deux années de règne ; Les châtelains de Lille ; L'exposition d'objets d'art religieux ouverte à Lille ; Manuel élémentaire d'archéologie nationale,* et un bon nombre d'autres comptes rendus bibliographiques d'ouvrages historiques ou de mémoires de diverses sociétés savantes.

De 1884 à 1894, la savante *Revue de l'art chrétien* a publié sept importants opuscules de Mgr Dehaisnes ; ce sont par ordre de dates:

André Beauneveu, artiste du XIVe siècle. Jusqu'alors on ne connaissait de cet artiste valenciennois qu'une seule mention relevée par M. de Laborde. Jaloux de lui faire rendre la tardive réputation que l'histoire accorde aux artistes des Pays-Bas, Mgr Dehaisnes entreprend de minutieuses recherches et parvient à retrouver assez de documents sur Beauneveu et ses œuvres pour faire apprécier son talent, pour le placer au nombre des miniaturistes et des sculpteurs les plus habiles, et même pour faire souscrire au jugement de Froissart déclarant que, parmi les artistes de la fin du XIVe siècle, il n'y en a aucun qui lui ait été supérieur.

De la place à donner aux images et aux objets d'art religieux dans la décoration extérieure et intérieure des maisons. En quelques pages Mgr Dehaisnes donne une idée de l'aspect que les habitations de nos pères présentaient sous le rapport de l'ornementation chrétienne ; il les propose à l'imitation de tous ceux qui se font un honneur d'être et de se montrer chrétiens, et les engage avec chaleur à réagir contre l'esprit païen que la renaissance a introduit dans l'art comme dans la société.

Jean Bellegambe et ses travaux pour des familles de Douai, et *Jean Bellegambe est-il certainement l'auteur du retable d'Anchin,* sont deux notes fort intéressantes sur cet artiste douaisien dont Mgr Dehaisnes avait publié la monographie complète. Dans la seconde de ces études, l'auteur répond victorieusement aux objections soulevées par M. Bouchot contre l'attribution du retable d'Anchin à Bellegambe.

L'art à Amiens vers la fin du moyen âge dans ses rapports avec l'école flamande primitive. Mgr Dehaisnes, dans cet important travail, étudie l'art à Amiens dans ses trois centres principaux : la cathédrale, les édifices de la ville et les peintures exécutées pour la confrérie de Notre-Dame du Puy ; ensuite il détermine, à l'aide des documents des archives et de l'examen comparé de ces différentes œuvres d'art, les rapports qui existent entre l'art à Amiens et l'école flamande du XIV⁰ et du XV⁰ siècles. Il conclut que l'inspiration générale et la principale influence viennent de l'école flamande, mais qu'il faut se garder de méconnaître l'action du centre artistique local, du milieu français et du voisinage de Paris. Une série fort intéressante de documents inédits et une excellente table onomastique terminent cet élégant opuscule, illustré de trois héliogravures.

Recherches concernant les volets du retable de Saint-Bertin, aujourd'hui conservés dans le palais du prince royal de La Haye. Mˢʳ Dehaisnes expose ici les premiers résultats, déjà bien considérables, de ses recherches sur cette remarquable œuvre d'art ; elles aboutissent à des certitudes au sujet du donateur, du prix et de la date du retable de Saint-Bertin, et à des conjectures vraisemblables au sujet des auteurs du travail d'orfèvrerie, Hans et Gilles Steclin, et de l'auteur des peintures des volets, Simon Marmion.

Découverte d'un monument funéraire de l'époque romane à Bruay près Valenciennes. Nous avons signalé déjà cette intéressante trouvaille archéologique.

Le *Bulletin des commissions royales d'art et d'archéologie de Belgique* contient aussi deux opuscules de Mˢʳ Dehaisnes : *Documents inédits concernant Jean Le Tavernier et Louis Liédet, miniaturistes des ducs de Bourgogne,* et *Documents inédits concernant les tapissiers de Bruxelles au XI⁰ et au commencement du XVI⁰ siècle* .

Dans la *Revue des sciences ecclésiastiques,* nous relevons une étude sur un précieux manuscrit du Xᵉ siècle, *L'évangéliaire de Saint-Mihiel,* orné de quinze grandes miniatures, offert à la bibliothèque de l'Université Catholique par M. le chanoine J. Didiot ; puis deux études sur *La comtesse Jeanne de Flandre,* au sujet de la question de sa béatification soulevée dans une brochure récemment parue ; dans ces deux derniers opuscules se révèlent tout à la fois la doctrine sûre du théologien et la critique irréfutable de l'archiviste.

Dans le *Bulletin Rubens*, signalons une intéressante notice de Mgr Dehaisnes sur *Un coffret de Rubens*, donné en présent par Philippe IV, roi d'Espagne, à Rubens, lors de son ambassade auprès de ce roi, en 1628, et conservé aujourd'hui dans la riche collection de tableaux et d'objets d'art de M. le comte Louis de Waziers. — Dans la *Semaine religieuse du diocèse de Tournai*, une conférence faite à la distribution des prix de l'école Saint-Luc et Saint-Grégoire, sur *Les beaux-arts à Tournai au moyen âge*, et une étude sur *L'inscription de la châsse de saint Eleuthère.* — Dans le *Bulletin de la société Saint-Jean pour l'encouragement de l'art chrétien*, un extrait de sa grande histoire de l'art concernant *Les origines de l'école flamande.* — Dans les *Comptes rendus de la commission royale d'histoire de Belgique*, une *Lettre à M. le Président de la commission*, au sujet d'un projet de publication de documents inédits concernant l'histoire de l'art à la cour des ducs de Bourgogne, de 1401 à 1530. — Dans la *Chronique des arts et de la curiosité*, une savante dissertation sur *L'école flamande de Dijon* ; c'est une réponse à une assertion de M. Courajod appelant école *bourguignonne* l'école établie à Dijon ; Mgr Dehaisnes récuse cette appellation comme inexacte, parce que cette école était *flamande* dans le caractère de son œuvre, qu'elle était formée uniquement d'artistes flamands durant sa première période et, durant la seconde, d'artistes étrangers à la Bourgogne, imitant l'art flamand. — Enfin, dans les *Bulletins de l'académie royale de Belgique*, une étude sur *L'art flamand en France depuis la fin du XIIe siècle jusqu'au commencement du XIT^e*, qui avait fait déjà en partie l'objet d'une communication de son auteur au congrès des sociétés savantes.

Arrêtons-nous. Ce qui pourrait manquer dans les rapides

mentions que contiennent ce chapitre et les précédents, trouvera sa place dans la *Bibliographie* à la fin de cette notice. Même avant d'avoir étudié l'œuvre principale de Mgr Dehaisnes, une réflexion se présente tout spontanément à l'esprit : l'on se demande comment, malgré les travaux inhérents à sa charge d'archiviste qu'il remplit avec tant de zèle et de succès qu'il s'attira cet éloge significatif de M. Desjardins, inspecteur-général : « Vous êtes le meilleur archiviste de France ! » ; malgré les nombreuses démarches qu'il entreprit pour fonder l'Université Catholique de Lille et pour en assurer le fonctionnement et l'avenir ; malgré les occupations du ministère sacerdotal auxquelles il aimait tant se livrer, Mgr Dehaisnes a pu découvrir, réunir, coordonner et mettre en œuvre tant de documents et tant de travaux si divers par leur nature. « En lui, l'on trouve tout à la fois et des idées larges qui lui permettaient d'embrasser dans toute leur étendue les plus vastes sujets, et une somme considérable de connaissances acquises, à l'aide desquelles il pouvait mener de front les travaux les plus différents, une souplesse de style à laquelle aucun genre n'était rebelle, et une ardente activité exempte cependant de toute agitation ».

<h1 style="text-align:center">XI.</h1>

Les grands travaux de Mgr Dehaisnes sur l'art. — L'Histoire de l'art dans la Flandre, l'Artois et le Hainaut avant le XVe siècle. — Préparation de l'Histoire de l'art a la cour des ducs de Bourgogne de 1401 a 1530. — Jean Bellegambe. — Simon Marmion. — Le Nord artistique et monumental.

Nous avions hâte d'arriver à l'œuvre capitale de Mgr Dehaisnes, à son *Histoire de l'art dans la Flandre, l'Artois et le Hainaut avant le XVe siècle.*

Ce fut à Douai, après la publication de *L'art chrétien en Flandre*, en 1860, que Mgr Dehaisnes, alors professeur au collège Saint-Jean de cette ville, conçut le projet de ce grand ouvrage qui ne devait paraître que vingt-six ans plus tard, c'est-à-dire après un quart de siècle de recherches et de travaux incessants. Lorsque, trois ans plus tard, écrit Mgr Dehaisnes dans sa préface, nous en faisions connaître le plan et le but à M. le marquis de Laborde, directeur des archives de l'empire, il nous disait avec un sourire bienveillant mais un peu sceptique : « Il faudra bien du temps pour trouver, compulser, transcrire et imprimer cet immense ensemble de documents, bien du temps et bien des dépenses. Votre ouvrage paraîtra-t-il jamais ? » On sait que M. de Laborde préparait alors ses *Ducs de Bourgogne*, trois volumes de documents d'un haut intérêt et que devait accompagner un texte qui n'a jamais paru ; il savait, par sa propre expérience, ce que ces sortes de travaux exigent de temps, de recherches et de fatigues. Aussi l'entreprise du jeune archiviste l'avait-elle « renversé », et plus d'une fois il n'avait pu s'empêcher de dire à ses collègues, en levant les bras au ciel : « Il faut être fou pour concevoir un tel projet ; plusieurs vies d'hommes ne pourraient suffire à l'exécuter ! ». Cependant l'abbé Dehaisnes ne se découragea point et il eut le mérite et la gloire de mener à bonne fin ce colossal travail.

Lorsqu'il parut enfin, en 1886, sous la forme de trois énormes volumes in-quarto, ce fut un cri d'admiration général dans le monde des arts et de l'histoire, dans les grandes revues des deux mondes, qui lui consacrèrent d'importants comptes rendus critiques signés des noms les plus autorisés. La seule énumération de ces articles, qui formeraient aisément un bon volume in-octavo, nous entraînerait beaucoup au delà des limites que nous nous sommes imposées : nous nous contenterons d'y puiser largement et de nous inspirer des jugements des critiques les plus compétents en matière d'art, pour étudier cette œuvre.

L'ouvrage se divise en deux parties bien distinctes. Les deux premiers volumes, qui comprennent ensemble près de 1.100 pages d'un texte très compact, sont consacrés aux *Documents* ; c'est là ce qu'on peut appeler les fondations et le gros œuvre de l'édifice. Les 650 pages du troisième volume contiennent l'*Histoire* proprement dite, « exactement déduite des preuves des deux premiers volumes et exposée avec la logique, la clarté et le talent d'un maître en archéologie, passé maître aussi en l'art d'écrire : les deux premiers volumes s'adressent donc aux spécialistes, le troisième à tout le monde ; l'œuvre de vulgarisation accompagne l'œuvre de science pure. »

Prenons d'abord une idée des *Documents*. Plus de cinquante mille mentions, contenant les renseignements les plus variés, s'y trouvent consignées. « Les plus intrépides chercheurs reculeraient, à coup sûr, devant la simple nomenclature des documents qu'il a fallu compulser pour en retirer la riche moisson offerte aux amis de l'art du moyen âge et de son histoire. » Le dépôt si riche des archives départementales du Nord avait déjà été étudié par MM. de Laborde, Pinchart et Demay ; mais personne, avant M. Dehaisnes, n'avait complètement dépouillé, dans l'intérêt d'un ouvrage sur l'art, toutes les archives civiles et toutes les archives ecclésiastiques de cet immense dépôt, dans lequel l'auteur a compulsé, page par page, parfois ligne par ligne, 18 registres ou cartulaires, 454 comptes et plus de 24.000 pièces. Dans les archives de la Côte-d'Or, il a recueilli aussi d'importants documents pour l'histoire de l'art durant les trente dernières années du XIV° siècle, à dater du mariage de Philippe le Hardi avec Marguerite, l'héritière présomptive du comté de Flandre. Les archives départementales du Pas-de-Calais, les archives communales et hospitalières de Lille, celles de Douai, ainsi que

la bibliothèque de cette ville si riche en manuscrits, les archives
et les bibliothèques de Cambrai, de Valenciennes, de Saint-Omer,
les archives de la ville et de la cathédrale de Tournai, celles de
l'état et de la ville à Mons, à Gand, à Bruges, à Ypres, les
archives du royaume et la bibliothèque royale à Bruxelles,
enfin les archives et la bibliothèque nationales à Paris, ont été
successivement explorées avec le plus grand soin par le laborieux
chercheur. Elles lui ont fourni un grand nombre de documents
pour la plupart inédits ; quelques-uns seulement avaient été
reproduits par d'autres savants, mais l'auteur les a réédités pour
éviter à ses lecteurs la peine de les chercher dans des ouvrages
coûteux et difficiles à rencontrer.

Outre ces milliers de documents extraits des archives,
M. Dehaisnes a dépouillé toutes les grandes collections, telles
que les *Acta Sanctorum*, les *Monumenta Germaniæ*, les *Opera
diplomatica*, les mémoires des sociétés savantes de la France et
de la Belgique, les cartulaires publiés dans les deux pays ; il a,
en un mot, épuisé à peu près les sources imprimées, n'hésitant
pas à ajouter à son recueil, dans l'intérêt d'une publication
d'ensemble, tous les textes importants déjà connus, mais disséminés dans un grand nombre de volumineuses collections que
l'on n'a pas toujours à sa disposition, ou dans lesquelles le défaut
de tables détaillées rend impossibles les recherches rapides.

Ces *Documents*, dit M. B. Prost, dans la *Bibliothèque de
l'école des chartes*, constituent, du VII siècle au début du XV,
du temps de saint Éloi à la mort de la duchesse de Bourgogne,
Marguerite de Flandre, un recueil unique de textes relatifs aux
diverses branches de l'art au moyen âge : architecture, sculpture,
peinture, miniature, orfèvrerie, verrerie, tapisserie, fonderie, etc.
Il faut avoir étudié, la plume à la main, ces mille pages de textes
pour se rendre pleinement compte de leur intérêt et de leur
variété. Inventaires de trésors d'églises, états descriptifs de

joyaux et de mobiliers princiers, inventaires plus modestes, mais non moins curieux, de mobiliers bourgeois, catalogue de bibliothèques, commandes d'œuvres d'art, quittances d'artistes, noms de peintres, de sculpteurs, d'architectes, de verriers, d'orfèvres, de tapissiers, etc., révélés par centaines, en un mot, tous les genres de documents archéologiques, si rares en général pour une époque si reculée, sont ici réunis à profusion et forment une mine inépuisable de renseignements sur l'histoire de l'art et de toutes les industries artistiques en Flandre pendant le moyen âge. Qu'il reste encore à glaner après lui dans les divers dépôts qu'il a explorés pour arriver à ce chiffre énorme de documents, qu'en particulier à Dijon, les archives de la Chambre des comptes, et, à la bibliothèque nationale, la collection de Bourgogne et plusieurs autres fonds réservent encore aux chercheurs plus d'une trouvaille, l'auteur n'en disconvient pas. Mais devant un recueil comme celui-ci, doit-on songer à formuler un desideratum *de mieux* ?

Mgr Dehaisnes a suivi, pour la disposition de ses documents, l'ordre chronologique d'une manière absolue. L'adoption de cet ordre a, sans doute, l'inconvénient de diviser les mentions appartenant à une même série de comptes ; mais il présente l'avantage très important de rendre les recherches beaucoup plus faciles et d'éviter, dans l'*Histoire*, des renvois et des notes qui auraient encombré presque toutes les pages. Toutes les pièces, à l'exception de celles qui sont très courtes, sont précédées d'une analyse et de l'indication des dates ramenées à la formule moderne de notation et suivies des indications bibliographiques relatives à l'ouvrage d'où provient l'extrait, ou des renseignements précis sur le dépôt où se trouve le document, avec la lettre de série, le numéro d'ordre et le folio du registre, sauf quand l'état de classement des dépôts ne l'a pas permis.

La valeur de cet ouvrage est en quelque sorte doublée par les deux tables qui le terminent, une « table des matières » indiquant les pays, les hommes, les monuments et les choses, et une « table des noms des artistes et des fournisseurs d'objets d'art. » Elles remplissent près de 140 pages à trois colonnes. « La confection de ces tables que nous avons dressées nous-même, dit Mgr Dehaisnes, sans y laisser travailler une main étrangère, a exigé bien des mois de travail ; nous espérons qu'elles pourront être utiles. »

Enfin l'auteur a joint à ces tables un vocabulaire des mots qui ne se trouvent ni dans Ducange, ni dans Roquefort, ni dans M. de Laborde, M. Victor Gay et les auteurs le plus souvent consultés, ou qui présentent des particularités, soit pour le sens, soit pour la forme. « Ce court index ne répond qu'imparfaitement à son titre, dit encore M. B. Prost ; c'est la partie faible de l'ouvrage. On y relève beaucoup de mots inutiles ; beaucoup d'autres qu'il importerait d'expliquer n'y figurent pas ou n'y reçoivent qu'une interprétation douteuse. Mais il n'y a pas à insister sur ce point : on sait à quelles difficultés on se heurte sans cesse, malgré le secours de tous les glossaires, quand il s'agit de déterminer les mots techniques des textes du moyen âge. »

Dans la seconde partie, l'*Histoire* proprement dite, l'auteur ne s'astreint plus à des énumérations méthodiques ; il reprend les pièces et les documents pour les mettre sur pied et leur donner la vie en des descriptions de détail, en des rapprochements et des vues d'ensemble. « Les documents, on peut les interpréter comme l'on voudra, en faire librement usage, écrit avec humour M. A. Michiels. Mais l'auteur n'a pas abdiqué pour lui-même ce privilège, ne s'est pas résigné à être un simple moissonneur au profit d'autrui. Ses recherches une fois terminées, il a quitté les avenues souterraines du mineur, il a monté dans la lumière comme un historien. Le rôle d'un simple appariteur, facilitant le travail des critiques et des annalistes, ne lui suffisait pas. Avoir extrait de la carrière tant de blocs et de moellons, sans rien construire, eût été pénible pour un homme de son talent. Rien ne le condamnait à cette inaction. En secouant la poussière des vieux parchemins, il disait, comme le poète : *Paulo majora canamus*. Après avoir été un ingénieux archiviste, exhumant des nécropoles du passé les éléments précieux qu'il voulait sauver de la destruction, il est devenu architecte et narrateur. Il nous communique, sous une forme littéraire, ce que lui ont appris les confidences des vieux âges. Il suit dans les brumes du Nord le développement de l'adresse et de l'ingéniosité humaines. Nous assistons à la naissance des arts modernes, à leurs pénibles efforts pour se constituer et pour grandir, au milieu d'une société barbare où grondent de perpétuels orages. Lutte curieuse et d'un intérêt suprême : la mère suit du regard, avec émotion, les premiers pas de son enfant ; l'historien considère avec une sympathie non moins vive le noble travail de la pensée qui se cherche une forme, qui la trouve, la complète et l'épure, qui l'épanouit enfin et l'inonde de lumière dans des créations magnifiques, éternelle source d'intime plaisir et d'admiration. Peu d'hommes ont, en littérature, l'avantage et l'honneur d'exécuter une œuvre définitive. Beaucoup ne traitent qu'une partie de leur sujet, faute de temps, de renseignements et de perspicacité. M. le chanoine Dehaisnes aura eu la favorable chance, le mérite et la joie de réaliser dans toute son étendue le projet qu'il avait formé. Depuis les temps primitifs de l'Europe moderne jusqu'à la fin du XIVe siècle, l'histoire des arts graphiques et plastiques, par les chartes, les diplômes et titres manuscrits, dans la Flandre, l'Artois et le Hainaut, est devenue son domaine. Il s'y est établi à perpétuité, comme un seigneur féodal qui brave le temps et la mort du haut de son donjon. L'oiseau des ruines n'y bâtira jamais son nid, les plantes de l'abandon et de la solitude n'y attacheront point leurs guirlandes funèbres. On ne pourra étudier après lui que les œuvres d'art elles-mêmes, anciennement connues ou récemment découvertes, chacun ayant le droit de les juger et de les commenter à sa guise. La race des bénédictins, qui a été une des gloires littéraires de la France, n'est donc pas éteinte, comme on serait tenté de le croire, quand on voit le flot de productions baroques, funestes ou insipides, qui submerge les librairies, les journaux quotidiens et le bon sens des lecteurs. »

Quelles immenses difficultés présentait cependant ce travail de mise en œuvre ! Il était indispensable, pour le mener à bonne fin, d'aller étudier sur place les édifices, les musées et les collections particulières où se trouvent des objets d'art antérieurs au XVe siècle ; il y avait aussi à discuter plusieurs questions controversées, à élucider bien des points obscurs, à ouvrir des aperçus nouveaux. Quand les documents inédits fournissent une appréciation différente des idées reçues, l'auteur n'hésite pas à l'émettre ; il n'a pas reculé non plus devant de nombreux et fatigants voyages, pour visiter, parfois au loin, les monuments du moyen âge qui ont échappé au temps et au vandalisme. Ces excursions et ces études ont eu le précieux avantage de lui faire mieux comprendre les textes anciens ; elles ont contribué à jeter de la lumière et de l'intérêt dans les pages de son *Histoire*. « L'art féconde et éclaire l'érudition et l'archéologie ».

L'*Histoire de l'art* est divisée en deux parties, l'une depuis l'invasion des barbares jusqu'aux croisades, l'autre depuis les croisades jusqu'au commencement du XVe siècle.

Après avoir brièvement rappelé les conditions topographiques et climatériques de la région et indiqué l'influence de ces causes sur le caractère général de l'art flamand, M. Dehaisnes constate la préexistence d'un art gaulois dont les vestiges abondent dans les musées de Lille et de Douai. Cet art, qui finit par s'imprégner des traditions romaines, fut anéanti par l'irruption des hordes germaines de Chrocus, vers le milieu du troisième siècle, puis,

au cinquième siècle, par la grande invasion des barbares. La vie
reparait cependant de toutes parts durant la période franque.
« Les nouveaux maitres du sol ne tardent pas à subir l'influence
du milieu et de la civilisation gallo-romaine ; la langue romaine
se substitue à leur propre idiome : leurs chefs s'entourent de
conseillers, de médecins, d'orfèvres gallo-romains et leur art
grossier se métamorphose promptement. L'art flamand va naitre
de cette union et se développer peu à peu sous l'action du
christianisme », véritable initiateur des gallo-romains et des
barbares à la vie intellectuelle.

L'auteur étudie ensuite le mouvement social et l'art depuis
l'invasion des barbares ; il montre la grande influence artistique
exercée par les évêchés et les abbayes dans la Gaule-Belgique,
comme aussi par le goùt des rois mérovingiens et de leurs
leudes pour l'orfèvrerie et les objets d'art. Il retrace les tentatives
de Charlemagne pour restaurer l'art antique, puis les terribles
invasions des Normands et des Hongrois qui détruisent les
églises, les abbayes, leurs objets d'art, leurs précieux manuscrits,
leurs chartes. Cette succession de désastres et de ruines produit
un changement complet dans l'état social du pays ; à l'influence
débonnaire de l'église et du clergé succède l'àge de fer, la rude
domination des seigneurs féodaux, l'élément militaire seul
capable de protéger le pays en ces tristes circonstances. L'art
subit l'influence de cette transformation sociale ; on en voit
disparaitre les traditions de l'antiquité ; l'esprit barbare prédomine
dans les idées, dans les gouts et dans les types adoptés par les
peintres et les sculpteurs. L'art, en un mot, devient rude, grossier,
ignorant des formes et des procédés, mais offrant toutefois, dans
sa barbarie, une certaine originalité et des essais d'imitation de
la nature.

Les quatre chapitres suivants sont consacrés à l'étude des arts
divers depuis l'invasion des barbares jusqu'aux croisades : la

sculpture et la peinture, les étoffes, les ivoires et les sceaux, l'orfèvrerie, la miniature. De tant d'objets précieux, il en est bien peu qui soient parvenus jusqu'à nous, autrement que sous forme de souvenirs résultant de simples mentions, ou de courtes descriptions éparses dans les chroniques religieuses et dans les inventaires. On comprend donc que cette première partie de l'*Histoire de l'art*, quoique aussi complète que possible, soit de beaucoup la plus courte.

Au douzième siècle, comme le dit Ampère, tout nait, tout resplendit à la fois dans le monde moderne : chevalerie, croisades, architecture, langues, littératures nouvelles, tout jaillit ensemble comme par la même explosion ; c'est au douzième siècle, époque incomparable, que se termine la transformation du monde ancien, impérial, romain, païen, qui devient le monde nouveau, féodal, chrétien. C'est l'influence, sous le rapport de l'art, de ce puissant mouvement religieux des croisades que retrace de main de maitre Mᵍʳ Dehaisnes, au début de la seconde partie de son *Histoire*.

Il nous fait suivre d'abord l'histoire de l'art dans chacune des grandes villes de la Flandre, de l'Artois et du Hainaut, et dans les contrées qui environnent chacune de ces villes, en unissant, dans un même récit, les travaux qu'ont fait exécuter les établissements religieux, les échevins des villes et les bourgeois, parce que, souvent, les artistes qui travaillaient pour l'église, travaillaient aussi pour la cité. L'art à Tournai, à Gand, à Bruges, à Ypres, à Lille, à Douai, à Valenciennes, à Mons et dans le Hainaut, à Cambrai, à Arras, à Saint-Omer, tel est le vaste sujet des chapitres VIII à XVI. C'est une série de monographies successives, du plus haut intérêt ; chacun de ces chapitres forme, à lui seul, un important travail. « Mais, dit M. Lecoy de la Marche, ce changement de méthode est peut-être regrettable ; il force l'auteur à revenir à chaque instant sur des sujets déjà traités et le chercheur et l'amateur eussent préféré, je pense, pouvoir embrasser d'un coup d'œil la marche de la peinture, puis de la sculpture, puis de l'orfèvrerie, etc., dans l'ensemble de la contrée. On eût d'autant plus apprécié cette disposition, insuffisamment remplacée par le tableau synthétique présenté dans le dernier chapitre, que la richesse des matériaux devient, pour cette seconde période, une abondance extraordinaire. » Il y a du vrai dans cette critique ; cependant nous ferons observer que la disposition adoptée dans cette seconde partie par Mgr Dehaisnes ne paraît pas tellement différente de ce qu'elle était dans la première partie, si l'on veut bien observer que chacun des centres artistiques, sujets de ces huit chapitres, avait, pour ainsi parler, « sa spécialité » dont on est heureux de pouvoir suivre d'un seul coup l'évolution. Il y a, selon nous, d'excellents arguments à faire valoir pour l'une comme pour l'autre méthode ; il n'était guère possible de satisfaire les partisans de la première, sans sacrifier la préférence des autres.

Les six chapitres suivants sont consacrés à l'histoire de l'art à la cour des comtes de Flandre, des comtes d'Artois, des comtes de Hainaut, et de Philippe le Hardi dans ses états de Bourgogne. « Quel empressement et quel enthousiasme dans toutes ces cours ! Quel luxe chez ces comtes et ces ducs qui disposent de toute une légion d'artistes pour travailler aux layettes des princesses, pour sculpter les meubles et orner, par mille combinaisons ingénieuses, les services et les surtouts de tables ! L'on reconnaît, dans ces époques lointaines, l'alliance étroite de l'industrie et de l'art, et l'on peut sourire à son gré de la parole imprudente de M. Thiers, dans son livre *De la propriété* : Il y a trois ou quatre siècles, les rois, dans leurs donjons, avaient de la paille sous les pieds. »

Les encouragements, l'impulsion, la protection accordés aux arts et aux artistes par les comtes de Flandre, d'Artois et de Hainaut furent efficaces et persistants durant toute cette période ;

les comptes, les inventaires le prouvent surabondamment. C'est par centaines que l'on peut compter les noms des peintres, des verriers, des tailleurs d'images, des orfèvres, des haut-lisseurs, des mosaïstes flamands, qui travaillèrent dans les diverses résidences de ces mécènes princiers. Tous ces noms sont sauvés de l'oubli et placés dans le cadre de leur temps : c'est Jehan de Bruges, le valet de Mgr le roi Charles V ; Jean Pépin de Huy, « tombier » à Paris ; André Beauneveu, « dont n'avoit meilleur ni pareil en nulles terres », assure Froissart ; c'est Melchior Broederlam, qui a peint sur les panneaux de la chartreuse de Dijon une scène fraîche et charmante de l'Annonciation ; c'est Nicolas Sluter, qui a créé les six statues du puits de Moïse à Champmol et qui a la gloire d'avoir préparé Michel Colombe et Michel-Ange, et peut-être d'être leur égal dans la manifestation de la force comme dans l'art de la draperie.

Un coup d'œil d'ensemble et la discussion des points controversés servent de conclusion à cette *Histoire*. « Ce n'est point assez en effet, écrivait à ce sujet feu l'abbé Variot, que l'historien nous rapporte les menus faits, des anecdotes piquantes ou naïves, qu'il déroule devant nous les liasses attachées aux comptes, qu'il ressuscite un instant les noms des bourgeois des villes, des princes et des ducs, des artistes et des associations, des abbés de couvents et de leurs procureurs ; nous désirons aussi qu'il soit philosophe, qu'il découvre les lois qui dominent les faits, qu'il nous explique comment l'invention, le dessin, le coloris s'essaient timidement dans de petites œuvres restreintes, pour s'épanouir à la fin dans des créations fortes et faites de génie, quelle est la marche ascendante de l'art, depuis les verrières qui sont tout d'abord le livre des illettrés, depuis les miniatures et autres ornementations polychromes qui décorent les évangéliaires, les missels et tous les livres de la liturgie, jusqu'aux « taveliaux » proprement dits, jusqu'à ces panneaux qui semblent des miroirs où la nature se réfléchit avec ses arbres et ses eaux, mais surtout avec l'homme, la plus complète expression de la vie. M. Dehaisnes n'a pas failli à cette partie magistrale de son travail ; ses conclusions esquissées à grandes fresques donneront à penser aux historiens de l'art qui cèdent à la mode ou à l'engouement du jour, qui se contentent d'idées toutes faites ou se renferment dans le parti pris. — Les esprits, qui s'imaginent que le mouvement artistique a été concentré entre les mains des comtes et des ducs, apprendront que la bourgeoisie a participé largement aux progrès de l'art et que rien ne lui a été étranger, ni le luxe des demeures, ni le goût des portraits, ni le désir de se survivre par des donations de bienfaisance inscrites et figurées dans les transepts et les bas-côtés des églises. — Les champions de « l'art laïque » qui répètent inconsidérément qu'à partir de l'affranchissement des communes, tout à fait dans le haut moyen âge, le clergé ne conserva plus d'influence sur la décoration artistique, devront retenir que les sujets traditionnels ont toujours été inspirés par les membres du clergé. — Enfin, aux allemands qui voudraient attribuer à leur voisinage les origines et le développement de l'art en Flandre, M. le chanoine Dehaisnes répond que l'art flamand est autochtone et que la race germanique n'a jamais eu, comme les peuples de la Flandre, du Hainaut et de l'Artois, le goût, l'imagination, les facultés libres pour concevoir et l'adresse manuelle pour exécuter ».

En revanche, Mgr Dehaisnes reconnaît qu'une influence réciproque s'est exercée de la Flandre sur la France et de la France sur la Flandre, au point de vue de l'art. Il en indique différentes traces, qu'il explique d'ailleurs par les continuelles relations des deux pays et les nombreuses immigrations des artistes flamands en France. L'importance de cette influence ne doit pas être exagérée toutefois ; chaque pays a conservé son caractère propre et ses traditions. « Quant à l'école flamande, ajoute-t-il, elle est vraiment autochtone. Elle s'est formée elle-même, comme nous l'avons rappelé dans l'ensemble de notre livre, sous l'influence du sol et du climat, de la nationalité et du caractère de la population, au milieu des invasions, de la féodalité et des croisades, dans le grand mouvement imprimé à la théologie, à la philosophie, à la littérature et surtout à l'architecture au XIIIe siècle, sous l'action du goût pour le luxe et les arts des comtes et des seigneurs, des bourgeois et des corporations, des évêques, des abbés et des gens d'église ».

On ne nous pardonnerait pas si nous omettions de dire que Mgr Dehaisnes et son éditeur lillois, M. Quarré, ont confié l'impression du volume aux presses de la maison, lilloise aussi, de M. Danel, dont tant d'autres travaux ont fait connaître déjà le luxe de bon aloi. Dans ces trois magnifiques volumes, illustrés de quinze héliogravures dues au talent de M. Paul Dujardin (un lillois encore), le papier, le texte elzévirien, la justification, les têtes de chapitres, les lettrines ornées, tout concourt à offrir aux yeux un caractère vraiment artistique, celui qui convient d'ailleurs au sujet même de l'ouvrage. Rappelons aussi que l'*Histoire de l'art* a été publiée sous les auspices de la *Commission historique du Nord*, dont elle a inauguré magistralement la nouvelle série de *Mémoires* in-quarto.

Dans sa séance du 10 juin 1887, l'*Académie des inscriptions et belles-lettres* décerna au travail de Mgr Dehaisnes l'un des deux prix Gobert destinés à couronner les meilleurs ouvrages sur l'histoire de France. On nous saura gré de citer le passage du discours de M. Michel Bréal, président de la séance publique annuelle de l'Académie. « Le second prix est décerné à M. le chanoine Dehaisnes, pour son *Histoire de l'art dans la Flandre, l'Artois et le Hainaut avant le XVe siècle*. Tout le monde sait de quel éclat l'art a brillé, au XVe siècle, dans les populeuses, intelligentes et riches cités de la Flandre. D'habiles historiens ont tracé le tableau de cette époque. Mais pour la période antérieure un grand ouvrage d'ensemble faisait défaut. Grâce à M. le chanoine Dehaisnes nous voyons aujourd'hui les commencements de cette floraison. Pour toute la période qui précède les croisades, il prend à part chaque branche de l'art et la suit dans ses développements. Pour le XIVe siècle, quand les documents se multiplient, il décrit ville par ville les productions incessantes de l'art. Une dernière partie coordonne tous ces renseignements et fait ressortir les caractères généraux de tant d'œuvres diverses. Un pareil ouvrage est le travail de toute une vie ; trente années de recherches y sont résumées. En accordant à M. le chanoine Dehaisnes le second prix Gobert, l'Académie a le regret de n'avoir pu lui offrir une récompense plus égale à un si grand effort ».

Mgr Dehaisnes a également obtenu pour son *Histoire de l'art* la grande médaille de la *Société française d'archéologie*.

Le savant prélat que nous venons de perdre n'avait pas circonscrit exclusivement ses recherches et ses travaux à la période de l'histoire de l'art flamand antérieure au XVe siècle. Tout en préparant ce grand ouvrage, il avait, chemin faisant, rassemblé une foule de notes et de documents dans le but de poursuivre ses études jusqu'au XVIe siècle ; il avait donc mis sur le chantier l'*Histoire de l'art dans la Flandre, l'Artois et le Hainaut au XVe siècle et au commencement du XVIe*, que l'Académie royale de Belgique s'était engagée à publier. Certaines parties de ce nouveau travail s'étaient même trouvées suffisamment complètes pour lui permettre de les publier en monographies séparées, qui devaient plus tard entrer dans l'ensemble de l'œuvre définitive. Il donna d'ailleurs une esquisse partielle de cette œuvre dans une communication faite, en 1892, à l'Académie royale de Bruxelles, sur *L'art flamand en France depuis la fin du XIIe siècle jusqu'au commencement du XVIe*, et dans sa *Lettre à M. le président de la commission royale d'histoire*. « L'histoire de l'art et des industries artistiques à la cour des ducs de Bourgogne et de leurs successeurs, dit-il dans ce dernier opuscule, présente une importance capitale à cause du développement des arts et de l'industrie dans les Pays-Bas, et à cause des goûts de ces ducs pour l'art, le luxe et les fêtes. Les mentions que l'on trouve à ce sujet dans les comptes et les pièces comptables sont d'autant plus intéressantes, que l'on y rencontre souvent les particularités les plus curieuses concernant les mœurs, les usages, la vie privée et les relations politiques ; c'est une sorte de chronique qui éclaire l'histoire ». Mgr Dehaisnes s'était donc appliqué, aussitôt l'achèvement de son *Histoire de l'art avant le XVe siècle*, à compléter, en ce qui concerne les arts à la cour des ducs de Bourgogne de 1401 à 1530, les documents déjà très nombreux qu'il avait réunis auparavant. En même temps que sa lettre, il communiqua à l'Académie le résultat actuel de son travail qu'il estimait contenir les deux tiers environ de la publication totale ; celle-ci, selon ses prévisions, devait comprendre un millier de pages in-quarto.

Quelques monographies spéciales étaient même achevées, nous venons de le dire. La première est l'important travail sur *La vie et l'œuvre de Jean Bellegambe*. Cet artiste était un inconnu naguères ; le savant historien nous le révèle tout entier. Ses contemporains l'avaient appelé le peintre excellent, le maître des couleurs ; puis son souvenir s'était perdu durant de longs siècles. On sait comment son nom fut découvert, quasi par hasard, dans les archives de Bruxelles. Au prix de longues recherches, Mgr Dehaisnes reconstitue, aussi complètement que possible, la vie du maître flamand ; il recherche ses œuvres et les étudie avec une critique consommée ; il écarte quelques attributions douteuses et reconnaît comme authentiques le retable d'Anchin, le triptyque de Marchiennes et le bain mystique. conservés l'un et l'autre au musée de Lille, la Vierge avec l'enfant Jésus du musée de Bruxelles, le jugement dernier du musée de Berlin, et quelques autres œuvres.

11

Une seconde monographie est celle de *Simon Marmion*, l'auteur présumé du fameux retable de Saint-Bertin. Ici, malgré les recherches les plus actives, les résultats sont moins complets. « S'il ne reste plus de Simon Marmion aucune œuvre dont l'authenticité puisse être établie à l'aide de textes et de preuves absolument indiscutables, il y en a néanmoins quelques-unes qui peuvent lui être attribuées avec vraisemblance ; une probabilité sérieuse existe en faveur des volets du retable de Saint-Bertin et, à un moindre degré, pour deux manuscrits, qui sont un missel conservé à Sienne et exécuté pour l'évêque de Tournai, Ferry de Clugny, et un pontifical écrit pour le même prélat et qui fait partie de la collection du marquis de Bute, en Angleterre ».

En terminant ce chapitre entièrement consacré aux grandes œuvres d'histoire de l'art de Mgr Dehaisnes, nous ne pouvons omettre de mentionner *Le Nord artistique et monumental*, digne couronnement de sa carrière, dans lequel le regretté prélat fait si bien apprécier les monuments et les objets d'art conservés dans notre département. « L'extraordinaire succès de cet ouvrage, presque épuisé au lendemain de son apparition, dit mieux que nous ne saurions le faire en quelle haute estime on tenait Mgr Dehaisnes parmi nous ». Ce magnifique volume in-quarto illustré de cent phototypies a été publié, sous les auspices de la Société des sciences de Lille, par la maison Danel de Lille pour le texte, et la maison Berthaud de Paris pour les planches, dont les clichés sont presque tous l'œuvre de M. Paul Robert, l'habile photographe attaché au service des monuments historiques. Ce travail est une œuvre de vulgarisation, écrite et illustrée pour les touristes et les simples amateurs des choses de l'art et du passé non moins que pour les archéologues. « Le temps, les guerres, le vandalisme, l'ignorance et surtout la fièvre de reconstruire et de tout refaire au goût du jour, ont amené la disparition d'une partie notable des richesses d'art que possédaient les provinces formant aujourd'hui le département du Nord. Mais, malgré ces pertes regrettables, on y trouve encore un grand nombre de monuments et d'objets anciens. Le texte et les planches de ce livre en fournissent la preuve. Il y est question de plus de deux cents localités ; plus de trois cents monuments et objets y sont décrits ou mentionnés ; cent y sont reproduits par la phototypie. Et non content de noter l'existence des édifices et des objets d'art, Mgr Dehaisnes en relève, quand cela lui est possible et qu'il le croit utile, la date, les inscriptions, le style, les rapports avec les objets analogues, les souvenirs historiques qu'ils rappellent et les péripéties par lesquelles ils ont passé. Ces notes écrites *de visu* sont complétées à l'aide des documents et des travaux d'érudition qui concernent le pays ». C'est un précieux recueil qui intéresse tout à la fois les artistes, les archéologues et les historiens du Nord de la France.

XII.

DERNIÈRES ANNÉES ET DERNIERS TRAVAUX. — MORT ET FUNÉRAILLES DE Mgr DEHAISNES. — HOMMAGES RENDUS A SA MÉMOIRE.

Jetons maintenant un rapide coup d'œil sur les dernières années de la vie de Mgr Dehaisnes. Sa retraite fut loin d'être un repos. Tout en reprenant sa vie d'étude, calme et féconde, il ne cessa point, nous l'avons dit, de s'occuper très activement de « sa chère Université », comme membre du Conseil d'administration et de la Commission permanente chargée du règlement direct et quasi journalier des affaires.

Quelle joie ce lui fut de prendre part à la fête religieuse du vingtième anniversaire de l'inauguration solennelle de l'Université Catholique ! Nous le voyons encore assistant au chœur à la messe célébrée par Mgr le Chancelier, premier recteur de cette institution. Que de souvenirs et joyeux et douloureux devaient traverser sa pieuse méditation durant le saint Sacrifice ; que d'actions de grâce devaient déborder de son cœur et monter à ses lèvres que l'on voyait murmurer une prière ! Il avait été à la peine, durant la laborieuse période de formation ; il avait été à l'épreuve, durant les années les plus difficiles, mais aussi les plus fécondes ; c'était bien juste qu'il eût part à l'honneur et à la joie de ce jour de fête. Aussi tous les regards se tournèrent-ils spontanément vers Mgr Hautcœur et Mgr Dehaisnes, lorsque l'éloquent recteur des Facultés, Mgr Baunard, conclut sa délicate allocation par un cri de reconnaissance. « Reconnaissance à ceux qui ont planté, à ceux qui ont arrosé, à ceux qui ont taillé et fait grandir l'arbre de science à l'ombre duquel nous sommes assis aujourd'hui et que nous saluons tous représentés dans la personne des deux vénérés prélats qui président fraternellement à cette fête de famille où ils ne comptent que des fils. » Et lorsque, le saint Sacrifice achevé, Mgr le Chancelier entonna, d'une voix dans laquelle vibrait la plus profonde émotion, le chant d'action de grâce, le *Te Deum*, nous vîmes des larmes, larmes de joie et de reconnaissance, couler lentement sur le doux visage de Mgr Dehaisnes. Ce fut sa dernière grande joie ici-bas, comme un prélude des joies éternelles du Ciel.

L'Université Catholique ne fut pas d'ailleurs le seul objet de ses sollicitudes et de ses travaux durant ses dernières années. Ce lui était, au « bon Monseigneur », comme on l'appelait, une vraie satisfaction, nous dirions presque un besoin de se dévouer, de rendre service à tous ceux qui recouraient à lui, de contribuer à toutes les œuvres religieuses ou patriotiques qui sollicitaient son concours.

Il accepta les laborieuses fonctions de secrétaire, c'est-à-dire de « fac totum » du comité formé pour l'érection d'un monument à la mémoire de Dupleix, à Landrecies. Lettres, démarches, annonces et articles dans les journaux de la région et de la capitale, recherches et études historiques, rien ne l'arrêta. Il avait vu dans ce projet une œuvre de réhabilitation historique ; il voulait y contribuer autant qu'il était en son pouvoir. A cette occasion, il publia une excellente notice sur Dupleix, remplie des documents les plus précis, des témoignages les moins récusables, capables de lutter victorieusement contre les fantaisistes récits contemporains de La Bourdonnais, qui avait rejeté sur celui en qui il voyait un rival et un ennemi les fautes qui devaient lui être reprochées à lui-même. Sans s'attacher à donner une biographie complète de Dupleix, Mgr Dehaisnes produit, dans cette notice, d'intéressants renseignements inédits sur la naissance et la famille de son héros, sujet à peine effleuré jusqu'alors ; il présente une vue d'ensemble des plans conçus par Dupleix, gouverneur général de Pondichéry, pour établir la suprématie de la France dans l'Indoustan ; puis, appréciant d'une manière tout impartiale le rôle de Dupleix et celui de La Bourdonnais dans l'affaire de la capitulation de Madras, il réhabilite, par le simple exposé des faits contrôlés à l'aide des documents authentiques, la mémoire longtemps méconnue de Dupleix. On sait que le monument de ce grand français fut solennellement inauguré à Landrecies, le 3o septembre 1888.

Lille, la ville d'adoption de Mgr Dehaisnes, lui devait beaucoup déjà pour ses incessants travaux aux archives et aux sociétés savantes ; elle lui dut plus encore pour le précieux intérêt qu'il ne cessa de prodiguer aux richesses archéologiques et artistiques conservées dans les collections municipales. « Mgr Dehaisnes, disait M. J. Duthil, dans son article nécrologique, fut président de la commission du musée d'archéologie de Lille, jusqu'au

jour très récent où la nouvelle municipalité le « remercia ». Il
avait rendu dans cette commission des services considérables,
tant en ce qui concerne l'achat que pour le classement méthodique des objets. Il était très attaché aux trésors d'art de nos
musées et nous nous souvenons, lorsqu'il s'est agi de transférer
et d'installer nos collections au Palais des beaux-arts , avec
quelle ardeur il paya de sa personne. Pendant de longues
semaines, on le vit grimper aux échelles pour attacher lui-même
les objets aux murailles ou les mettre en vitrines. Ce dévouement
aux choses de la cité, il le portait en tout, et nul n'a oublié sa
féconde participation à l'organisation de la grande cavalcade de
1892, dont le programme fut entièrement rédigé par lui et où
son concours fut si précieux pour la reconstitution des
costumes. »

On sait quel succès obtint cette marche historique ; de l'aveu
de tous, rien de mieux n'a jamais été fait en ce genre, ni en
France, ni même en Belgique, où cependant l'on n'épargne rien
pour les solennités de ce genre. Ce qui frappa le plus fut
l'exactitude historique poussée jusqu'au scrupule dans le choix
et la confection des costumes des diverses époques. Que de
recherches et d'études ces choses, qui paraissent si simples et si
aisées lorsqu'on n'a qu'à les contempler et à les admirer, ont
dû coûter à Mgr Dehaisnes et à ses érudits collaborateurs ,
MM. Quarré-Reybourbon, Finot et Clainpanain ! Que de talent
il a fallu au peintre héraldique. M. Van Driesten, pour rendre
fidèlement la pensée des organisateurs !

A cette occasion Mgr Dehaisnes fit paraître son intéressant
opuscule sur *Les fêtes et marches historiques en Belgique
et dans le Nord de la France,* dont le dernier chapitre est
consacré à cette fête commémorative de la levée du siège de Lille
en 1792. On ne sera pas étonné que l'auteur omette de dire que
le succès de cette fête lui était dû en bonne partie. Cet oubli

volontaire fut réparé par les auteurs du splendide album de *La marche historique de Lille*, qui dédièrent leur œuvre « à Mgr Dehaisnes, président de la commission historique du Nord, et à M. E. Bigo-Danel, président de la commission des fastes de Lille. »

En 1892, ce fut encore à Mgr Dehaisnes que l'on s'adressa à l'occasion de la préparation des fêtes du quatrième centenaire de la découverte de l'Amérique. Un comité local fut formé ; Mgr Dehaisnes en fut le président et l'âme. Il prépara une savante étude historique et artistique sur *Le Nord de la France et les fêtes du quatrième centenaire de la découverte de l'Amérique*, s'occupa activement de solliciter des collectionneurs de la région l'envoi à l'exposition rétrospective de Madrid des œuvres d'art et des souvenirs ayant quelque rapport avec ce centenaire.

Son concours fut très justement apprécié à l'ambassade d'Espagne et en haut lieu. Une lettre du 22 février 1894 nous l'apprend : « J'ai tout lieu de croire que Sa Majesté la Reine régente vous conférera une distinction honorifique, à l'occasion de vos travaux sur Christophe Colomb et de votre collaboration à l'exposition de Madrid. Je serai bien heureux de vous voir accepter cette distinction, si détaché que vous soyez de semblable chose : c'est toujours un hommage rendu à votre incontestable mérite. » En marge de cette lettre, nous trouvons cette apostille de Mgr Dehaisnes : « Répondu le 23, en remerciant et refusant. » Cette petite note, dans sa laconique simplicité, nous révèle bien la grande modestie du savant prélat. Nous savons d'ailleurs qu'il eût été également décoré de l'ordre de Léopold, s'il n'avait décliné cet honneur avec la même humilité, ignorante de son mérite, malgré les offres instantes et réitérées qui lui furent faites.

Dans cette existence si bien remplie, il n'y avait pas de place pour l'ambition ou le désir des honneurs. D'ailleurs pourquoi parler de récompenses et de distinctions humaines ? Mgr Dehaisnes ne désira jamais qu'une seule récompense, celle du bon et fidèle serviteur du Maitre du Ciel. Il allait bientôt l'obtenir.

Au mois de juillet 1896, la Commission historique du Nord, sous la conduite de son président, visitait l'exposition rétrospective d'Arras, lorsqu'un télégramme vint la priver brusquement de son guide toujours apprécié et aimé. On appelait Mgr Dehaisnes au chevet d'un mourant. Ce n'était pas un membre de sa famille, mais l'un de ses anciens chefs hiérarchiques dans le service des archives, déshabitué depuis de longues années des pensées chrétiennes et de la pratique religieuse. Une démarche, un conseil, un mot de son ancien collègue devenu son ami dès le premier jour, n'aurait-il pas quelque influence sur l'esprit et le cœur de ce savant dont la fin paraissait imminente ? Mgr Dehaisnes, toujours prêtre avant tout, n'hésite pas un instant ; le prochain train l'emmène vers Paris. Il traverse en toute hàte la grande ville, vole au chevet du malade qu'il console, encourage et ramène à Dieu.

Ce voyage imprévu et accompli dans les conditions les plus défavorables l'accabla de fatigue et d'émotion. A peine eut-il accompli sa charitable mission que ses forces le trahirent ; il tomba malade à Paris. Sa maladie ne fut d'abord qu'une indisposition sans gravité, croyait-on. Il put en effet regagner Lille le surlendemain ; mais il ne se rétablit pas complètement, et, de plus en plus, « il se sentit vieillir. » De fait, sa santé déclinait. Il était surtout affecté de l'affaiblissement de sa vue, qui lui interdisait tout travail à la lumière artificielle et ne lui laissait que quelques heures d'étude dans la pleine clarté du jour. Et cependant, à part cette diminution dans ses longues heures de travail d'autrefois, remplacées en partie par la promenade plus fréquente que lui imposa son médecin, il ne changea rien aux habitudes si calmes et si régulières de sa vie de savant et de prêtre. Jusqu'au dernier jour, jusqu'à l'heure qui précéda le coup fatal, il remplit avec une rare exactitude tous les devoirs de ses différentes fonctions de président de la Commission historique, de membre du Conseil d'administration des Facultés Catholiques et d'aumônier de la Maternité Sainte-Anne.

Comme l'a fait très justement observer M. Duthil, qui ne nous en voudra pas d'emprunter à son récit très exact des derniers moments de Mgr Dehaisnes, l'égalité d'humeur, la sérénité d'âme, le sourire accueillant, la bienveillance inaltérable qu'il garda jusqu'à la fin purent faire illusion à ses amis, mais il savait pertinemment à quel point il en était. Au mois d'août dernier, il avait fait son testament : depuis, il y ajouta deux codicilles, prenant toutes ses dispositions pour le grand voyage, pressentant qu'il n'aurait point le temps de le faire *in extremis*, et qu'il s'en irait brusquement comme s'en sont allés d'autres membres de sa famille.

Vers la mi-février, il fut pris, au souper, d'une légère indisposition, une fatigue d'estomac, un rien en apparence, qui fut cependant le grand avertissement de la fin. Le vendredi 26 février, il avait assisté dans l'après-midi à une séance du Conseil d'administration des Facultés Catholiques ; il paraissait en bonne santé, lorsque, le soir, en se mettant à table, il fut repris de la même indisposition, mais un peu plus grave cependant, et il dut s'aliter. Pendant qu'on cherchait le docteur, l'indisposition prenait rapidement un caractère si inquiétant, que Mgr Hautcœur s'empressait d'administrer les sacrements de l'église à son frère de labeur, à celui qui, dans cette calme demeure du boulevard Vauban, où les deux prélats se livraient avec une infatigable ardeur à leurs travaux d'art, d'érudition et d'histoire, avait été l'ami de toutes les heures. Bientôt le délire commençait, presque aussitôt suivi de la perte de toute connaissance ; la paralysie rapidement gagnait tout le corps. L'état comateux ne fut plus interrompu, et le mardi 2 mars, à trois heures du matin, la mort achevait son œuvre.

La triste nouvelle se répandit rapidement en ville, causant la plus vive émotion à tous ceux qui étaient à même d'apprécier la haute valeur du savant prélat qui venait de disparaître et dont la perte ne sera point réparée. Elle eut un douloureux retentissement chez les savants de France et de l'étranger, qui professaient la plus profonde vénération pour Mgr Dehaisnes et qui rendaient à son mérite supérieur un respectueux hommage. De toutes parts, les témoignages de sympathie attristée affluèrent à la maison mortuaire. Mgr Sonnois, archevêque de Cambrai, Mgr Monnier, évêque de Lydda, Mgr Fava, évêque de Grenoble, le général de France, presque toutes les notabilités de Lille envoyaient leurs condoléances ; des délégations s'annonçaient pour les funérailles. Et, cependant, la funèbre veillée se prolongeait auprès du modeste lit de parade où reposait de son dernier sommeil le regretté Mgr Dehaisnes, revêtu des insignes de la prélature, le visage calme et paisible, encadré de cheveux blancs et, sur ses lèvres, ce bon sourire que la mort même n'avait pu faire disparaître. Autour de lui, veillaient et priaient les sœurs si bonnes et si dévouées de la maternité Sainte-Anne qui, depuis le vendredi, n'avaient cessé de l'entourer de leurs soins les plus respectueux et les plus empressés ; les élèves du séminaire académique qui se relevaient d'heure en heure pour cette garde d'honneur qu'ils n'avaient point voulu céder à d'autres ; les amis désireux de contempler une fois encore ce bon et doux visage dont ils conserveront fidèlement le cher souvenir ; enfin, son ami de toute la vie, son « frère d'armes », Mgr Hautcœur, qui, malgré la fatigue et les mille préoccupations de ces jours de deuil, avait voulu ne rien perdre des dernières heures qui précédaient la séparation d'ici-bas.

Les funérailles solennelles eurent lieu le vendredi 5 mars. Nous en empruntons à peu près complètement le récit au journal lillois, *La Dépêche*.

Mgr Dehaisnes a eu, ce matin, des funérailles véritablement triomphales, dignes de lui, dignes de la vénération et du respect que tous professaient pour l'homme éminent, si brusquement ravi à la science et dont le souvenir restera impérissable dans notre cité.

Bien avant dix heures, la foule stationnait, déjà nombreuse, boulevard Vauban, aux abords de la maison mortuaire, et le défilé commençait dans la chapelle ardente où le cercueil, recouvert des insignes de la prélature, était exposé au milieu des cierges et entouré de religieuses agenouillées et priant. Point de fleurs, point de couronnes, rien qui sente la mise en scène et qui puisse être en opposition avec la grande simplicité du regretté prélat. Au dehors, les groupes se forment, les délégations arrivent plus nombreuses et plus compactes ; le boulevard est noir de monde.

A dix heures vingt, M. le curé de Vauban, accompagné du clergé et de la maîtrise de Notre-Dame de Consolation, vient procéder à la levée du corps et le funèbre cortège se déploie dans l'ordre suivant :

La croix et les bannières portées par des séminaristes ouvrent la marche, suivies par une délégation des jeunes orphelines de la rue de la Barre, conduites par les sœurs de Saint-Vincent de Paul, dont Mgr Dehaisnes avait été l'aumônier durant tout le temps de son séjour aux archives. Puis vient une délégation d'élèves du collège Saint-Jean de Douai, conduits par leur supérieur, M. l'abbé Reboux. Voilés de crêpe, voici la bannière de l'Université Catholique, le drapeau du cercle des étudiants, les deux drapeaux des associations des étudiants alsaciens et lorrains et des étudiants bretons, suivis des étudiants des diverses facultés et des écoles annexes de l'Université. Derrière eux, une maîtrise nombreuse, composée des chantres de plusieurs paroisses de la ville et marchant en chœur, entourée des élèves du séminaire académique, en surplis et sur deux rangs. MM. Féron-Vrau, Jonglez de Ligne, Scalbert et Bernard représentent le Conseil d'administration de l'Université Catholique. Puis s'avancent, précédés des massiers, Mgr Baunard, recteur, les doyens des cinq facultés et les professeurs faisant partie du sénat académique, tous revêtus de leur toge et de leurs insignes, les directeurs de l'école des hautes études industrielles et de l'école des hautes études agricoles et tous les autres professeurs de l'Université Catholique en costume de ville. Le clergé de la paroisse de Notre-Dame de Consolation précède immédiatement le corbillard, devant lequel marche un prêtre en surplis, portant sur un plateau les emblèmes en cire du sacerdoce.

Les coins du poêle étaient tenus par MM. J. Finot, archiviste du département, le chanoine Richard, doyen de la paroisse Saint-André, représentant le clergé de Lille, le chanoine H. Didio, vice-recteur des Facultés Catholiques, Ed. Vanhende, vice-président de la Commission historique du Nord, le chanoine Delassus, chapelain de Notre-Dame de la Treille, représentant les chanoines du diocèse de Cambrai, et Ch. Verley, président du Conseil d'administration des Facultés Catholiques. Derrière le corps, des religieuses de diverses congrégations.

Le deuil était conduit par Mgr Hautcœur, chancelier de l'Université Catholique, accompagné de M. Quarré-Reybourbon, ami particulier du défunt. Au second rang, M. l'abbé Leuridan, bibliothécaire des Facultés Catholiques, accompagnait son neveu, M. Joseph Delerue, filleul de Mgr Dehaisnes.

Dans l'assistance nombreuse qui suivait et qui comprenait un élément laïc considérable et des ecclésiastiques venus en grand nombre des divers décanats des diocèses de Cambrai et d'Arras, nous avons remarqué le général de France, accompagné de M. de Salignac Fénelon, son officier d'ordonnance ; le général Segrétain, gouverneur de Lille ; le général Avon ; le colonel Penel, directeur du génie ; le colonel de Courson, du 43ᵉ ; le commandant Lepage, des chasseurs à cheval ; le capitaine Dubus, du 43ᵉ ; le capitaine Duhem ; M. Letailleur, secrétaire-général de la préfecture du Nord, représentant le Préfet et M. Fever, chef de division à la préfecture ; M. Félix Le Roy, ancien président du tribunal civil de Lille, ancien député ; MM. Georges Vandame, Emile Scrive, Charles Roger, conseillers généraux ; MM. Bonte et Boissonnet, conseillers d'arrondissement de Lille et de Douai ; M. Josson, ancien conseiller d'arrondissement ; MM. Laurenge, conseiller municipal de Lille, Barbe, ancien adjoint, et Bigo-Danel, ancien conseiller municipal ; M. Richebé, ancien sous-préfet d'Avesnes ; MM. Alfred Thiriez, président du tribunal de commerce, et Jules Schoutteten, ancien président ; M. Dauphin, juge suppléant à Douai ; MM. Demartres, doyen honoraire de la faculté des sciences de l'État, Damiens et Hallez, professeurs à la même faculté ; Folet, professeur à la faculté de médecine, et Garçon, professeur à la faculté de droit ; M. Agache, président de la Société industrielle de Lille ; M. Herlin, conservateur honoraire des musées de Lille ; M. Faure ; MM. Pluchart et L. Schoutteten, peintres ; E. Boutry, sculpteur ; Louis Cordonnier, architecte ; Nicolle, conservateur adjoint des musées ; MM. Asselin, ingénieur de la traction au chemin de fer du Nord ; Lancien, juge de paix ; Debruyn, notaire honoraire ; Tacquet, Wable, Pajot, anciens notaires ; G. Herlin et Jules Lefebvre, notaires ; Paquet, avoué honoraire, MM. Le Glay, F. Watier, fondateur de l'association amicale des combattants de 1870, Wargny, Le Dieu, consul des Pays-Bas, Delcourt, le comte Auguste de Germiny, Clainpanain, F. Legay, Rigaux, archiviste de Lille, Debievre, ancien bibliothécaire de la ville, Moeneclaey, commissaire-priseur, E. Cortyl, de Bailleul, Devilder, banquier, Faucheur, Gasser, ancien commissaire central de Lille, Houzé de l'Aulnoit, G. Dubar, Planquart, Eeckman, etc., etc.

La Société des sciences de Lille, la Commission historique du Nord, la Société de géographie de Lille, le Comité flamand de France, sont représentés officiellement par de nombreuses délégations choisies parmi leurs membres.

Le clergé de la région est représenté par MM. Hervin et Deramecourt. vicaires-généraux d'Arras ; M. Leleu, ancien vicaire-général d'Arras ; M. Sudre, vicaire-général de Cambrai ; MM. les chanoines D'Halluin, Vallin et Dransart ; MM. les doyens et curés de Lille et des environs ; MM. les doyens Dubus et Huard, de Douai ; Coubronne, de Bailleul ; Cappliez et Legrand, de Valenciennes ; Mortreux, de Quesnoy ; Catteau, d'Haubourdin ; Gobert, de Solesmes ; Jourdain, de Denain ; MM. les doyens honoraires Decorne, Vandepitte et Jaspar ; le R. P. Boulangé, recteur de l'école Saint-Joseph de Lille ; MM. les supérieurs des collèges ecclésiastiques de Marcq, d'Armentières, de Bergues, de Jeanne d'Arc de Lille ; M. Flahault, directeur de Notre-Dame des Dunes de Dunkerque ; MM. Bontemps, aumônier de la maison-mère de la Sainte-Union de Douai ; Dewez, aumônier de la maison d'arrêt de Lille ; Lesot, aumônier du lycée de Lille ; les RR. PP. supérieurs des Rédemptoristes, des Pères blancs missionnaires d'Afrique, des Pères Camilliens, des Pères Dominicains ; le Frère Henri, directeur du pensionnat Saint-Pierre ; le Frère Adelmir, directeur de l'école Saint-Luc ; le Frère directeur du pensionnat Sainte-Marie ; les directeurs religieux ou laïques de presque toutes les écoles catholiques de Lille, etc., etc.

Sur tout le long parcours, boulevard Vauban, rue Solférino, rue Nationale, Grande-Place et rue de Paris, une foule nombreuse faisait la haie. Devant la dépouille mortelle du vénéré prélat, bien des fronts s'inclinaient avec respect et saluaient une dernière fois celui qui fut un grand savant et un saint prêtre.

A l'entrée de l'église Saint-Maurice, dont le porche était tendu de draperies funèbres, Mgr Lasnes, archiprêtre, doyen de la paroisse, entouré de son clergé, est venu recevoir le corps. Le cercueil a été déposé sur un catafalque élevé, entouré d'une herse de lumière, aux coins de laquelle brûlaient quatre grands candélabres blancs, sous les longues draperies flottantes d'un dôme noir bordé d'argent. Tout le fond du chœur était également tendu de noir, avec une grande croix blanche planant au-dessus de l'autel. La messe a été célébrée par M. le curé de Vauban et exécutée par les maîtrises réunies.

Au fauteuil assistait Mgr de Lydda, représentant Mgr l'Archevêque, et accompagné de MM. les vicaires-généraux Pruvost et Massart. Dans les stalles avaient pris place les dignitaires du clergé en insignes. L'assistance est énorme et remplit la vaste église ; il faut renoncer, parmi les nouveaux arrivants, à chercher à reconnaître les notabilités lilloises, ecclésiastiques, civiles, militaires ; la foule est désormais trop considérable.

L'absoute solennelle a été donnée par Mgr Monnier. Puis le funèbre cortège s'est reconstitué et s'est dirigé vers la gare, par le parvis Saint-Maurice, la rue du Priez, la place de la gare et la rue des Buisses. Le corps a été placé dans le fourgon qui doit l'emmener à Iwuy où se fera l'inhumation. Après les dernières prières, la foule s'est retirée très impressionnée par cette grandiose manifestation. Aucun discours n'a été prononcé : c'était la volonté formelle du défunt.

La dépouille mortelle du regretté prélat arrivait à Iwuy dans la soirée du vendredi. Le clergé de la paroisse l'attendait à la gare et l'accompagna jusqu'à l'église, où fut chanté l'office des morts. Le corps, placé sur un élégant catafalque, fut veillé toute la nuit par les Dames de la Sainte-Union et les personnes pieuses de la paroisse. Le lendemain, un nouveau service funèbre fut chanté à onze heures. Toute la population y assistait : le conseil municipal au complet, le conseil de fabrique, la musique communale, les députations des écoles, des patronages et des œuvres de la paroisse ; toutes les familles du village y étaient représentées. Sur tous les visages se lisaient les sentiments les plus vifs de regret, de sympathie et de vénération, provoqués non seulement par le bon souvenir laissé par M. Omer Dehaisnes, ancien curé de la paroisse et frère du défunt, mais aussi par la reconnaissance envers Mgr Dehaisnes, qui venait souvent à Iwuy prêcher aux jours de fêtes et qui y remplit les fonctions du saint ministère d'une façon presque continue durant la longue maladie de son frère. Mgr Hautcœur, accompagné encore de M. Quarré-Reybourbon, M. le chanoine Didio, vice-recteur de l'Université Catholique et M. le chanoine Pillet, doyen de la faculté de théologie et représentant le corps professoral, conduisaient le deuil. M. le chanoine Lecocq, archiprêtre de la métropole, M. le chanoine Margerin, curé de Fourmies, et de nombreux ecclésiastiques, curés, vicaires ou professeurs, étaient venus prier pour leur vénéré confrère. L'absoute fut donnée par M. le chanoine Carlier, vicaire-général de Cambrai, représentant Mgr l'Archevêque.

Le corps de Mgr Dehaisnes a été inhumé dans le caveau où reposent déjà les restes mortels de son frère et de sa sœur, à l'ombre d'une modeste croix, sur le socle de laquelle est gravée l'inscription suivante :

ICI REPOSE

AU MILIEU DES SIENS

MONSEIGNEUR

CHRÉTIEN DEHAISNES,

NÉ A ESTAIRES, LE 29 NOVEMBRE 1825,

DÉCÉDÉ A LILLE, LE 2 MARS 1897,

LAISSANT DES OUVRAGES IMMORTELS

ET UN SOUVENIR VIVANT DANS TOUS LES CŒURS.

R. I. P.

Nous avons dit que, selon le désir de Mgr Dehaisnes, aucun discours ne fut prononcé à ses funérailles ; plusieurs cependant furent lus au sein des sociétés savantes, dont il était l'ornement ; nous nous faisons un pieux devoir de les reproduire.

A la Commission historique du Nord, M. Ed. Vanhende, vice-président, s'exprima ainsi :

La Commission historique a perdu son bien-aimé président. Cet événement inopiné a frappé nos cœurs d'une douloureuse émotion et a pris les proportions d'un deuil public.

Mgr Dehaisnes, que nous étions si heureux de voir à notre tête, s'était de tout temps signalé par les qualités natives les plus brillantes de l'esprit et du cœur, par un talent littéraire de premier ordre, et par une urbanité qui l'avait fait universellement aimer et vénérer. Les nombreuses et honorables fonctions qu'il a exercées dans le cours de son existence si bien remplie, ont fait éclater ses hautes capacités, mises humblement au service d'un dévouement inaltérable.

Sans discours et sans fleurs, on lui a fait de dignes funérailles ; le respect de la foule, pieusement inclinée devant sa dépouille mortelle, témoignait, sur le trajet du cortège, les sentiments de la population pour le prêtre, pour le savant, pour l'homme.

Ce n'est pas à Lille seulement que cette impression s'est produite. De partout où sa présence a laissé des souvenirs, s'est manifestée la vivacité des regrets, et nos collègues de la Commission historique se sont empressés, de tous les points du département, de nous adresser des messages de condoléances et de regrets confraternels.

C'est que la présidence de l'abbé Dehaisnes marquera dans l'histoire de la Commission historique du Nord. La publication antérieure de la statistique archéologique du département avait inspiré le désir de se rendre compte *de visu* des richesses historiques conservées dans les diverses localités. Notre archiviste départemental, devenu notre président, était tout préparé pour mener à bien cette alléchante entreprise. Des visites officielles dans chaque mairie, par un ecclésiastique doublé d'un archéologue éclairé, étaient accompagnées de l'étude des édifices civils et religieux, comme de celle des objets d'art qu'ils pouvaient renfermer.

Nous entreprîmes donc nos excursions annuelles et je ne puis énumérer ici ces nombreuses et agréables récréations amicales et scientifiques qui nous réunissaient, hommes de tout âge et de toutes professions, par l'unanimité de nos aspirations. Notre président préparait le voyage dans tous ses détails et la tâche lui était facilitée par sa connaissance des lieux et des choses, par son caractère respectable et son affabilité ordinaire.

Qui a pu oublier les intéressantes communications sur place, que, sous sa direction, les plus compétents d'entre nous faisaient, sous les yeux de collègues empressés a y ajouter leurs lumières personnelles, et nos agapes fraternelles où brillaient un esprit et une gaité de bon aloi ?

Toutes les parties les plus intéressantes de la contrée ont, tour à tour, été l'objet de nos explorations : les deux Flandres, le Hainaut, le Cambrésis, sans compter l'Artois et la Belgique. Depuis les dolmens druidiques jusqu'aux monuments de l'architecture de tous les âges, depuis les œuvres d'art les plus anciennes jusqu'aux expositions les plus variées, chacune des provinces a appelé notre attention sur des souvenirs dignes de la Commission historique.

Notre dernière visite a l'exposition rétrospective d'Arras s'accomplissait sous les meilleurs auspices, quand un télégramme reçu par notre président l'appela à Paris, au chevet d'un mourant. C'était un ancien inspecteur des archives, dont la famille implorait sa venue comme celle d'un ami influent, pour l'aider à terminer sa vie dans des sentiments chrétiens. Sans hésiter, Monseigneur se rend à la gare et prend le premier train pour Paris, qu'il doit traverser entièrement. Il accomplit sa mission évangélique, sans s'apercevoir de la fatigue d'un déplacement long et inopiné. Comme le bon Pasteur, il s'était donné sans compter. Nous avons vu depuis lors sa santé décliner.

Un biographe autorisé pourra faire le relevé des œuvres poétiques, religieuses, historiques et artistiques de l'éminent homme de lettres, mais il faut rappeler ici la magnifique Histoire de l'Art dans la Flandre, le Hainaut et l'Artois, avant le XV⁰ siècle, qui a valu à Mgr Dehaisnes le grand prix Gobert. La Commission historique s'est honorée elle-même en publiant dans ses mémoires ce travail, qui fait rejaillir sur nos contrées une gloire trop longtemps méconnue et justement revendiquée par notre illustre compatriote.

Les sources multiples où Monseigneur a puisé les documents de l'histoire de l'art lui ont procuré des indications auxquelles il en a joint d'autres non moins précieuses. Le tout, coordonné et condensé, forme un important travail tout récemment édité par la Société des sciences. Le Nord monumental et artistique, qui intéressera tout le monde, est le fruit de recherches locales et d'observations personnelles recueillies, pendant de longues années, avec toute l'érudition dont il a donné tant de preuves.

En dehors de ces deux grands ouvrages, suffisants pour remplir une longue carrière scientifique et littéraire, Monseigneur a édité quantité d'œuvres qui ont déroulé les manifestations de sa pensée. Le relevé, qui sera bientôt porté à notre connaissance, s'élève actuellement à 85 numéros.

Dans un autre ordre d'idées, Monseigneur, membre fondateur de la Société française de secours aux blessés et malades des armées de terre et de mer, était titulaire d'une médaille pour soins donnés aux blessés à la bataille de Bapaume.

Son caractère serviable le tenait prêt à tout et toujours à la disposition de ses amis ; et cependant le prêtre n'a jamais cessé de remplir ses fonctions spirituelles. Toujours matineux, il s'utilisait dans les établissements où il célébrait journellement le service divin. Les habitants d'Iwuy savaient pouvoir compter sur son ministère à plusieurs époques de l'année et, depuis l'institution des Facultés Catholiques à Lille, il s'était attaché à la maternité Sainte-Anne et au dispensaire Saint-Raphaël, où tout le monde l'appelait le bon Monseigneur. Simple, compatissant, dévoué, persuasif, il allait au chevet des malades, laissant dans leur cœur la foi et l'espérance.

Pour résumer en trois mots cette belle existence, le chancelier de l'Université, l'ami fidèle dont il était depuis longtemps le commensal, a fait écrire sous l'énumération des titres et des fonctions de Chrétien Dehaisnes :

Il fut aimé de Dieu et des hommes.

A la *Société des sciences de Lille*, M. J. Finot, archiviste du département du Nord, prononça l'éloge suivant :

La Société des sciences vient d'être, en moins d'un mois, cruellement éprouvée. Trois de ses anciens présidents et de ses membres les plus éminents lui ont été enlevés : M. le Dr Wannebroucq, doyen honoraire de la faculté de médecine, M. Moy, doyen de la faculté des lettres, et Mgr Dehaisnes, archiviste honoraire du département du Nord et président de la Commission historique.

Mon savant prédécesseur faisait partie de notre compagnie depuis 1872 et il en avait été le président en 1888. Il appartient à d'autres voix de faire l'éloge des vertus chrétiennes et sacerdotales de ce vénérable prélat et ce n'est même pas en ces quelques lignes que je pourrai retracer et apprécier, avec toute l'ampleur qu'elle mériterait, cette vie laborieuse qui, on peut le dire, fut consacrée tout entière jusqu'à la dernière heure au ministère sacré, à l'étude, à l'érudition, à l'histoire de la Flandre et de ses artistes.

Mgr Dehaisnes se sentit dès sa jeunesse épris d'une vive passion pour les études historiques. Quoique l'éducation scientifique de l'école des chartes lui ait manqué, son esprit éclairé lui fit comprendre que la véritable base de ces études est celle des documents eux-mêmes ; que, grâce à eux seuls, on peut parvenir à connaître exactement, sinon les faits qui ne sont en somme qu'une partie de l'histoire, mais les institutions, les mœurs, la vie matérielle, morale, littéraire et artistique d'un pays. Il se rendit compte en un mot que le temps n'était plus où, dans la recherche de la vérité historique, l'on pouvait se contenter des renseignements de seconde main et faire des livres avec ceux de ses devanciers ; qu'il fallait, au contraire, avoir recours aux sources elles-mêmes, auxquelles jusqu'alors on s'était abstenu de puiser. De là, l'originalité de ses nombreux travaux qui le placeront en bon rang parmi les historiens des Flandres, à côté des Sanderus, des Miræus, des Le Glay et des de Coussemaker.

Il nous est impossible de les énumérer tous. Plusieurs pages ne suffiraient pas pour en donner une bibliographie complète. Qu'on nous permette seulement de dire quelques mots des principaux.

C'est en 1860, après quelques essais dans le domaine de la littérature et de la poésie, et après avoir acquis des notions paléographiques sûres et étendues, qu'il publia son premier ouvrage sur *l'Art chrétien en Flandre*, esquisse de celui auquel il allait consacrer vingt-cinq années de recherches dans les archives du Nord, de la Côte-d'Or, du Pas-de-Calais, de Bruxelles et de presque toutes les villes de la Flandre, de l'Artois, du Hainaut et de la Belgique. Il y dépouilla plus de 5.000 registres et chartes, recueillit et transcrivit plus de 1.500 documents, qui sont les matériaux de son *Histoire de l'art dans la Flandre, l'Artois et le Hainaut avant le XVe siècle*, ouvrage qu'il publia en 1886. On comprend qu'il lui ait fallu la science, l'ardeur au travail et la ténacité d'un bénédictin, pour mener à bonne fin cette œuvre magistrale qui fut récompensée par le prix Gobert à l'Académie des inscriptions et belles-lettres et qui restera son principal titre comme historien. Quand il eut la hardiesse de l'entreprendre, l'auteur des *Études sur les arts à la cour des ducs de Bourgogne*, le comte de Laborde, alors directeur des archives nationales à Paris, à qui il fit part de son projet, lui dit en manière d'encouragement et avec un sourire sceptique : « Il vous faudra bien du temps pour trouver, transcrire et imprimer cet immense ensemble de documents, bien du temps et bien des dépenses. Votre ouvrage paraîtra-t-il jamais ? » Bien loin de se sentir découragé par cette réponse de mauvais augure, Mgr Dehaisnes, avec la foi qui transporte les montagnes, se mit résolument à la besogne. Non seulement il acheva cette œuvre immense, mais il trouva le temps, dans l'intervalle de 1861 à 1886, de publier d'autres travaux considérables, puis de lui donner une suite par ses savantes et consciencieuses études sur les artistes flamands des XVe et XVIe siècles, Simon Marmion et Bellegambe, enfin par le *Nord monumental et artistique* dont il corrigeait les épreuves lorsqu'il ressentit les premières atteintes du mal terrible qui devait l'emporter et auquel le gigantesque labeur qu'il s'imposa ne fut pas étranger.

A ses travaux personnels, en effet, il faut ajouter ceux qu'il fit et publia d'abord comme bibliothécaire de la ville de Douai et plus tard comme archiviste du département du Nord, fonctions auxquelles il fut appelé en 1871 par M. Lambrecht, ministre de l'intérieur, qui avait depuis longtemps reconnu et apprécié ses hautes qualités et sa valeur. Comme bibliothécaire de Douai, on lui doit le *Catalogue* de la riche collection de manuscrits appartenant à cette ville. Comme archiviste du département du Nord, poste qu'il occupa jusqu'en 1882, il fit paraître les tomes II, III et IV de l'*Inventaire sommaire*, renfermant l'analyse des cartulaires et des registres des chartes et de l'audience de la Chambre des comptes et les pièces comptables de la recette générale des finances des Pays-Bas. Il jeta les bases d'un nouveau classement et d'un nouvel inventaire du trésor des chartes, auxquels il travailla plusieurs années.

Quand il quitta volontairement les archives départementales pour se consacrer à d'autres devoirs et terminer son *Histoire de l'art*, l'administration préfectorale tint à lui prouver sa haute estime pour le zèle, la science et le tact avec lesquels il s'était acquitté de ses fonctions pendant douze ans, en le nommant archiviste honoraire et membre de la commission des archives départementales et communales. En 1879, il avait reçu, au Congrès des sociétés savantes à la Sorbonne, les palmes d'officier de l'instruction publique et il resta jusqu'à sa mort président de la Commission historique du Nord.

C'est donc une vie bien remplie qui vient de s'achever. C'est aussi une vie que le travail a rendue heureuse et honorée et qui laissera d'impérissables souvenirs. Sous la science de l'érudit et de l'historien, nous avions tous su reconnaître et apprécier le cœur bon, libéral et généreux de notre vénéré confrère qui était pour nous tous, je puis le dire, un ami.

A la *Société de géographie*, M. Quarré-Reybourbon rappela par les quelques paroles suivantes le souvenir de celui dont il avait été l'ami si dévoué.

La Société de géographie de Lille vient de faire en la personne de Mgr Dehaisnes une perte bien cruelle. Tous se rappellent avoir admiré, lors de nos grandes réunions, cette bonne figure, si douce, si souriante, si affable, qui inspirait confiance et respect. Nos excursionnistes conservent aussi l'agréable souvenir de cet aimable et savant compagnon de voyage, qui les instruisait sans effort et les charmait de ses doctes entretiens. Aussi le bureau l'avait-il sollicité d'accepter les fonctions de vice-président, mais sa modestie lui fit décliner cette offre dont tout l'honneur cependant eût été pour notre Société.

Mgr Chrétien-César-Auguste Dehaisnes était né à Estaires, le 29 novembre 1825. Il fit ses études ecclésiastiques au grand séminaire de Cambrai et fut ensuite nommé professeur d'histoire et de géographie, d'abord à Auchy, puis au collège Saint-Jean de Douai.

C'est là que se révélèrent ses brillantes aptitudes et que prit naissance cette passion des recherches historiques et artistiques qui ne devait plus l'abandonner. En 1863, M. Asselin, maire de Douai, appréciant la profonde érudition et le grand sens de l'abbé Dehaisnes, lui confia le riche dépôt des archives de la ville. En étudiant sur les documents l'histoire de l'Université de Douai, il se préparait à devenir un des plus ardents promoteurs de la fondation des Facultés Catholiques de Lille, pour lesquelles il devait se dépenser sans mesure.

En 1871, il fut appelé à succéder à M. Desplanque comme archiviste du département du Nord. Dans ces nouvelles et importantes fonctions, il fit constamment preuve de la plus grande activité et devint bientôt une autorité indiscutable et indiscutée. Sa vaste érudition, la parfaite connaissance qu'il avait acquise de son dépôt si important, son obligeance que rien ne lassait, son inaltérable bienveillance, tout, chez lui, était mis sans restriction au service des chercheurs et des érudits. En peu de temps, il s'était acquis la réputation très méritée de l'un des meilleurs archivistes de France.

En 1882, il eut le courage, héroïque pour lui, de quitter cette haute et brillante situation, pour se dévouer entièrement aux Facultés Catholiques et pour assurer leur avenir. Il accepta les délicates fonctions de secrétaire-général et ensuite celles de vice-recteur qu'il remplit avec zèle et entier dévouement. Quand sa présence ne fut plus nécessaire à la tête des Facultés Catholiques, il reprit sa liberté et se consacra de nouveau à ses travaux de prédilection.

Mgr Dehaisnes fut avant tout l'historien de l'art flamand. Ses productions sont nombreuses et dépassent le chiffre de cent cinquante, tant en volumes qu'en brochures. Il publia, en 1860, *De l'art chrétien en Flandre* ; en 1864, *Les origines de l'Université de Douai* ; en 1871, *Les annales de Saint-Bertin et de Saint-Vaast* ; en 1872, il continua l'*Inventaire sommaire des archives départementales* ; en 1876, l'*Inventaire des archives d'Hondschoote* ; en 1878, le *Catalogue des manuscrits de la bibliothèque de Douai*, travail pour lequel il fut nommé officier de l'instruction publique ; en 1880, l'*Inventaire des archives de La Bassée* ; c'est en 1886 que parut son œuvre capitale, l'*Histoire de l'art dans la Flandre, l'Artois et le Hainaut avant le XVᵉ siècle*, qui avait demandé vingt-six ans d'études, qui fut couronnée par le grand prix Gobert et obtint la grande médaille de la Société française d'archéologie ; en 1888, *Dupleix, notes biographiques et historiques* ; en 1890, *La vie et l'œuvre de Jean Bellegambe* ; en 1891, *Recherches sur le retable de Saint-Bertin et Simon Marmion*.

Nous n'avons fait qu'énumérer un petit nombre de ses ouvrages ; mais nous voulons citer encore, comme se rapprochant davantage de l'objet de nos études, sa *Vie du P. Nicolas Trigault*, qu'il fit précéder d'une excellente introduction géographique et historique sur la Chine, théâtre de l'apostolat de ce missionnaire douaisien. Il termina ses publications par *Le Nord monu-*

mental et artistique qui parut quelques jours avant sa mort et par sa savante étude de géographie historique sur la *Délimitation du français et du flamand* dans notre région. Ce fut le dernier travail de notre éminent collègue ; la mort l'empêcha d'en revoir les épreuves.

La modestie bien connue de Mgr Dehaisnes le laissait indifférent aux distinctions humaines ; elle lui fit refuser la croix de l'ordre de Léopold qui lui fut offerte pour sa grande histoire de l'art. Ce lui fut cependant une grande joie lorsque S. S. Léon XIII l'éleva à la dignité de prélat de sa maison ; cet honneur ravivait encore l'ardent amour qu'il avait pour l'église et le Saint Père. C'est assez dire qu'historien de l'art et savant archéologue, Mgr Dehaisnes était surtout un bon et saint prêtre et un vaillant français ; il était titulaire d'une médaille pour soins donnés aux blessés sur le champ de bataille de Bapaume.

Mgr Dehaisnes faisait partie des meilleures sociétés savantes de la France, de la Belgique et de Rome : président de la Commission historique du département du Nord, ancien président de la Société des sciences de Lille, membre du comité d'études de la Société de géographie de Lille, etc. Il était archiviste honoraire du département du Nord, correspondant du ministère de l'instruction publique, membre du comité des sociétés des beaux-arts des départements, etc.

Mgr Dehaisnes, dont la santé était ébranlée depuis quelque temps déjà, succomba le 2 mars 1897, à une attaque d'apoplexie. Sa mort, a-t-on dit justement, fut la première peine qu'il causa à ses amis. Ses obsèques eurent lieu en l'église Saint-Maurice. Voici en quels termes le *Nouvelliste* rend compte de la cérémonie : « Mgr Dehaisnes a eu ce matin des funérailles véritablement triomphales, dignes de lui, dignes de la vénération et du respect que tous professaient pour l'homme éminent si brusquement ravi à la science et dont le souvenir restera impérissable dans notre cité. Point de fleurs, point de couronnes, rien qui sente la mise en scène et qui puisse être en opposition avec la grande simplicité du regretté prélat ».

Le lendemain eut lieu l'enterrement de Mgr Dehaisnes dans le caveau de famille à Iwuy. Cette commune a fait aussi de belles funérailles au vénéré prélat qu'elle considérait presque comme un de ses enfants par les bienfaits multiples qu'elle a reçus du défunt et de sa famille.

Aucun discours n'a été prononcé, ni à Lille, ni à Iwuy, sur la demande de l'éminent défunt.

La vie de Mgr Dehaisnes se résume en ces quelques mots : Il fut aimé de Dieu et des hommes.

La Société de géographie de Lille conservera un touchant souvenir de cet éminent savant et inscrira son nom dans son livre d'or ».

Dans la séance du 10 mai 1897 du *Comité flamand de France*, M. Bonvarlet, président, s'exprima ainsi :

Le Comité flamand a fait une bien grande perte, une perte irréparable : Mgr *Chrétien-César-Auguste Dehaisnes*, à la fois membre d'honneur et membre titulaire de notre compagnie, a rendu à Dieu sa belle âme le 2 mars dernier. Ayant passé sa vie à faire le bien, à prêcher d'exemple à tous les points de vue, nous avons, Messieurs, le ferme espoir qu'il a dû immédiatement recevoir, auprès du Souverain Juge, la récompense des éminentes vertus, comme des admirables exemples qu'il a si libéralement semés autour de lui, sans jamais compter, sans jamais dévier un seul instant de la large route qu'il s'était ouverte et tracée.

Il y a plus de vingt ans, en 1876, nous précisons l'année, Mgr Dehaisnes, au début de la biographie si bien faite et si documentée qu'il consacrait à notre vénéré Fondateur, s'exprimait ainsi : « La mort de M. de Coussemaker a eu du retentissement dans l'Europe savante tout entière. » Ne pouvons-nous pas nous emparer, à notre tour, de ces mots justes et vrais, et les appliquer au savant prélat dont nous déplorons aujourd'hui le trépas en quelque sorte prématuré ?

Nous n'entreprendrons pas de retracer, après plusieurs autres, les phases saillantes de son existence, si complètement, si utilement remplie ; encore moins essaierons-nous, insuffisament renseigné que nous sommes, de dresser la longue liste des travaux historiques, archéologiques et hagiographiques de l'illustre prélat. Nous croyons, d'ailleurs, savoir qu'un des plus fidèles et des plus chers amis de Mgr Dehaisnes prépare sur lui une étude bio-bibliographique, que l'absence de renseignements suffisants nous défend d'aborder. Nous nous bornerons donc à dire ici que, tout en appartenant, par sa naissance et ses origines, à la lisière depuis longtemps francisée de l'arrondissement d'Hazebrouck, l'éminent biographe d'Edmond de Coussemaker semblait, au contact de cet homme distingué, s'être quelque peu imprégné de l'amour profond que le fondateur du Comité flamand de France portait à notre terre natale.

En effet, à peine eut-il été appelé à diriger le riche dépôt départemental du Nord, le plus important de France après celui des archives nationales, qu'il devint, pour le Comité flamand, un collaborateur aussi dévoué qu'il était entendu, et si son labeur parmi nous a été forcément restreint, la cause en est à d'autres travaux de large envergure pour lesquels il amassait patiemment depuis longtemps les matériaux qu'il allait finir par mettre en œuvre. Nous n'avons pas à nous en plaindre, Messieurs, car dans ces travaux, dont le dernier, qui forme comme le complément de cette belle *Histoire de l'Art en Flandre*, objet des plus hautes récompenses de l'Institut, a été comme le chant du cygne et a mis le comble à cette réputation, si bien établie, si hautement justifiée, de savant et d'écrivain, la part, une belle part, a été réservée à notre pays.

Dès les premiers temps de son séjour à Lille, notre illustre compatriote nous offrit, comme témoignage de sa précieuse sympathie à l'égard de notre œuvre, un travail considérable sur un fond spécial des archives du Nord. Ce travail, qui a pour titre : *État général des registres de la Chambre des Comptes de Lille relatifs à la Flandre*, a paru dans les tomes XI et XII des *Annales*.

Plus tard, lors de l'impression du tome XIII, il nous donna l'*État général des objets en or et en argent enlevés, en 1792, dans les églises et les communautés des districts de Bergues et d'Hazebrouck*.

Le laborieux archiviste auquel on doit une si lumineuse étude sur le peintre douaisien, Jean Bellegambe, dont il révéla en quelque sorte le nom et les œuvres au monde savant et aux artistes, profita, avec cet à-propos qui était tout à fait dans son tempérament, d'une séance que le Comité tenait à Ypres, pour lire un travail sur Melchior Broederlam, le grand artiste Yprois, qui, antérieur aux Van Eyck et aux Memlinc, n'en est pas moins comme eux une des gloires de l'école flamande primitive. Ce travail, aussi consciencieux, aussi documenté que les autres publications du même ordre dues à notre éminent compatriote, a été publié au tome XVI des *Annales*.

Dans le tome VI de l'ancien *Bulletin* de la société, nous voyons de lui une *Note sur les Archives de la Flandre maritime depuis 1790*.

Rien ne montre mieux tout l'intérêt porté par Mgr Dehaisnes aux travaux de notre compagnie, que son *Allocution* du 20 novembre 1888 à Hazebrouck. Dans ce petit mémoire, que le tome XVIII des *Annales* a reproduit, notre éminent confrère a fait ressortir, avec la double autorité de son talent et de son caractère, les services que le Comité avait déjà rendus et ceux qu'il était appelé à rendre encore dans l'avenir.

Plusieurs fois, Mgr Dehaisnes fit, au Comité, la communication de certains de ses travaux, tout en leur réservant une autre publicité que celle dont disposait la Société. C'est ainsi que, le 14 mai 1892, on entendit la lecture d'un *Mémoire sur l'influence exercée par la Flandre, hors des Pays-Bas, aux XIVe et XVe siècles*. Le 16 novembre de l'année suivante, il donna connaissance d'une *Étude* étendue *sur les délimitations du français et du flamand dans le Nord de la France, depuis la formation de ces deux idiomes*. Dans ce travail, le savant prélat soutenait, contrairement à l'opinion d'un grand nombre d'érudits, contrairement à celle qu'un autre de nos membres d'honneur, l'éminent historien M. Godefroy Kurth a un jour manifestée devant nous, que le recul était peu considérable. Peut-être, probablement même après tout, dirons-nous en passant, l'invasion des germes des dialectes romans, en formation dans les contrées où la langue thioise devait finir par disparaître, avait-elle eu lieu plus tôt que ne l'admettait Mgr Dehaisnes.

En 1894, notre éminent confrère donna dans le *Bulletin* des notices descriptives sur les monuments conservés dans le département du Nord, et ces extraits, relatifs aux monuments de la Flandre Maritime, se retrouvent, au moins en substance, dans le *Nord monumental*, dernière et magistrale publication de l'auteur.

Est-il maintenant nécessaire d'ajouter qu'après avoir appuyé fortement, en 1894, le projet d'édifier, dans l'église de Flêtre, un souvenir à la mémoire de l'historien Jacques de Meyere, il prit, en 1895, la part la plus considérable à la solennité de l'inauguration de ce petit monument ? Devons-nous aussi vous rappeler, Messieurs, la description qu'il nous a donnée du portail roman découvert à l'église Saint-Vaast de Bailleul ?

Président du Comité flamand, nous avons tenu à n'envisager dans cette sèche et trop courte note, que la part prise par Mgr Dehaisnes aux travaux de notre compagnie. Nous croirions, en terminant, manquer au plus élémentaire de nos devoirs envers la mémoire du savant prélat, si nous ne venions vous dire que, chez lui, les qualités du cœur étaient au niveau de son grand esprit, de sa puissante intelligence, et que, dans l'avenir, le nom du confrère illustre que nous venons de perdre, sera toujours accompagné d'un rare qualificatif : le prélat, dans l'histoire, ne s'appellera jamais que *Le bon Monseigneur Dehaisnes*.

Nous ne pouvons reproduire tous les éloges et articles nécrologiques lus au sein des sociétés savantes ou publiés dans diverses revues. Terminons en citant l'hommage rendu au savant prélat par M. Henry Jouin, secrétaire-rapporteur du comité, dans son rapport sur les travaux de la session des sociétés des beaux-arts, le 23 avril 1897.

Le titre de membre non-résidant du Comité à Lille venait d'être conféré au chanoine Dehaisnes. Quand la dépêche ministérielle renfermant cette nouvelle parvint à notre confrère, le mardi 2 mars, le chanoine Dehaisnes avait cessé de vivre. Quelques jours plus tôt, l'érudit archiviste honoraire du département du Nord, pressentant une fin prochaine, s'était hâté d'offrir aux nombreux amis qu'il comptait en France sa dernière publication : *Le Nord monumental et artistique*. Cet ouvrage, sorte de testament archéologique du chanoine Dehaisnes, ne faisait pas défaut à sa renommée. Cent autres écrits portent son nom, et ses recherches sur l'*Histoire de l'art dans la Flandre, l'Artois et le Hainaut,* sur *Jean Bellegambe* et *Simon Marmion,* interdisent à ceux qui ne l'ont pas connu de jamais l'oublier. Pour nous, son souvenir demeurera. Je parlais tout à l'heure d'Eugène de Rozière, sénateur de la Lozère, membre de l'institut. Il avait été le chef hiérarchique de l'archiviste du Nord. Déjà très ébranlé dans sa propre santé, le chanoine Dehaisnes, en juin dernier, fit un suprême effort et vint consoler par sa douce présence les derniers moments de son ancien chef. De pareilles amitiés sont à l'éloge de ceux qui les suscitent ou les ressentent.

Encore une fois nommons avec respect, avec l'émotion d'un très vif regret, tous ces disparus qui nous étaient chers : Barbet de Jouy, de Rozière, Guillon, Marionneau, Parrocel et Dehaisnes.

APPENDICES.

I.

ODE A NOTRE-DAME DE GRACE.

Le silence du soir entoure Notre Dame,
La lune sur l'autel jette un rayon pieux ;
C'est l'heure de prier, c'est l'heure sainte où l'âme
Exhale ses parfums, son amour vers les cieux,
Brûle comme une lampe où scintille la flamme
Et chante comme l'orgue aux bruits harmonieux.

Voyez-vous, dans la nuit, sous la lueur d'un cierge,
Cette femme qui veille à l'autel de la Vierge ?
Sur son front calme et fier, libre de vains atours,
Un diadème altier de créneaux et de tours ;
Son écharpe, en ses plis, soutient un long rosaire ;
Elle montre du doigt un riche cartulaire
Qui porte d'or à l'aigle, aux trois lions d'azur ;
Sur l'urne d'un vieux fleuve, au cours bleuâtre et pur,
Avec grâce et langueur sa blanche main repose.
Son œil bleu, triste et doux, ses tresses, son teint rose,
Sa lèvre au fin souris, sa tête au noble port,
Tout révèle aux regards la blonde enfant du Nord.
Comme l'ange des cieux vers le Seigneur s'avance
Elle monte à l'autel et dépose en silence
Des tissus, une lyre, un glaive et des drapeaux,
Une gerbe d'épis, des fleurs, des fruits nouveaux.

Qui vient ainsi, dans l'ombre, honorer Notre Dame ?
Celle qui va dans l'ombre…en priant…cette femme,
C'est Cambrai. C'est Cambrai qui sur l'autel, le soir.
Vient offrir son amour, odorant encensoir.
Mains jointes, sur la dalle, elle s'incline et prie :
Elle prie avec cœur et lorsque vers Marie
Pleins de flamme et de pleurs montent ses longs regards.
Sa foi semble embaumer les airs de toutes parts.
Nos aïeux ont conté que sous la voûte sombre
La Vierge vint jadis en rayonnant dans l'ombre :
Reine des cieux, quittez le céleste séjour,
Daignez descendre encor, Cambrai brûle d'amour.

> Cambrai vous attend, vous désire,
> Comme un cerf aspire les eaux ;
> Venez donc recevoir sa lyre,
> Ses fleurs, ses tissus, ses drapeaux.
> Venez !!….Mais que vois-je ?…O miracle !…
> La porte du saint habitacle
> S'ouvre sous d'invisibles doigts !
> Une clarté, comme l'aurore,
> Y brille, monte, monte encore
> Et de la nef elle colore
> L'autel, la voûte et les parois.

Sur un nuage d'or qui, lent, dans la chapelle
Se balance, l'on voit descendre, solennelle,
Douce, le front orné d'un nimbe radieux,
Notre-Dame, aussi belle, aussi noble qu'aux cieux.
Ses cheveux sont cachés sous la pourpre d'un voile
Où l'ange sema l'or qui scintille en étoile ;
Un autre ange broda de cinabre et d'or pur
Les longs replis flottants de son manteau d'azur.
Sur Jésus qu'elle porte elle incline la joue ;
Avec le manteau bleu l'enfant divin se joue.
Il caresse, en riant, sa mère au front pieux
Et lève avec amour son regard sur ses yeux.

Les anges descendus des voûtes éternelles
Se balancent dans l'air sur leurs brillantes ailes,
Soutiennent le nuage en modulant des chœurs
Et de leur encensoir jettent parfums et fleurs.

Cambrai, l'œil ébloui par ces flots de lumière,
Essayait quelques mots d'amour et de prière,
Mais la Vierge Marie avec sa douce voix
La bénit en disant : « Ma fille, écoute et vois ! »

Et le nuage d'or oscilla dans l'espace,
Et l'orgue emplit la nuit de sons doux et puissants,
Et les anges des cieux, en se voilant la face,
Versèrent en cadence et les fleurs et l'encens.

La harpe en main, devant Notre-Dame de Grâce,
L'ange du Cambrésis a redit ces accents :

> Sur la plage que l'homme appelle
> Cambrésis, nom mélodieux,
> Il est une antique chapelle
> Que chérit la Reine des cieux.
> Elle a voulu qu'à cette enceinte
> Rome cédât l'image sainte
> Que saint Luc traça de ses doigts
> Et depuis lors sur la chapelle
> Elle étend l'ombre de son aile.
> Là, sa main est plus maternelle
> Et plus douce sa douce voix.
>
> La fleur qui de Jessé s'élance
> Qu'entourent des rameaux bénits
> Depuis quatre siècles balance
> Ses parfums sur le Cambrésis.
> Dans notre antique métropole
> S'étalait sa large corolle
> Où brillaient les rubis et l'or ;
> Naguère a passé la tempête
> Et la fleur a baissé la tête ;
> Mais au premier soleil de fête
> Elle s'ouvre plus belle encor !
>
> Au Cambrésis toute chaumière
> Montre sa Vierge entre les fleurs.
> Là du soir se fait la prière,
> C'est là que l'on verse les pleurs ;

L'enfant dit le nom de Marie
Avant que sa lèvre fleurie
De sa mère dise le nom ;
Sa mère autour du cou lui passe
De Notre-Dame de la grâce
La sainte médaille qui chasse
La maladie et le démon.

Et le nuage d'or oscilla dans l'espace,
Et l'orgue emplit la nuit de sons doux et puissants.
Et les anges des cieux, en se voilant la face,
Versèrent en cadence et les fleurs et l'encens.

Le glaive en main, devant Notre-Dame de Grâce,
L'archange des combats fit retentir ces chants :

Moi, l'ange par qui la mort tombe
Au sein des bataillons épais,
Je chante la blanche colombe
Portant l'olivier de la paix.
A cet autel, fiers capitaines,
Brisant votre glaive et vos haines,
Vous avez imploré pardon ;
Quand roule le bruit de la guerre
La Vierge dit : « Paix à la terre ! »
Et cette douce voix fait taire
La voix tonnante du canon !

Ces plaines étaient sillonnées
Par des barbares furieux ;
Malgré la fièvre et les années,
Liébert se fait porter vers eux.
Il leur parle. — Et rien ne les touche ;
Leur chef reste sombre et farouche.
Mais soudain, l'évêque inspiré :
« De par Dieu, je t'en somme et prie,
Quitte les terres de Marie ! »
Du guerrier tombe la furie ;
Le Cambrésis est délivré !

Quand sur Cambrai, dans la bataille,
Le feu tombait de toutes parts,

Et que, méprisant la mitraille,
Ses fils mouraient sur les remparts,
L'on invoqua la sainte Image.
Elle étend un épais nuage
Sur les assiégeants endormis ;
Dans la ville un secours se jette
Et Cambrai, par ses cris de fête,
En leur annonçant leur défaite,
Réveille enfin les ennemis !

Et le nuage d'or oscilla dans l'espace,
Et l'orgue emplit la nuit de sons doux et puissants,
Et les anges des cieux, en se voilant la face.
Versèrent en cadence et leurs fleurs et l'encens.

Et, saluant trois fois Notre-Dame de Grâce,
L'Ange du sanctuaire a redit ces accents :

Je veille sur la sainte Image
Et vois depuis quatre cents ans
Cambrai lui rendre son hommage,
L'embaumer d'amour et d'encens.
Le roi, la reine à la madone
Offraient leur glaive et leur couronne,
Leurs diamants et leurs saphirs ;
Le jeune enfant offre sa rose,
Le barde, sa pensée éclose,
La mère, son fils qui repose
Et la douleur, ses longs soupirs !

Si l'eau manque au guéret aride,
Le soleil aux blés jaunissants,
L'enfant au berceau toujours vide,
La grâce aux pécheurs languissants,
Les villageois viennent nu-tête
Portant leur vêtement de fête
Et le bâton du pélerin ;
Les doigts déroulent des rosaires,
Les cœurs déroulent des misères ;
La Vierge exauce leurs prières ;
Ils retournent, le front serein !

Quand une âme aux pleurs s'abandonne,
Je fais des perles de ses pleurs,
Pour les placer sur la couronne
Que le ciel réserve aux douleurs.
Venez encor, pâle et voilée,
Venez, ô femme désolée,
Pleurer sur un fils, un époux.....
Marie est fille de la terre.
Elle a connu l'angoisse amère,
Elle a pleuré la pauvre mère,
Elle a pleuré bien plus que vous !

Et le nuage d'or oscilla dans l'espace,
Et l'orgue emplit la nuit de sons doux et puissants,
Et les anges des cieux, en se voilant la face,
Versèrent en cadence et les fleurs et l'encens.

Sa lyre en main, devant Notre-Dame de Grâce,
Cambrai, d'une voix pure, essaya ces accents :

Pour balbutier tes louanges,
Douce dame du bel amour,
Il me faudrait la voix des anges,
Les accords du divin séjour.
Pour te chanter, j'avais *Joyeuse*
A la voix sonore et pieuse,
Au gai concert aérien.
J'avais ta vaste cathédrale......
L'on a pu d'une main brutale
La frapper... Du moins le vandale
N'était pas un Cambrésien !

J'avais vingt *moustiers Notre-Dame*
Et leurs saints de pierre, aux autels.
Qui paraissaient avoir une âme
Pour prier comme les mortels.
Et maintenant ta pauvre image
Souvent pour dôme a le feuillage
De l'ormel aux sombres rameaux ;
Le midi, le soir, à l'aurore,
A peine nos champs ont encore
La voix de la cloche sonore
Qui fait prier dans les hameaux.

Pour chanter, j'avais le trouvère
En mes tournois harmonieux,
Moins fier de son laurier sur terre
Que de *ta doulx amor* aux cieux.
Et j'ai tout perdu.... Je soupire
Touchant les cordes de ma lyre
Je soupire dans ma douleur :
Oh ! combien, combien peu je donne
A ma douce et sainte Madone !
Reçois encore, ò ma patronne
Tout ce qui me reste.... mon cœur !

Et le nuage d'or oscilla dans l'espace,
Et l'orgue emplit la nuit de sons doux et puissants,
Et les anges des cieux, en se voilant la face,
Versèrent en cadence et les fleurs et l'encens.

Et le Ciel écouta.... Notre-Dame de Grâce
De sa limpide voix modula ces accents :

Le mortel aime, aux nuits sans voile,
A suivre un astre dans les cieux ;
Des cieux, j'ai ma terrestre étoile :
C'est Cambrai que je suis des yeux.
Ma main lui donna l'évangile,
Défricha sa forêt stérile,
Y changea la bruyère en fleur ;
Libertés, beaux-arts, industrie,
Tout lui vient des mains de Marie ;
Je suis ta mère, enfant chérie,
Ta mère !.... Et je reçois ton cœur !

Tu n'as plus cette Notre-Dame
Qui touchait le ciel de ses tours
Et dont j'avais en traits de flamme
Dessiné les vastes contours ;
Tu n'as plus ton bourdon sonore....
Mais tu peux me garder encore
La foi, l'amour de tes aïeux.
Viens à genoux me rendre hommage ;
Je souffre tant, quand sur ta plage
L'on peut à cette sainte image
Refuser un regard pieux !

Tu n'as plus cette Notre-Dame ?
Relève-la de ses débris.
Quoi. Cambrai ! la foi dans ton âme,
L'or dans tes mains sont-ils taris ?
Construis-la plus vaste et plus belle,
Rends-lui sa flèche de dentelle,
Phare antique du Cambrésis.
Ecoute ma voix prophétique.....
Je vois surgir ma basilique ;
La foule emplit sa nef gothique
Et s'y croit dans le Paradis.

Tu viens prier en ma chapelle,
O mon enfant, je te bénis !
Je bénis chaumière et tourelle,
Vergers, bois sombre et blonds épis.
Je bénis ces tissus, ce glaive.
Tes fleurs et ta lyre au doux rêve ;
Je bénis tombes et berceaux ;
Je bénis le front qui s'incline,
Le pécheur frappant sa poitrine....
Inonde à flots, grâce divine,
Les champs, la ville et les hameaux !

Et le nuage d'or oscilla dans l'espace,
Et les anges des cieux se voilèrent la face.
Et, bénissant Cambrai, Notre-Dame de Grâce
S'éleva lentement, lentement vers les cieux.

Tout fut silence et nuit. — Et dans la cathédrale
Plus rien ; rien' qu'une voix chantant par intervalle.
Rien que d'ardents soupirs, rien qu'un pas sur la dalle
Qui semble avec regret s'arracher aux saints lieux.

Blonde fille du Nord, toi dont le front sévère
Rayonne de beauté, de noblesse et de foi,
Toi pour qui l'ange chante à l'autel solitaire,
Pour qui le Ciel s'incline et descend sur la terre,
    Cambrai. salut à toi !
Salut. salut à toi. vieille cité des Gaules,
Que le Druide posa sur un coteau pierreux ;

13

Toi que l'Escaut, voilé sous un rideau de saules,
Vient défendre et baiser de ses flots sinueux ;
Toi qu'avec tant d'orgueil nomment du nom de mère
Cent villages jetés sur le bord du ruisseau ;
Toi, du plus beau pays que le soleil éclaire,
De la France, le digne et l'antique berceau ;
Toi dont la main guida le drapeau de nos pères
Souvent à la victoire et toujours à l'honneur,
Dont le vieux nom se mêle aux vieux chants des trouvères,
Que les arts, l'industrie entourent de splendeur ;
Toi qui fis voir la croix, brillante sur ta cime.
A vingt peuples assis dans l'ombre de la mort ;
Toi que les preux croisés, revenant de Solyme,
Se plaisaient à nommer la Solyme du Nord !
Cambrai, salut !! Tu veux qu'autour de Notre-Dame
Ruissellent les parfums, les riches diamants,
L'or, les chants et les fleurs, les vers, ces fleurs de l'âme,
La foule ivre d'amour, les voix, les cœurs aimants !
Que d'autres sur un socle érigent en statue
Leur liberté guerrière, un Froissart, un Jean-Bart.
Tu prends ton héroïne au delà de la nue,
Dans le ciel !... On la pose au sommet d'un rempart !
Pour dôme, elle a des cieux la voûte large et pure,
Pour manteau, le soleil aux éclatants rayons,
Pour bardes, les oiseaux, la brise qui murmure.
Pour encens, les parfums des bois et des moissons,
Pour piédestal, un mur noirci par vingt batailles,
Par la balle ébréché, par les boulets durci !!
Tu veux que si la bombe arrive à tes murailles
Notre-Dame lui dise : « Arrête et meurs ici ! »
Tu veux qu'à l'étranger venant plein de furie
Elle lance l'éclair, la foudre et la terreur ;
Qu'à tes fils exilés, revoyant la patrie.
Elle parle d'amour, d'espoir et de bonheur ;
Tu veux que dominant, là-haut sur cette enceinte,
Elle soit inondée et de gloire et de jour.
Et que le voyageur, voyant l'Image sainte,
Dise : « Elle est de Cambrai la patronne et l'amour ! »

Aux cieux, Cambrai, vois-tu les nombreuses phalanges
Des prélats dont ton cœur a conservé le nom :

D'Ailly, ton *Cygne* au chant doux comme un chant des anges,
Vanderburch, et Giraud, l'écho de Fénelon !
Ils se penchent pour voir Notre-Dame de Grâce
Pour bénir leur Cambrai de la main, de la voix,
Pour sourire au prélat qui, marchant sur leur trace,
Rend à tes vieux autels leur éclat d'autrefois.
Gloire à ces pèlerins qui, portant croix et cierge,
S'en viennent présenter leur bannière et leur don ;
Gloire aux nobles cités qui fêtent notre vierge,
Avec leur *Treille* antique, avec leur *Saint Cordon.*
Gloire à qui proposa d'arborer sur ton faîte
Notre Dame, étendart qui montre au loin ta foi !
Gloire à qui travailla pour relever ta fête !
O ville de la Vierge, ô Cambrai, gloire à toi !

Gloire à toi !.... Mais, hélas ! timide est ma mandore ;
Ses cordes n'ont chanté que l'autel et les bois ;
Trouvère ami de l'ombre et que la foule ignore,
Je ne suis point un barde à la puissante voix.
Le ruisseau donne aux lis leur grâce et leur parure,
L'oranger aux zéphirs leurs tant douces senteurs,
La feuille à nos forêts leur verte chevelure ;
Cambrai, j'aurais voulu te jeter quelques fleurs !
Et peut-être mes chants mourront dans le mystère,
Comme un chant d'alcyon qui se perd dans les flots ;
Peut-être ils s'éteindront dans mon cœur solitaire,
Sans même réveiller les plus proches échos.
Si la terre applaudit une voix plus sonore,
Ma douce Notre-Dame, écoute au moins, des cieux,
Du timide trouvère, écoute la mandore,
Car sa voix est l'écho d'un cœur tendre et pieux.

II.

Statuts de l' « Académie catholique ».

Article. premier. — Une société est formée sous le titre d'*Association catholique pour le progrès des lettres, des sciences et des arts, dans le Nord de la France.*

Art. 2. — Cette société a pour but : 1° de réunir dans une pensée et une action communes tous les hommes de foi, d'intelligence et de cœur qui, reconnaissant Dieu comme le principe et l'objectif suprême de la science humaine, veulent rétablir l'idée chrétienne dans le domaine de la pensée et de l'art, dans le cercle de plus en plus vaste des investigations historiques et scientifiques. — 2° De faire naître ou de développer le goût pour les choses de l'esprit, en groupant un certain nombre de personnes qui s'occuperont de travaux intellectuels, en publiant des ouvrages et des recueils périodiques, en ouvrant des expositions et des concours dans lesquels des prix seront décernés, en accordant à des hommes d'élite, dénués de fortune, des secours et pensions qui leur permettront de compléter des études commencées, de se former aux beaux-arts dans la capitale du monde chrétien, de perfectionner leurs connaissances spéciales par des excursions artistiques et par un séjour prolongé dans une école ou une université catholique.

Art. 3. — L'Association se propose de publier ou de faire publier avec son concours : 1° des ouvrages ayant un caractère tout à la fois religieux et scientifique, dont elle aura mis le sujet au concours ou qu'elle subventionnera quand ils lui auront été présentés ; 2° un bulletin périodique dans lequel paraitront, outre les comptes rendus des travaux et de la situation de l'Association, toutes les nouvelles qui concernent la bibliographie, les lettres, les sciences et les arts ainsi que les communications les plus intéressantes qui lui auront été faites ; 3° plusieurs revues : une *Revue des sciences ecclésiastiques* qui existe déjà ; des *Annales scientifiques et médicales* de l'Université Catholique de Lille ; une *Revue de droit, de littérature et d'histoire*.

Art. 4. — L'Association se compose de membres d'honneur, de membres fondateurs, de membres titulaires, de membres associés et de membres correspondants. Pour y être admis, il faut être présenté par deux membres au moins et être reçu par le Conseil.

Art. 5. — Le titre de membre d'honneur sera décerné de droit aux évêques de la province ecclésiastique de Cambrai.

Art. 6. — Pour obtenir le titre de membre fondateur, il faut, après avoir été admis dans l'Association, verser entre les mains du trésorier une somme de 500 francs ou s'engager à la fournir en dix annuités.

Art. 7. — Les membres titulaires ne peuvent être choisis que parmi les personnes qui ont fait leurs preuves par des travaux intellectuels d'une certaine importance. Les candidats à ce titre devront présenter une demande signée par deux membres titulaires au moins. Quand une demande aura été présentée, le Conseil la confiera à une commission qui sera chargée de faire une enquête sérieuse au point de vue de la valeur scientifique du candidat, comme au point de vue de son intègre orthodoxie et de son union avec le Saint-Siège. Le jour de son admission, le récipiendaire devra réciter la profession de foi de Pie IV que l'Église exige de tous ceux qui se consacrent à l'enseignement chrétien. Les membres titulaires paient une cotisation annuelle de vingt francs.

Art. 8. — Pour le titre de membre associé, il suffira d'une délibération du Conseil, après présentation par deux membres. Les membres associés paieront une cotisation annuelle de dix francs.

Art. 9. — Le titre de membre correspondant pourra être décerné aux personnes qui auront envoyé à l'Association des mémoires et des ouvrages.

Art. 10. — Les membres fondateurs et les membres titulaires auront droit à toutes les publications de l'Association. Les membres associés et correspondants pourront se les procurer, avec une remise qui sera déterminée d'avance pour chacune de ces publications.

Art. 11. — L'Association est administrée par un Conseil formé du bureau et de quatre membres titulaires. Le bureau est formé par un président, un vice-président, un secrétaire général, un secrétaire adjoint et un trésorier. Les membres du Conseil sont élus annuellement et sont rééligibles.

Art. 12. — L'Association est divisée en six sections : 1° sciences religieuses, morales et philosophiques ; 2° jurisprudence ; 3° littérature ; 4° beaux-arts ; 5° histoire et archéologie ; 6° sciences et agriculture. Les membres de chacune de ces sections se renouvellent chaque année et sont rééligibles.

Art. 13. — Le siège de l'Association est établi à Lille. Des sous-comités pourront être formés, à la suite d'une délibération des membres titulaires, dans les villes de la région où se trouveront un certain nombre de membres qui auront donné des preuves de leur activité pour les travaux intellectuels. On encouragera l'établissement de ces sous-comités qui devront d'ailleurs communiquer au Conseil les procès-verbaux de leurs séances.

Art. 14. — Un agent comptable sera choisi par le Conseil en dehors des membres titulaires. Il sera chargé, sous la surveillance du bureau, de préparer la chronique du bulletin, de s'occuper des travaux en cours de publication, de fournir des renseignements bibliographiques à tous les membres de l'Association, de tenir en ordre la bibliothèque et de venir en aide au secrétaire et au trésorier. Une subvention annuelle pourra lui être accordée et en outre son logement qui sera établi. si faire se peut, au siège même de l'Association.

Art. 15. — L'Association tiendra, chaque année, à Lille, une séance solennelle. Indépendamment de cette réunion. une seconde séance publique pourra être tenue dans une autre ville du ressort.

Art. 16. — Les réunions des membres titulaires auront lieu au moins une fois chaque mois. Les commissions et les sous-comités leur communiqueront les procès-verbaux de leurs séances et les travaux les plus importants qui leur auront été présentés.

Art. 17. — Tout ce qui concerne la comptabilité sera soumis au Conseil et ensuite aux membres titulaires. Il en sera de même de tout ce qui concerne l'impression des ouvrages et travaux ; toutefois cette impression ne sera proposée aux membres titulaires qu'après avoir été prise en considération par le Conseil.

Art. 18. — Un règlement général arrêté par le Conseil, par les membres titulaires et par les membres fondateurs réunis en assemblée générale, déterminera toutes les dispositions de détail propres à assurer l'exécution des statuts.

Art. 19. — Les vingt premiers membres titulaires seront choisis par le Comité d'organisation ; leurs noms seront soumis à l'approbation de NN. SS. les évêques de la province de Cambrai.

BIBLIOGRAPHIE DE Mgr DEHAISNES.

PREMIÈRE SECTION

OUVRAGES PRINCIPAUX.

I.

TRAVAUX SUR L'HISTOIRE DE L'ART.

1. — De l'art chrétien en Flandre. Peinture. — Douai, *Vve Adam*, 1860. In-8°, 388 pages, 11 gravures (*Mémoires de la Société impériale d'agriculture, sciences et arts de Douai*, 2e série, t. V, p. 57 à 441).

2. — Documents et extraits divers concernant l'histoire de l'art dans la Flandre, l'Artois et le Hainaut, avant le XVe siècle. Première partie : 627-1373. Seconde partie : 1374-1401. — Lille, *L. Danel*, 1886. In-4°. XXIII-1065 pages en deux volumes (*Publications in-quarto de la Commission historique du Nord*, t. I et II).

3. — Histoire de l'art dans la Flandre, l'Artois et le Hainaut, avant le XVe siècle. — Lille, *L. Danel*, 1886. In-4°, VIII-605 pages, 15 héliogravures (*Publications in-quarto de la Commission historique du Nord*, t. III).

4. — La vie et l'œuvre de Jean Bellegambe. — Lille, *L. Danel*, 1800. In-8°, 243 pages, 1 gravure, 7 héliogravures (*Mémoires de la Société des sciences, de l'agriculture et des arts de Lille*, 4e série, t. XVII, p. 1 à 243).

5. — Recherches sur le retable de Saint-Bertin et sur Simon Marmion. — Lille, *Quarré*, et Valenciennes, *Giard*, 1892. In-8°, 157 pages, 5 héliogravures (*Mémoires de la Société des sciences, de l'agriculture et des arts de Lille*, 4e série, t. XVII, 2e fascicule).

6. — Commission historique du département du Nord. Notices descriptives sur les monuments historiques conservés dans le département du Nord. — Lille, *L. Danel*, 1894. In-8°, 91 pages.

7. — Commission historique du département du Nord. — Notices descriptives sur les objets mobiliers conservés dans les établissements publics de l'arrondissement de Lille. — Lille, *L. Danel*, 1894. In-8°, 68 pages.

8. — Le Nord monumental et artistique. — Lille, *L. Danel*, 1897. In-4°, VIII-258 pages, 100 phototypies (*Publications in-quarto de la Société des sciences, de l'agriculture et des arts de Lille*, t. III).

En préparation :

9. — Histoire de l'art dans la Flandre, l'Artois et le Hainaut au XV° siècle et au commencement du XVI° siècle (1401-1530).

II.

TRAVAUX DE BIBLIOTHÈQUES ET D'ARCHIVES.

10. — Notice sur la bibliothèque publique de Douai. — Douai, *Dechristé*, 1868. In-8°, LX pages.

11. — Notice sur les archives communales de Douai. — Lille, *Danel*, 1868. In-8°. 32 pages (*Bulletin de la Commission historique du département du Nord*, t. X, p. 145 à 174).

12. — Inventaire sommaire des archives départementales antérieures à 1790. Nord. Archives civiles. Série B. Chambre des Comptes de Lille, nᵒˢ 1561 à 1680. Tome II (A. Desplanque et C. Dehaisnes). — Lille, *Danel*, 1872. In-4°. 418-II pages.

13. — État général des registres de la Chambre des Comptes de Lille relatifs à la Flandre. — Lille. *Lefebvre-Ducrocq*, 1873. In-8°, 210 pages (*Annales du Comité flamand de France*, t. XI, p. 291 à 359 et t. XII, p. 19 à 156).

14. — Les archives départementales du Nord pendant la Révolution. — Lille. *Danel*, 1873. In-8°. 144 pages (*Mémoires de la Société des sciences, de l'agriculture et des arts de Lille*, 3° série, t. XIII, p. 1 à 144).

15. — Étude sur les registres des chartes de l'audience conservés dans l'ancienne Chambre des Comptes de Lille. Guerres et pillages, crimes et malheurs, mœurs et usages dans les Pays-Bas, du XIV° au XVII° siècle. — Lille, *Danel*, 1874. In-8°, 98 pages (*Mémoires de la Société des sciences, de l'agriculture et des arts de Lille*, 4° série, t. I, p. 329 à 422).

16. — Tables des délibérations du Conseil général du département du Nord. Première partie. Registres manuscrits, 1800-1837. — Lille, *Danel*, 1875. In-4°. IX-170 pages.

17. — Département du Nord. Ville de Douai. Inventaire analytique des archives communales antérieures à 1790. Série AA. — Lille, *Danel*, 1876. In-4°, 64 pages.

18. — Département du Nord. Ville d'Hondschoote. Inventaire sommaire

des archives communales antérieures à 1790. — Lille, *Lefèbvre-Ducrocq*, 1876. In-4°, IV-87 pages.

19. — Inventaire sommaire des archives départementales antérieures à 1790. Nord. Archives civiles. Série B. Chambre des Comptes de Lille, n°⁵ 1681 à 1841. Tome III. — Lille, *Danel*, 1877. In-4°, 465-V pages.

20. — Département du Nord. Ville de Bourbourg. Inventaire sommaire des archives communales antérieures à 1790. — Lille, *Danel*, 1877. In-4°, V-102 pages.

21. — Tables des délibérations du Conseil général du département du Nord. Deuxième partie. Collection imprimée, 1838-1875. — Lille, *Danel*, 1877. In-8°, XII-410 pages.

22. — Département du Nord. Ville d'Armentières. Inventaire analytique des archives communales antérieures à 1790. — Lille, *Lefèbvre-Ducrocq*, 1877. In-4°, IV-160 pages.

23. — Département du Nord. Ville de Bergues. Inventaire sommaire des archives communales antérieures à 1790. — Lille, *Danel*, 1878. In-4°, V-152 pages.

24. — Catalogue général des manuscrits des bibliothèques publiques des départements, publié sous les auspices du Ministre de l'Instruction publique. Tome VI. Douai. — Paris, *Imprimerie nationale*, 1878. In-4°, XI-908 pages.

25. — Inventaire analytique et chronologique des archives hospitalières de la ville de Lille antérieures à 1790. Tome I. Hôpital Notre-Dame dit Comtesse. — Lille, *Lefèbvre-Ducrocq*, 1879. In-4°, 400 pages.

26. — Département du Nord. Ville de La Bassée. Inventaire sommaire des archives communales antérieures à 1790. — Lille, *Danel*, 1880. In-4°, V-115 pages.

27. — Inventaire sommaire des archives départementales antérieures à 1790. Nord. Archives civiles. Série B. Chambre des Comptes de Lille, n°⁵ 1842 à 2338. Tome IV. — Lille, *Danel*, 1881. In-4°, 385-VIII pages.

28. — Département du Nord. Ville de Bouchain. Inventaire sommaire des archives communales antérieures à 1790. — Lille, *Danel*, 1882. In-4°, VIII-66 pages.

III.

Travaux divers.

29. — Les Maronites, d'après le manuscrit arabe du R. P. Azar, vicaire-général de Saïda (Terre-Sainte), délégué du patriarche d'Antioche et de la nation maronite. — Cambrai, *Deligne*, 1852. In-12, 192 pages.

30. — Les Maronites devant l'Église et devant la France. — Arras, *Rousseau*, 1801. In-8°, 74 pages (*Revue des sciences ecclésiastiques*, t. II, p. 273-270, 309-328, 471-476; t. III, p. 45-00, 97-121).

31. — Vie du Père Nicolas Trigault, de la Compagnie de Jésus. — Tournai, *Casterman*, 1864. In-12, XXXIX-312 pages, 1 portrait, 1 fac-simile.

32. — Les Annales de Saint-Bertin et de Saint-Vaast, suivies de fragments d'une chronique inédite, publiées avec des annotations et les variantes des manuscrits, pour la Société de l'histoire de France. — Paris, *Vve Renouard*, 1871. In-8º, XVIII-472 pages.

33. — Dupleix, notes biographiques et historiques. — Lille, *Quarré*, 1888. In-8º, 40 pages, 2 héliogravures (*Bulletin de la Commission historique du Nord*, t. XIX, p. 219 à 249).

En préparation :

34. — Marguerite d'Autriche.

DEUXIÈME SECTION

OPUSCULES.

I.

OPUSCULES SUR L'HISTOIRE DE L'ART.

35. — Un vieux tableau du musée de Douai. L'Immaculée Conception de la Sainte-Vierge honorée dans Douai à la fin du XVᵉ siècle (en collaboration avec A. Cahier). — Douai, *Adam*, 1858. In-8º, 25 pages, 1 photographie (*Mémoires de la Société impériale d'agriculture, sciences et arts de Douai*, 2ᵉ série, t. IV, appendice, p. 21-45).

36. — Étude sur le retable d'Anchin. — Arras, *Rousseau-Leroy*. 1860. In-8º, 64 pages, 1 gravure (*Revue de l'art chrétien*, t. IV, p. 449-488, 539-553).

37. — Un dernier mot sur Hans Memlinc. Documents nouveaux découverts dans les archives de Bruges par M. W.-H. James Weale. — Douai, *Wartelle*, 1860. In-8º, 8 pages (*Mémoires de la Société impériale d'agriculture, sciences et arts de Douai*, 2ᵉ série, t. VI, p. 53-60).

38. — Recherches sur la vie et l'œuvre de Jean Bellegambe, peintre douaisien du XVIᵉ siècle (en collaboration avec A. Asselin). — Arras, *Rousseau*, 1862. In-8º, 32 pages (*Revue de l'art chrétien*, t. VI, p. 428-445, 454-467).

39. — Recherches sur l'art à Douai aux XIVe, XVe et XVIe siècles et sur la vie et l'œuvre de Jean Bellegambe, auteur du retable d'Anchin (en collaboration avec A. Asselin). — Paris, *Imprimerie impériale*, 1864. In-8°, 22 pages (*Mémoires lus à la Sorbonne ; archéologie*, année 1863, p. 243-264).

40. — Étude sur la passion de saint Adrien et de sainte Nathalie, manuscrit du XVe siècle. — Paris, *Dupont*, 1865. In-8°, 10 pages (*Mémoires lus à la Sorbonne : archéologie*, année 1864, p. 171-180).

41. — Inventaires du trésor de la collégiale de Saint-Amé de Douai, 1382 à 1627. — Douai, *Crépin*, 1866. In-8°, 68 pages (*Souvenirs de la Flandre-Wallonne*, t. V, p. 26-48, 146-179 ; t. VI, p. 38-48).

42. — Société des amis des arts de Douai. Compte rendu de la séance publique et de la loterie du 12 juillet 1866. Compte rendu spécial des lots du tirage. — Douai, *Duthillœul*, 1866. In-8°, 8 pages.

43. — Art chrétien. De l'ornementation des nouvelles églises gothiques. De la peinture sur verre dans les églises gothiques. Digression sur le pseudo-vitrail moderne. — Lille, *Béhague*, 1867. In-8°, 13 pages (*Semaine religieuse du diocèse de Cambrai*, t. I, p. 668-670, 694-698, 725-729).

44. — Société des amis des arts de Douai. Compte rendu de la séance publique et de la loterie du 11 juillet 1867. Compte rendu des lots qui doivent être répartis par le sort. — Douai, *Duthillœul*. 1867. In-8°, 9 pages.

45. — Étude sur la châsse de sainte Gertrude de Nivelles (en collaboration avec A. Asselin). — Paris, *Dupont*, 1867. In-8°, 13 pages (*Mémoires lus à la Sorbonne : archéologie*, année 1866, p. 245-257).

46. — Société des amis des arts de Douai. Compte rendu de la séance publique et de la loterie annuelle du 16 juillet 1868. Rapport du secrétaire. — Douai, *Duthillœul*, 1868. In-8°, 8 pages.

47. — L'art à Douai dans la vie privée des bourgeois du XIIIe au XVIe siècle (en collaboration avec A. Asselin). — Paris, *Dupont*. 1868. In-8°, 15 pages (*Mémoires lus à la Sorbonne ; archéologie*, année 1867, p. 219-233).

48. — Société des amis des arts de Douai. Compte rendu de la séance publique et de la loterie annuelle du 15 juillet 1869. Rapport du secrétaire. — Douai, *Duthillœul*, 1869. In-8°, 6 pages.

49. — Quelques mots sur un triptyque du XVIe siècle conservé à Lille — Douai, *Crépin*, 1869. In-8°. 7 pages (*Mémoires de la Société impériale d'agriculture, sciences et arts de Douai*, 2e série, t. IX, p. 688-692).

50. — Musées et collections. Musée archéologique de Douai. — Lille. *Blocquel*. 1870. In-8°, 12 pages (*Bulletin scientifique, historique et littéraire du département du Nord et des pays voisins*. t. I, p. 37-40. 185-187 ; t. II, p. 53-57).

51. — Les Pourbus, par M. Kervyn de Volkaersbeke. — Lille. *Blocquel*. 1870. In-8°, 5 pages (*Bulletin scientifique, historique et littéraire du département du Nord et des pays voisins*. t. II, p. 306-310).

52. — Société des amis des arts de Douai. Compte rendu de la séance publique et de la loterie annuelle du 14 juillet 1870. Rapport du secrétaire. — Douai, *Duthillœul*, 1870. In-8°, 7 pages.

53. — Inventaire des objets d'art et d'archéologie contenus dans les églises, chapelles et établissements hospitaliers du département. Douai. Eglise Saint-Pierre. — Lille, Danel, 1871. In-8°, 8 pages (*Bulletin de la Commission historique du département du Nord*, t. XI, p. 243-250).

54. — Les tapisseries de haute-lisse : histoire de la fabrication lilloise du XIV° au XVIII° siècle, par Jules Houdoy. — Lille, Blocquel, 1871. In-8°, 7 pages (*Bulletin scientifique, historique et littéraire du département du Nord et des pays voisins*, t. III, p. 274-280).

55. — Guide du visiteur à l'exposition d'objets d'art religieux ouverte à Lille à l'occasion des fêtes de Notre-Dame de la Treille. — Lille, Béhague, 1874. In-8°, 15 pages (*Semaine religieuse du diocèse de Cambrai*, t. IX, p. 163-175).

56. — L'exposition d'objets d'art religieux ouverte à Lille. — Lille, Castiaux, 1874. In-8°, 17 pages *Bulletin scientifique, historique et littéraire du département du Nord et des pays voisins*, t. VI, p. 121-126, 145-155 ; *Semaine religieuse du diocèse de Cambrai*, t. IX, p. 259-262, 274-276, 292-295, 309-312).

57. — Manuel élémentaire d'archéologie nationale. — Lille, Castiaux, 1875. In-8°, 13 pages *Bulletin scientifique, historique et littéraire du département du Nord et des pays voisins*, t. VI, p. 261-268 ; t. VII, p. 12-16).

58. — État des objets en or, en argent et en métal, trouvés en 1792 dans les églises et les communautés du district d'Hazebrouck. — Lille, Lefebvre-Ducrocq, 1876. In-8°, 75 pages (*Annales du Comité flamand de France*, t. XIII, p. 158-230).

59. — Rapport sur les monuments historiques du département du Nord, présenté par la Commission historique du département. — Lille, Danel, 1877. In-8°, 19 pages *Bulletin de la Commission historique du Nord*, t. XIII, p. 383-401 ; *Bulletin scientifique, historique et littéraire du département du Nord et des pays voisins*, t. IX, p. 84-88, 105-107, 129-136, 169-173).

60. — Notice archéologique sur l'église Saint-Piat de Seclin. — Lille, Ducoulombier, 1878. In-8°, 8 pages *Semaine religieuse du diocèse de Cambrai*, t. XIII, p. 806-808, 821-824).

61. — Inventaire des richesses d'art de la France dans le département du Nord. — Paris, Plon, 1879. In-8°, 5 pages (*Réunion des sociétés savantes des départements*, année 1878, p. 37-41).

62. — Histoire de l'art dans la Flandre, l'Artois et le Hainaut, avant le XV° siècle. — Paris, Plon, 1879. In-8°, 3 pages (*Réunion des sociétés savantes des départements*, année 1879, p. 59-61).

63. — La tapisserie de haute-lisse à Arras avant le XV° siècle, d'après des documents inédits. — Paris, Plon, 1879. In-8°, 16 pages (*Réunion des sociétés savantes et des sociétés des beaux-arts des départements*, année 1879, p. 125-139).

64. — L'Espagne a-t-elle exercé une influence artistique dans les Pays-Bas ? Étude historique. — Lille, Danel, 1880. In-8°, 23 pages *Bulletin de la Commission historique du Nord*, t. XIV, p. 427-449).

65. — L'évangéliaire de Saint-Mihiel. — Amiens, Rousseau, 1882. In-8°, 7 pages *Revue des sciences ecclésiastiques*, t. XLV, p. 69-75).

66. — Documents inédits concernant Jean Le Tavernier et Louis Liédet, miniaturistes des ducs de Bourgogne. — Bruxelles, V™ J. Baertsoen, 1882. In-8°,

21 pages, 2 gravures (*Bulletin des commissions royales d'art et d'archéologie.* t. XXI, p. 20-38 ; *L'Enlumineur,* avril 1889-janvier 1890).

67. — Documents inédits concernant les tapissiers de Bruxelles au XVe et au commencement du XVIe siècle. — Bruxelles, *Vve J. Baertsoen,* 1882. In-8°, 8 pages (*Bulletin des commissions d'art et d'archéologie,* t. XXI, p. 77-84).

68. — Un coffret de Rubens. — Anvers, *De Backer,* 1882. In-8°, 6 pages, 2 gravures (*Bulletin Rubens,* t. I, p. 105-108).

69. — André Beauneveu, artiste du XIVe siècle. — Bruges, *Desclée,* 1884 In-4°, 11 pages (*Revue de l'art chrétien,* 3e série, t. II, p. 135-145).

70. — Les beaux-arts à Tournai au moyen âge : conférence faite à la distribution des prix de l'école Saint-Luc et Saint-Grégoire. — Tournai, *Decallonne,* 1886. In-8°, 7 pages (*Semaine religieuse du diocèse de Tournai,* année 1886, p. 769-775).

71. — Note sur Savinien Petit ; ses cartons et études donnés à la bibliothèque des Facultés Catholiques. — Lille, *Ducoulombier,* 1886. In-8°, 11 pages (*Assemblée générale des catholiques du Nord et du Pas-de-Calais,* année 1886, p. 560-570 : *Bulletin de l'œuvre des Facultés Catholiques de Lille,* t. VIII, p. 37-45).

72. — L'inscription de la châsse de saint Éleuthère. — Tournai, *Decallonne,* 1887. In-8°, 4 pages (*Semaine religieuse du diocèse de Tournai,* année 1887, p. 177-180).

73. — Quelques monuments mégalithiques du Nord de la France. — Lille, *Vittrant,* 1887. In-8°, 12 pages (*La vraie France,* 10 mai 1887).

74. — L'école flamande avant les Van Eyck. — Paris, *Plon,* 1887. In-8°, 11 pages (*Réunion des sociétés des beaux-arts des départements,* année 1887, p. 241-251).

75. — Les origines de l'école flamande. — Paris, *Leroux,* 1887. In-8°, 17 pages (*Bulletin de la Société de Saint-Jean pour l'encouragement de l'art chrétien,* 4e série, année 1887, p. 149-165).

76. — Le peintre Melchior Broederlam. — Dunkerque, *Michel,* 1887. In-8°, 22 pages (*Annales du Comité flamand de France,* t. XVI, p. 165-182).

77. — Notes sur quelques peintures des maîtres de l'école flamande primitive conservées en Italie. — Paris, *Plon,* 1888. In-8°, 11 pages (*Réunion des sociétés des beaux-arts des départements,* année 1888, p. 797-807).

78. — De la place à donner aux images et aux objets d'art religieux dans la décoration extérieure et intérieure des maisons. — Bruges, *Desclée,* 1888. In-4°, 4 pages (*Revue de l'art chrétien,* 3e série, t. VI, p. 143-146 : *Assemblée générale des catholiques du Nord et du Pas-de-Calais,* année 1887, p. 444-451).

79. — Société des sciences, de l'agriculture et des arts de Lille. Séance solennelle du 30 décembre 1888. Discours du président. (L'art à Lille dans les temps modernes). — Lille, *Danel,* 1889. In-8°, 11 pages.

80. — Jean Bellegambe et ses travaux pour des familles de Douai. — Lille, *Desclée,* 1889. In-4°, 9 pages (*Revue de l'art chrétien,* 3e série, t. VII, p. 170-178).

81. — Recherches concernant les volets du retable de Saint-Bertin. — Paris, *Plon,* 1889. In-8°, 42 pages (*Réunion des sociétés des beaux-arts des départements,* année 1889, p. 1000-1041).

82. — Éléments d'iconographie chrétienne. Types symboliques, par L. Cloquet, secrétaire de la *Revue de l'art chrétien*. — Lille, *Desclée*. 1890. In-4", 2 pages *Revue de l'art chrétien*, 4" série, t. I, p. 77-78 ; *Le courrier de Bruxelles*, 20 décembre 1889).

83. — Recherches sur la vie et l'œuvre de Simon Marmion. — Paris, *Plon*. 1890. In-8", 33 pages (*Réunion des sociétés des beaux-arts des départements*, année 1890, p. 164-196).

84. — L'art à Amiens vers la fin du moyen âge, dans ses rapports avec l'école flamande primitive. — Lille, *Desclée*, 1890. In-4", 64 pages. 3 héliogravures (*Revue de l'art chrétien*. 3" série. t. VII, p. 467-476 ; 4" série, t. I, p. 25-38, 183-193, 269-280).

85. — Jean Bellegambe est-il certainement l'auteur du retable d'Anchin ? — Lille. *Desclée*. 1890. In-4" 7 pages *Revue de l'art chrétien*, 4e série, t. I, p. 312-316).

86 — Les œuvres des maîtres de l'école flamande primitive conservées en Italie et dans l'Est et le Midi de la France. — Paris, *Plon*, 1891. In-8°, 49 pages (*Réunion des sociétés des beaux-arts des départements*, année 1891, p. 90 à 124).

87. — Lettre à Monsieur le Président de la Commission royale d'histoire de Belgique (Sur l'histoire de l'art au XV" siècle). — Bruxelles. *Hayez*, 1892. In-8', 5 pages (*Comptes rendus de la Commission royale d'histoire de Belgique*, 5e série, t. II. p. 5-9).

88. — L'école flamande de Dijon. Réponse à M. Courajod. — Paris, *Simonot*, 1892. In-4". 4 pages (*La chronique des arts et de la curiosité*. année 1892, p. 228-231 ; *Revue de l'art chrétien*. 4" série, t. III. p. 449-451).

89. — Recherches concernant les volets du retable de Saint-Bertin. — Bruges, *Desclée*, 1892. In-4", 27 pages (*Revue de l'art chrétien*, 4e série, t. III, p. 286-292, 470-488).

90. — L'art flamand en France depuis la fin du XIVe siècle jusqu'au commencement du XVI". — Bruxelles. *Hayez*, 1892. In-8°, 41 pages (*Bulletin de l'académie royale de Belgique*. 3" série, t. XXIII. p. 852-890 : *Réunion des sociétés des beaux-arts des départements*, année 1892, p. 75-102).

91. — L'histoire et l'art dans les cérémonies et les fêtes publiques aux Pays-Bas. — Paris. *Plon*, 1893. In-8", 35 pages (*Réunion des sociétés des beaux-arts des départements*. année 1893, p. 170-204).

92. — Fêtes et marches historiques en Belgique et dans le nord de la France. — Lille. *Danel*. 1893. In-8". 61 pages (*Mémoires de la Société des sciences, de l'agriculture et des arts de Lille*, 5" série, 1er fascicule).

93. — Laon. Les monuments religieux. — Paris, *Larousse*, 1894. In-4", 32 pages, 18 gravures, 3 héliogravures (*La France artistique et monumentale*, t. IV, p. 81-112).

94 — La cathédrale d'Amiens. — Paris. *Larousse*. 1894. In-4", 32 pages, 14 gravures, 3 héliogravures (*La France artistique et monumentale*, t. V, p. 1-32).

95. — Étude sur l'enluminure au XVI" siècle dans le nord de la France et sur le miniaturiste Hubert Cailleau. — Paris. *Plon*. 1894. In-8°, 14 pages (*Réunion des sociétés des beaux-arts des départements*, année 1894, p. 121-134).

96 — Découverte d'un monument funéraire de l'époque romane, à Bruay, près

Valenciennes. — Lille, *Desclée*, 1894. In-4°, 3 pages, 1 gravure (*Revue de l'art chrétien*, 4° série, t. V, p. 297-299).

97. — L'art à Amiens dans ses rapports avec l'école flamande primitive. — Paris, *Picard*, 1895. In-8°, 9 pages (*Congrès archéologique de France, LX° session à Abbeville, 1894, p. 165-173*).

En manuscrit :

98. — Rapport sur une étude relative aux riches manuscrits que possède la bibliothèque de Cambrai (*Société d'agriculture, sciences et arts de Douai*, 1862).

99. — Note sur un tableau de la collection de M. Olive de Marseille et qui a appartenu au collège d'Anchin (*Société d'agriculture, sciences et arts de Douai, 1863*).

100. — Note sur un reliquaire en argent doré de 1412 (*Commission historique du département du Nord, 1864*).

101. — Recherches sur le peintre Boilly. de La Bassée (*Société d'agriculture, sciences et arts de Douai, 1866*).

102. — Description critique de statuettes romaines déposées au musée de Douai (*Société d'agriculture, sciences et arts de Douai, 1867*).

103. — Note sur un tableau provenant de la collégiale de Saint-Amé et conservé d ns la sacristie de l'église Saint-Jacques de Douai (*Société d'agriculture, sciences et arts de Douai, 1867*).

104. — Le retable de la chapelle échevinale de Douai (*Société d'agriculture, sciences et arts de Douai, 1867*).

105. — Dépenses artistiques faites au monastère de Flines au XVI° siècle (*Société d'agriculture, sciences et arts de Douai, 1868*).

106. — Rapport sur les caractéristiques des saints du R. P. Cahier (*Société d'agriculture, sciences et arts de Douai, 1868*).

107. — L'exposition de tableaux de Roubaix en 1869 (*Société d'agriculture, sciences et arts de Douai, 1869*).

108. — Le manuscrit du mystère de la Passion (1874).

109. — La chàsse de sainte Maxellende de Caudry (1874).

110. — Rapport sur les peintures polychromes du chœur de l'église de Lez-Fontaine. — (*Commission historique du Nord, 1874*).

111. — Liste des monuments historiques du département du Nord proposés pour le classement (*Commission historique du Nord, 1875*).

112. — Note sur un calice du XV° siècle de l'église de Cobrieux (*Commission historique du Nord, 1875*).

113. — Notes archéologiques sur divers monuments civils ou religieux de l'arrondissement de Lille et sur les objets d'art qu'ils renferment (*Commission historique du Nord, 1875*).

114. — Excursion archéologique au dolmen de Hamel, au menhir de Lécluse et

à la chaussée romaine voisine de ces localités (*Commission historique du Nord.* 1877).

115. — L'encensoir de Lille (*Congrès des catholiques du Nord et du Pas-de-Calais,* 1881).

116. — Note sur l'invention de la peinture à l'huile (*Société des sciences, des arts et de l'agriculture de Lille,* 1882).

117. — L'ornementation et la miniature dans les manuscrits du XII au XVI siècle (*Congrès des catholiques du Nord et du Pas-de-Calais,* 1882).

118. — Description du bréviaire Grimani (*Congrès des catholiques du Nord et du Pas-de-Calais.* 1887).

119. — Quatre tableaux du chœur de l'église de la Madeleine à Lille (*Société des sciences, des arts et de l'agriculture de Lille. 1891*).

120. — Notes archéologiques sur les églises de l'arrondissement de Lille (*Société des sciences, des arts et de l'agriculture de Lille, 1892*).

121. — Le monument commémoratif de la famille de Wignacourt dans l'église de Flêtre (*Comité flamand de France. 1893*).

122. — Peintures murales et pierres commémoratives dans l'église de Maing près Valenciennes (*Société des sciences, de l'agriculture et des arts de Lille. 1894*).

123. — Découverte d'un portail roman à l'église Saint-Vaast de Bailleul (*Comité flamand de France. 1894*).

II.

OPUSCULES HISTORIQUES.

124. — Dissertation critique sur la donation promise par Charlemagne au Saint-Siège en 774 — Arras. *Rousseau,* 1861. In-8°. 40 pages (*Revue des sciences ecclésiastiques,* t. IV, p. 424-463).

125. — Le Saint-Siège devant le protestantisme (1521-1542). — Arras. *Rousseau,* 1862. In-8°. 55 pages *Revue des sciences ecclésiastiques,* t. V, p. 335-356, 513-530 ; t. VI, p. 5-19).

126. — Sixte-Quint et Henri IV ; introduction du protestantisme en France. — Arras. *Rousseau.* 1862. In-8°. 13 pages (*Revue des sciences ecclésiastiques,* t. V, p. 384-396).

127. — Un manuscrit de l'abbaye de Marchiennes. — Arras, *Rousseau.* 1862. In-8°. 10 pages (*Revue des sciences ecclésiastiques,* t. VI, p. 552-561).

128. — Documents inédits sur les origines de l'Université de Douai (1531-1534). — Douai, *Wartelle.* 1863. In-8°. 33 pages (*Souvenirs de la Flandre-Wallonne.* t. II. p. 177-192 ; t. III. p. 50-75).

129. — Notice sur le Père Trigault, missionnaire en Chine 1577 à 1628 . lue en Sorbonne, le 9 avril 1863, à la réunion générale des sociétés savantes. — Paris. *Dupont*. 1864. In-8", 19 pages *(Mémoires lus en Sorbonne : histoire, philologie et sciences morales*, année 1863, p. 199-217).

130. — Les origines de l'Université de Douai, d'après des documents inédits. — Paris, *Dupont*. 1864. In-8", 13 pages *(Mémoires lus à la Sorbonne : histoire, philologie et sciences morales*, année 1864, p. 45-57; *Bulletin de l'œuvre des Facultés Catholiques de Lille*. t. VIII. p. 206-220).

131. — Le testament de Georges Colveneere, chancelier de l'Université de Douai. — Douai, *Crépin*, 1864. In-8", 20 pages *Mémoires de la Société impériale d'agriculture, sciences et arts de Douai*. 2" série, t. VII. p. 172-188).

132. — Notes pour servir à l'histoire des archives de Douai dans la seconde moitié du XVIII" siècle. — Douai. *Crépin*. 1865. In-8". 13 pages *(Souvenirs de la Flandre-Wallonne*. t. **V**, p. 68-80).

133. — Essai sur les relations commerciales de la ville de Douai avec l'Angleterre au moyen âge. — Paris. *Dupont*, 1866. In-8". 30 pages *(Mémoires lus à la Sorbonne : histoire, philologie et sciences morales*. année 1866, p. 79-117).

134. — L'Université de Douai en 1790. Lettres et mémoire de M. Placide de Bailliencourt, publiés avec d'autres documents inédits. — Douai, *Crépin*. 1866. In-8", 63 pages *Mémoires de la Société impériale d'agriculture, sciences et arts de Douai*. 2" série, t. VIII. p. 213-271, 553-556 : *Bulletin de l'œuvre des Facultés Catholiques de Lille*. t. VIII. p. 251-276, 283-303, 394-404).

135. — Notice sur Notre-Dame de Grâce d'Équerchin. — Lille. *Béhague*, 1866. In-8". 7 pages *(Semaine religieuse du diocèse de Cambrai*. t. I. p. 56-58, 68-71).

136. — Notre-Dame des miracles dans l'église de Saint-Pierre à Douai. — *Lille*. *Béhague*. 1866. In-8". 5 pages *Semaine religieuse du diocèse de Cambrai*. t. I, p. 183-184. 216-218).

137. — L'église Saint-Martin à Roubaix. — Lille. *Béhague*. 1866. In-8", 9 pages *(Semaine religieuse du diocèse de Cambrai*. t. I p. 229-232. 261-263. 341-342 .

138. — Saint Gossuin, abbé d'Anchin. — Lille, *Béhague*. 1866. In-8". 6 pages *Semaine religieuse du diocèse de Cambrai*. t. I. p. 376-377. 406-407. 424-425 .

139. — Les trois vierges de Caestre. — Lille, *Béhague*. 1867. In-8", 8 pages *Semaine religieuse du diocèse de Cambrai*. t. I. p. 536-538. 548-550. 585-586. 600-602).

140. — L'abbaye de Liessies. — Lille. *Béhague*. 1867. In-8". 20 pages *(Semaine religieuse du diocèse de Cambrai*, t. I. p. 678-682. 710-713. 742-745. 791-793 . t. II, p. 52-56'.

141. — Les dix-neuf martyrs de Gorcum. — Lille, *Béhague*. 1867. In-8". 10 pages *(Semaine religieuse du diocèse de Cambrai*. t. II. p. 135-137. 150-152. 169-172.

142. — Réunion de Douai à la France, en juillet 1667. — Douai. *Vve Ceret*. 1867. In-8°, 18 pages *(Courrier douaisien*, avril 1867).

143. — Saint Godefroi. l'un des martyrs de Gorcum. — Lille. *Béhague*, 1867. In-8". 4 pages *(Semaine religieuse du diocèse de Cambrai*. t. II, p. 387-390).

144. — Notice sur Armentières. Notions générales ; faits historiques : institutions et monuments : personnages remarquables : étymologie : armoiries. — Lille. *Béhague*.

1868. In-8°, 8 pages (*Semaine religieuse du diocèse de Cambrai*, t. III, p. 6-8. 20-23).

145. — La domination française à Douai et dans la Flandre-Wallonne, depuis ses origines jusqu'en 1667. — Paris, *Imprimerie impériale*, 1868. In-8°, 18 pages (*Mémoires lus en Sorbonne ; histoire, philologie et sciences morales*, année 1867, p. 277-294).

146. — Documents inédits sur l'abbaye de Flines. — Douai, *Crépin*, 1868. In-8°, 22 pages (*Souvenirs de la Flandre-Wallonne*, t. VI, p. 165-179 ; t. VIII, p. 97-103).

147. — Notices sur des manuscrits de la bibliothèque de Douai. — Douai, *Crépin*, 1868. In-8°, 23 pages (*Souvenirs de la Flandre-Wallonne*, t. VIII, p. 135-157).

148. — Notice sur le beffroi, les cloches et le carillon de Douai, d'après les documents originaux. — Douai, *l've Ceret*, 1869. In-8°, 23 pages (*Courrier douaisien*, décembre 1868 et janvier 1869).

149. — Essai sur le magistrat de Douai. — Paris, *Dupont*, 1869. In-8°, 18 pages (*Mémoires lus en Sorbonne ; histoire, philologie et sciences morales*, année 1868, p. 329-346).

150. — Les origines des *Acta sanctorum* et les protecteurs des bollandistes dans le nord de la France. — Douai, *Crépin*, 1869. In-8°, 37 pages (*Mémoires de la Société impériale d'agriculture, sciences et arts de Douai*, 2ᵉ série, t. IX, p. 429-461).

151. — Arnould d'Hesdin. — Lille, *Blocquel*, 1870. In-8°, 7 pages (*Bulletin scientifique, historique et littéraire du département du Nord et des pays voisins*, t. II, p. 337-343).

152. — Note sur un manuscrit de la bibliothèque publique de Douai (Annales de Saint-Vaast). — Lille, *Blocquel*, 1871. In-8°, 18 pages (*Bulletin scientifique, historique et littéraire du département du Nord et des pays voisins*, t. III, p. 52-56, 149-153, 248-255).

153. — Les documents historiques sur la Flandre maritime, recueillis et publiés par E. de Coussemaker. — Lille, *Blocquel*, 1871. In-8°, 6 pages (*Bulletin scientifique, historique et littéraire du département du Nord et des pays voisins*, t. III, p. 116-121).

154. — Esquisse historique du département du Nord avant 1789. — Lille, *Castiaux*, 1872. In-8°, 33 pages (*Bulletin scientifique, historique et littéraire du département du Nord et des pays voisins*, t. IV, p. 4-8, 24-25, 43-48, 91-94, 121-124, 141-152).

155. — Chapitres de l'histoire de Lille, par M. Houdoy. — Lille, *Castiaux*, 1872. In-8°, 13 pages (*Bulletin scientifique, historique et littéraire du département du Nord et des pays voisins*, t. IV, p. 114-117, 133-137, 174-177).

156. — La sainte et noble famille de Lille, 1686-1793. — Lille, *Castiaux*, 1872. In-8°, 4 pages (*Bulletin scientifique, historique et littéraire du département du Nord et des pays voisins*, t. IV, p. 227-230).

157. — Note sur la bataille de Saucourt. — Lille, *Danel*, 1872. In-8°, 10 pages (*Mémoires de la Société des sciences, de l'agriculture et des arts de Lille*, 3ᵉ série, t. X, p. 625-634).

158. — L'abbaye de Marchiennes. — Lille, *Béhague*, 1872. In-8°, 17 pages (*Semaine religieuse du diocèse de Cambrai*, t. VI, p. 216-218, 247-249, 345-347, 405-408 ; t. VII, p. 70-73).

159. — Note sur les ghildes de Sainte-Barbe à Douai et à Arras. — Lille, *Danel*, 1873. In-8°. 2 pages (*Bulletin de la Commission historique du Nord*, t. XII, p. 220-221).

160 — Les commanderies du Temple et de l'ordre de Malte dans l'Artois, la Flandre-Wallonne et le Hainaut français. — Lille, *Castiaux*, 1873. In-8°, 20 pages (*Bulletin scientifique, historique et littéraire du département du Nord et des pays voisins*, t. V, p. 1-4, 21-28, 41-43, 65-69).

161. — La ville franche et la prévôté d'Haspres. — Lille, *Castiaux*, 1873. In-8°, 7 pages (*Bulletin scientifique, historique et littéraire du département du Nord et des pays voisins*, t. V, p. 44-47, 69-71).

162. — Les savants Godefroy. Mémoires d'une famille pendant les XVI°, XVII° et XVIII° siècles. — Lille, *Castiaux*, 1873. In-8°, 4 pages (*Bulletin scientifique, historique et littéraire du département du Nord et des pays voisins*, t. V, p. 72-75).

163. — Rapport sur le projet d'un dictionnaire topographique du département du Nord. — Lille, *Danel*, 1873. In-8°, 4 pages. (*Bulletin de la Commission historique du Nord*, t. XII, p. 295-298).

164 — Le Cartulaire de l'abbaye de Flines. — Lille, *Castiaux*, 1873. In-8°, 4 pages (*Bulletin scientifique, historique et littéraire du département du Nord et des pays voisins*, t. V, p. 161-164).

165. — L'Université de Douai. — Lille, *Béhague*, 1873. In-8°, 4 pages (*Semaine religieuse du diocèse de Cambrai*, t. VII, p. 780-781, 798-799).

166. — Société des sciences, de l'agriculture et des arts de Lille. Rapport sur le prix Wicar d'histoire (Cartulaire et histoire de l'abbaye de Flines, par M. l'abbé Hautcœur). — Lille, *Danel*, 1873. In-8°, 3 pages (*Mémoires de la Société des sciences, de l'agriculture et des arts de Lille*, 3° série, t. XII, p. 558-560).

167 — Note sur les archives de la Flandre maritime depuis 1790 jusqu'à nos jours. — Lille, *Lefebvre-Ducrocq*, 1873. In-8°, 18 pages (*Bulletin du Comité flamand de France*, t. VI, p. 234-251).

168. — Charles IX. Deux années de règne. 1570-1572. — Lille, *Castiaux*, 1874. In-8°, 14 pages (*Bulletin scientifique, historique et littéraire du département du Nord et des pays voisins*, t. V, p. 246-251 ; t. VI, p. 13-15, 41-45).

169. — Les châtelains de Lille, par Th. Leuridan, archiviste de la ville de Roubaix. — Lille, *Castiaux*, 1874. In-8°, 10 pages *Bulletin scientifique, historique et littéraire du département du Nord et des pays voisins*, t. VI, p. 110-115, 197-202).

170. — Histoire religieuse de la paroisse d'Estaires durant la Révolution. — Lille, *Béhague*, 1875. In-8°, 30 pages (*Semaine religieuse du diocèse de Cambrai*, t. IX, p. 468-470, 499-501, 514-516, 579-581, 642-645 ; t. X, p. 85-88, 275-280 ; t. XI, p. 50-53).

171. — Histoire du château et de la châtellenie de Douai, par M. Félix Brassart, avocat. — Lille, *Castiaux*, 1877. In-8°, 10 pages (*Bulletin scientifique, historique et littéraire du département du Nord et des pays voisins*, t. IX, p. 185-194).

172. — Notices historiques sur les villes, les villages et les paroisses du diocèse de Cambrai : Abancourt, Abscon, Aibes, Aix, Allennes-les-Marais, Quiévelon, Alnes, Warlaing, Amfroipret, Bermeries, Aniche, Azincourt, Emerchicourt, Annappes, Anneux, Annœullin, Anor, Anzin, Anstaing, Arembouts-Cappel, Arleux, Armentières, Bouchain, Catillon, Bergues, Arneke, Proville, Eclaibes, Avesnes-le-Sec, Avesnes-

les-Aubert. Iwuy, Artres, Ascq. Avesnes-sur-Helpe, Assevent, Boussois, Attiches. — Lille, *Béhague*. 1866-1879. In-8°. 52 pages (*Semaine religieuse du diocèse de Cambrai*. t. I. p. 823-825 ; t. II, p. 7-8. 22-23, 86-88. 319-321, 352-354. 416-417 ; t. III, p. 6-8. 20-23. 118-120. 167-168, 229-232. 246-248. 403-404. 480 ; t. IV, p. 293-294. 467-468, 518-519 ; t. V. p. 187-189 ; t. XIV. p. 152-153. 187-188, 305-306, 400-401).

173 — Histoire d'Iwuy. par M. l'abbé O. Dehaisnes, curé. et M. l'abbé A Bontemps. vicaire. Préface. — Lille, *Danel*, 1888. In-8°, 7 pages (*Bulletin de la Commission historique du département du Nord*, t. XVIII, p. V-XI).

174. — La relique de la vraie croix conservée à Lille en l'église Saint-Étienne. — Lille, *Desclée*, 1892. In-8°. 31 pages. 1 gravure (*Semaine religieuse du diocèse de Cambrai*. t. XXVII. p. 577-580).

175. — Centenaire de la levée du siège de Lille. Programme officiel de tous les groupes, chars et personnages du cortège historique des fastes de Lille, 9 octobre 1892. — Lille, *Danel*, 1892. In-8°. 47 pages.

176. — La sainte vraie Croix de Douchy. — Lille. *Desclée*. 1893. In-8°. 16 pages (*Semaine religieuse du diocèse de Cambrai*, t. XXVIII. p. 161-167, 188-192).

177. — La comtesse Jeanne de Flandre ; étude au sujet d'un livre récent et d'une question qu'il soulève. — Amiens, *Rousseau-Leroy*. 1893. In-8°, 35 pages (*Revue des sciences ecclésiastiques*. t. LXVIII. p. 289-319. 385-395).

178. — La comtesse Jeanne de Flandre : deuxième étude au sujet d'un livre récent et d'une question qu'il soulève. — Amiens. *Rousseau*, 1894. In-8°, 75 pages (*Revue des sciences ecclésiastiques*, t. LXIX, p. 289-309, 385-400, 481-494).

179. — Allocution prononcée par le président de la Commission historique du Nord. le 24 septembre 1895. en l'église de Flètre. à l'inauguration du monument de Jacques de Meyere. — Lille, *Ducoulombier*. 1895. In-8°, 7 pages (*Annales du Comité flamand de France*. t. XXII, p. 82-88).

Sous presse :

180. — Délimitations de la langue française et de la langue flamande dans le Nord de la France. — Lille. *Danel*.

En manuscrit :

181. — Mémoire sur l'origine. les progrès et la décadence des abbayes situées dans l'arrondissement de Douai. (*Société d'agriculture. sciences et arts de Douai*. 1857).

182. — Lettres de rémission accordées à Jacques Lesage par Maximilien pour quelques délits commis en état d'ivresse. (*Société d'agriculture. sciences et arts de Douai*. 1862).

183 — Note sur la véritable origine de Gayant (*Société d'agriculture, sciences et arts de Douai*. 1862).

184. — Recherches sur Jean Taccoen. seigneur de Zillebeke. pèlerin voyageur, d'après un manuscrit de la bibliothèque de Douai. (*Société d'agriculture, sciences et arts de Douai*. 1865).

185. — Mémoire sur le travail de l'archiviste Real, chargé de dépouiller les archives des anciens établissements de Douai (*Commission historique du Nord*, 1868).

186. — Note sur la chronique du *Liber argenteus* de Saint-Amé, de Douai (*Commission historique du Nord*, 1868).

187. — Documents des archives départementales du Nord concernant l'instruction publique (*Société des sciences, des arts et de l'agriculture de Lille*, 1873).

188. — Note sur le mémoire manuscrit du marquis de Coligny concernant la Flandre françoise occidentale ou Flandre du costé de la mer (*Commission historique du Nord*, 1874).

189. — Rapport de la sous-commission chargée de s'occuper des travaux que doit plus spécialement opérer la Commission historique du Nord, lu en séance du 4 mai 1876.

190. — Rapport à Monsieur le Préfet sur les travaux opérés par la Commission historique du Nord, de juillet 1877 à juillet 1878.

191. — Les processions et les cortèges religieux et historiques de la région du Nord (*Congrès des catholiques du Nord et du Pas-de-Calais*, 1891).

192. — Le Nord de la France et les fêtes du quatrième centenaire de la découverte de l'Amérique qui auront lieu à Madrid en 1892 ; rapport présenté au comité de Lille (1892).

193. — La langue flamande était-elle usitée en Picardie au XI° et au XII° siècles ? (*Congrès archéologique d'Abbeville*, 1894).

III.

OPUSCULES DE THÉATRE.

194. — Alain de Kerlannorr, drame en trois actes. — Douai, *Adam*, 1856. In-8°, 55 pages.

En manuscrit :

195. — Le locataire, comédie en prose (1850).

196. — Les Druides, drame en prose (1853).

197. — Paul de Sombreval, drame en trois actes et en prose (1855).

198. — Achille, scène musicale en prose et en vers, imitée de l'Iliade ; musique de Ch. Heisser (1859).

199. — Yvon le pêcheur, scène musicale en vers ; musique de Ch. Heisser.

200. — Arnold de Gouy, scène musicale en prose et en vers ; musique de Ch. Heiser.

201. — La conjuration des Gaulois, scène historique en prose.

202. — Homère dans l'île d'Ios, scène antique en prose.

203. — L'avare, comédie en cinq actes et en prose, imitée de Molière.

204. — La famille de Beaupré, drame en trois actes et en prose.

205. — Une séance de la confrérie des clercs parisiens, scène historique en prose et en vers.

206. — Un conseil royal à Versailles en 1712, scène historique.

207. — Marino Falerio, tragédie en cinq actes et en prose (1868)

IV.

Opuscules poétiques.

208. — Poèmes couronnés au concours séculaire de Notre-Dame de Grâce de Cambrai. Genre lyrique. Médaille d'or. Notre-Dame de Grâce. — Cambrai, *Carion*, 1852. In-8°, 21 pages.

209. — Le Saint-Sacrement de miracle, poésie composée pour le jubilé séculaire célébré à Douai en 1855. — Douai, *Adam*, 1855. In-8°, 17 pages.

210. — Fêtes du couronnement de Notre-Dame de la Treille. Cantate. — Lille, *Lefebvre-Ducrocq*, 1874. In-8°, 2 pages.

211. — Institution Saint-Jean de Douai. Fête de M. le Supérieur. Vingt-cinquième anniversaire de son ordination sacerdotale, 4 et 5 juillet 1888. Cantate. — Douai, *Dechristé*. 1888. In-8°, 2 pages.

212. — Les Canonniers lillois. Vers dits par L. Quarré à l'occasion de la nomination de MM. E. Hallez et L. Quarré au grade de sous-lieutenant, 5 décembre 1889. — Lille, *Liégeois-Six*, 1889. In-4°, 1 feuillet.

En manuscrit :

213. — L'acheteur magnifique, satire (1845).

214. — Physiologie du séminariste, satire (1845).

215. — Adieux à mon frère (1846).

216. — A Son Éminence le cardinal P. Giraud, les élèves du grand séminaire de Cambrai. Cantate (1849).

217. — Aux chanteurs montagnards.

218. — Adieux à Érin.

219. — Chant du croisé.

220. — La brise des morts.

221. — Un rêve de Marie Stuart ; ballade.

222. — La cloche.

223. — Une sœur.

224. — Au bruit du vent qui pleure.

225. — A mon ami D. Heughebart.

226. — L'étoile des mers.

227. — A une étoile, traduit de l'anglais de lord Byron.

228. — La fille de Jephté, mélodie biblique.

229. — Cantique pour la fête de l'Immaculée Conception.

230. — En mer.

231. — Rêverie.

232. — A Monsieur l'abbé L. Bataille, en lui envoyant quelques livres.

233. — Légende poétique sur la fondation de Douai. (*Société d'agriculture, sciences et arts de Douai*. 1857.)

234. — Jeanne d'Arc. Cantate. Musique de Ch. Heisser (1864).

235. — Chant des mineurs composé pour les élèves de Saint-Étienne.

236. — Ode sur la prise de Laghouat.

237. — Le rosier.

238. — Après la première communion pour les enfants du Tréport.

239. — La chanson de Nadaud (1872).

240. — Toute ma vye Dehaisnes seraÿ. Toast prononcé au banquet annuel offert par M. Quarré-Reybourbon aux membres de la Commission historique du Nord (1888).

V.

Opuscules divers.

241. — Notice sur Madame Augustine Sauvage. — Douai, *Adam*, 1855. In-18. 33 pages.

242. — Mémoire en faveur de la création d'une faculté de droit dans la ville de Douai. — Douai, Ceret, 1864. In-4°. 8 pages.

243. — Projet d'une expédition au pôle Nord par M. Gustave Lambert. — Douai, V. Ceret, 1868. In-8°. 5 pages (*Courrier douaisien*; Juin 1868).

244. — Le miracle de saint Janvier, d'après le journal de voyage de deux ecclésiastiques du diocèse de Cambrai. — Lille, Béhague, 1868. In-8°, 7 pages *Semaine religieuse du diocèse de Cambrai*, t. III, p. 358-360, 372-373).

245. — Rapport sur le prix de mille francs décerné dans le ressort académique de Douai. — Lille, Castiaux, 1869. In-8°. 8 pages (*Bulletin scientifique, historique et littéraire du département du Nord et des pays voisins*. t. I, p. 321-328).

246. — Notice nécrologique sur M. l'abbé L. Cappelle. — Douai, Crépin, 1869. In-8°. 24 pages (*Mémoires de la Société impériale d'agriculture, sciences et arts de Douai*. 2° série. t. IX, p. 203-224).

247. — Les manuscrits autographes des poésies de Marceline Desbordes-Valmore. — Douai. V. Ceret, 1870. In-8°, 15 pages (*Courrier douaisien*).

248. — Discours prononcé sur la tombe d'Alexandre Desplanque. le 10 février 1871. — Lille, Blocquel, 1871. In-8°, 2 pages (*Bulletin scientifique, historique et littéraire du département du Nord et des pays voisins*, t. III. p. 38-39 ; *Bulletin du Comité flamand de France*, t. V, p. 350-352).

249. — Notice sur la vie et les travaux de M. Desplanque, archiviste du Nord. — Lille, Danel, 1872. In-8°. 38 pages. 1 portrait. (*Mémoires de la Société des sciences, de l'agriculture et des arts de Lille*, 3° série. t. IX, p. 553-590).

250. — Rapport sur les travaux de la commission de l'enseignement du congrès catholique de Lille. le 25 octobre 1873. — Lille. Lefebvre-Ducrocq, 1873. In-8°, 20 pages (*Assemblée générale des catholiques du Nord et du Pas-de-Calais*, 1873, p. 74-99 : *Bulletin de la commission formée pour la création d'une Université Catholique dans le Nord de la France*. janvier 1874. p. 6-12).

251. — De l'organisation des Universités Catholiques. — Lille, Ducoulombier, 1874. In-8°, 7 pages (*Bulletin de la commission formée pour la création d'une Université Catholique dans le Nord de la France*. février 1874, p. 14-20).

252. — Rapport sur la fondation de l'Université Catholique, lu à la séance tenue à Lille, le 21 juin 1874. pour rendre compte de l'exposition d'objets d'art religieux. — Lille. Ducoulombier. 1874. In-8°, 5 pages (*Bulletin de la commission formée pour la création d'une Université Catholique dans le Nord de la France*, mai-septembre 1874, p. 96-100).

253. — Rapport sur la création d'une Académie Catholique dans le Nord de la France. — Arras, Planque. 1875. In-8°, 9 pages (*Assemblée générale des catholiques du Nord et du Pas-de-Calais*, année 1874. p. 62 à 70).

254. — Compte rendu des travaux de la commission chargée de préparer la création d'une Université Catholique dans le Nord de la France. — Arras, Planque, 1875. In-8°, 6 pages (*Assemblée générale des catholiques du Nord et du Pas-de-Calais*, année 1874. p. 201-206).

255. — Rapport pour recommander la souscription en faveur de l'Université Catholique de Lille. — Lille. Lefebvre-Ducrocq, 1875. In-8°, 13 pages (*Assemblée générale des catholiques du Nord et du Pas-de-Calais*. année 1875. p. 180-198).

256. — Notice sur la vie et les travaux de M. E. de Coussemaker, correspondant

de l'Institut. — Bruges, *A. de Zuttere.* 1876. In-4°, 56 pages, 1 portrait (*Mémoires de la Société d'émulation de Bruges,* t. XXVII ; *Mémoires de la Société des sciences, de l'agriculture et des arts de Lille,* 4ᵉ série, t. II, p. 343-405).

257. — Proposition au sujet de la fondation d'une Association catholique pour l'avancement des lettres, des sciences et des arts. — Lille, *Lefebvre-Ducrocq.* 1877. In-8°, 8 pages (*Assemblée générale des catholiques du Nord et du Pas-de-Calais,* année 1876, p. 259-265).

258. — Notice sur M. Alfred Asselin, ancien président de la Société d'agriculture, sciences et arts de Douai, ancien maire de la même ville. — Douai, *Crépin,* 1877. In-8°, 80 pages (*Mémoires de la Société centrale d'agriculture, sciences et arts de Douai,* 2ᵉ série, t. XIII, p. 353-428).

259. — Discours sur l'Université Catholique de Lille. — Lille, *Lefebvre-Ducrocq,* 1883. In-8°, 9 pages (*Assemblée générale des catholiques du Nord et du Pas-de-Calais,* année 1882, p. 40-54.

260. — A quoi servent les Facultés Catholiques. — Lille, *Lefort,* 1883. In-8°, 8 pages (*Bulletin de l'œuvre des Facultés Catholiques de Lille,* t. IV, p. 110-117).

261. — La Faculté Catholique de médecine et de pharmacie de Lille. — Lille, *Lefort,* 1883. In-8°, 11 pages (*Bulletin de l'œuvre des Facultés Catholiques de Lille,* t. IV, p. 249-259).

262. — La souscription en faveur des Facultés Catholiques de Lille. — Lille, *Lefort,* 1883. In-8°, 15 pages (*Bulletin de l'œuvre des Facultés Catholiques de Lille,* t. IV, p. 278-284 ; t. V, p. 1-8).

263. — L'Université Catholique de Louvain et la Belgique. — Lille, *Lefort,* 1884. In-8°, 8 pages (*Bulletin de l'œuvre des Facultés Catholiques de Lille,* t. V, p. 257-264).

264. — Les Facultés Catholiques de Lille depuis leur fondation jusqu'aujourd'hui. — Lille, *Lefort.* 1884. In-8°, 12 pages (*Bulletin de l'œuvre des Facultés Catholiques de Lille,* t. VI, p. 1-12).

265. — Le renouvellement de la souscription en faveur des Facultés Catholiques de Lille. — Lille, *Lefort,* 1885. In-8°, 10 pages (*Bulletin de l'œuvre des Facultés Catholiques de Lille,* t. VI, p. 150-159).

266. — La première souscription ouverte en faveur des Facultés Catholiques de Lille. — Lille, *Lefort,* 1885. In-8°, 6 pages (*Bulletin de l'œuvre des Facultés Catholiques de Lille,* t. VI, p. 206-211).

267. — Le Comité flamand. Allocution prononcée le 20 novembre 1888, à Hazebrouck. — Dunkerque, *Michel,* 1888. In-8°, 7 pages (*Annales du Comité flamand de France,* t. XVIII, p. 1-8).

268. — Monseigneur Bataille, évêque d'Amiens. — Lille, *Quarré,* 1889. In-8°, 39 pages (*Biographies des prêtres du diocèse de Cambrai morts depuis 1847,* t. I, p. 29-63).

269. — L'abbé L. Capelle, missionnaire diocésain, doyen de Saint-Géry, à Valenciennes. — Lille, *Quarré,* 1889. In-8°, 26 pages (*Biographies des prêtres du diocèse de Cambrai morts depuis 1847,* t. I, p. 299-324).

270. — Le R. P. Alexis Possoz et le R. P. Alexandre Pruvost, religieux de la

Compagnie de Jésus. — Lille, *Quarré*. 1890. In-8°, 7 pages (*Biographies des prêtres du diocèse de Cambrai morts depuis 1847*, t. II. p. 49-55).

271. — Dom Athanase Itsweire et dom Dominique Lacaes, religieux de Notre-Dame du Mont des Cattes. — Lille. *Quarré*. 1890. In-8°. 14 pages (*Biographies des prêtres du diocèse de Cambrai morts depuis 1847*. t. II, p. 329-342).

272. — Hommage à Monsieur Léonard Danel. Un cinquantenaire de patronat, 1840-1890. 26 mai 1890. Discours prononcé en l'église de Loos. — Lille, *Danel*. 1890. In-4°, 4 pages.

273. — L'œuvre des layettes de la Maternité Sainte-Anne. — Lille. *Lefort*, 1890. In-8°. 12 pages (*Bulletin de l'œuvre des Facultés Catholiques de Lille*, t. XII, p. 148-158).

274. — Discours prononcé à la distribution solennelle des prix de l'institution libre de Marcq. — Lille. *Morel*, 1892. In-12. 10 pages (*La vraie France*, 9 août 1892).

En manuscrit :

275. — Le passé littéraire de Douai. — Discours prononcé à la distribution des prix du collège Saint-Jean de Douai (1856).

276. — Excursion dans le Luxembourg belge. entre Dinant et Rochefort : cavernes de Han, formées par les eaux de la Lesse suintant à travers les rochers ; stalactites, stalagmites. curiosités très remarquables et pittoresques (*Société d'agriculture, sciences et arts de Douai*. 1861).

277. — Compte-rendu sommaire des séances tenues à la Sorbonne par les délégués des sociétés savantes (*Société d'agriculture, sciences et arts de Douai*, 1864).

278. — L'homme fossile et les origines préhistoriques de l'homme (*Société d'agriculture, sciences et arts de Douai*. 1868).

279. — Discours prononcé à la distribution des prix du pensionnat Saint-Joseph d'Haubourdin (1884).

280. — Discours prononcé à la distribution des prix du collège Saint-Jean de Douai (1888).

TABLE

(223)

*Il existe encore un petit nombre d'exemplaires des ouvrages
suivants de Mgr DEHAISNES, en dépôt à la* **Librairie
L. Quarré**, *Grande Place, 64,* à **Lille.**

Documents et extraits divers concernant l'histoire de l'art dans la Flandre.
l'Artois et le Hainaut, avant le XVe siècle. — 2 vol. in-4"........ 80 fr. »

Histoire de l'art dans la Flandre, l'Artois et le Hainaut, avant le XVe siècle.
— 1 vol. in-4", 15 héliogravures............................ 30 fr. »

De l'art chrétien en Flandre. — In-8", 11 gravures....... .... 10 fr. »

La vie et l'œuvre de Jean Bellegambe. — Grand in-8", 8 héliogravures............. .... 10 fr. »

Recherches sur le retable de S. Bertin et sur Simon Marmion. — In-8",
5 héliogravures.................................... 7 fr. 50

Notices descriptives sur les objets mobiliers conservés dans l'arrondissement
de Lille. — In-8".................... .... 1 fr. 50

Notice sur la bibliothèque de Douai. — In-8"............... 0 fr. 75

État général des registres de la Chambre des Comptes de Lille, relatifs à la
Flandre. — In-8".... .... 4 fr. »

Étude sur les registres des chartes de l'audience, guerres et pillages,
crimes et malheurs, mœurs et usages des Pays-Bas, du XIVe au XVIIIe siècle.
— In-8".. 1 fr. 50

Dupleix, notes biographiques et historiques. — In-8", 2 héliogravures.................................... 1 fr. 50

Quelques mots sur un triptyque du XVIe siècle conservé à Lille. —
In-8"................................... 0 fr. 50

État des objets trouvés en 1792 dans les églises des communautés du
district d'Hazebrouck. — In-8"................... 0 fr. 50

L'Espagne a-t-elle exercé une influence artistique dans les Pays-Bas ? —
In-8" .... 0 fr. 50

Documents inédits sur Jean Le Tavernier et Louis Liédet, miniaturistes
des ducs de Bourgogne. — In-8", 2 gravures................. 1 fr. »

André Beauneveu, artiste du XIVe siècle. — In-4"............ 0 fr. 50

Le peintre Melchior Broederlam. — In-8"................... 0 fr. 25

De la place à donner aux images et objets d'art religieux dans la décoration
des maisons. — In-4".................... .... 0 fr. 50

Jean Bellegambe et ses travaux pour des familles de Douai. —
In-4"................................... 0 fr. 50

L'art à Amiens vers la fin du moyen-âge. — In-4º. 3 héliogravures.. 5 fr. »

Jean Bellegambe est-il certainement l'auteur du retable d'Anchin. — In-4"... 0 fr. 50

Recherches concernant les volets du retable de Saint-Bertin. — In-4".. 1 fr. »

L'art flamand en France depuis la fin du XIVᵉ siècle jusqu'au commencement du XVIᵉ. — In-8".......................... 0 fr. 75

Fêtes et marches historiques en Belgique et dans le Nord de la France. — Grand in-8"............................... 1 fr. 50

Découverte d'un monument funéraire de l'époque romane à Bruay près Valenciennes. — In-4". 1 gravure................ 0 fr. 50

Note sur la bataille de Saucourt. — In-8"........................ 0 fr. 25

La Sainte Vraie Croix de Douchy. — In-8"....................... 0 fr. 25

La Comtesse Jeanne de Flandre. — 2 brochures in-8"......... 0 fr. 50

Notice sur M. Desplanque. — In-8", portrait................... 0 fr. 50

Notice sur M. E. de Coussemaker. — In-8", portrait.......... 0 fr. 50

Notice sur M. Alfred Asselin. — In-8".......................... 0 fr. 50

Les quatre notices sur Mgr Bataille, l'abbé Capelle les RR. PP. Possoz et Pruvost, et sur dom Itsweire et dom Lacaes, se trouvent dans les biographies des prêtres de Cambrai, morts depuis 1847. — 2 vol. in-8"...... 7 fr. »

Lille Imp. L. Danel.

Il existe encore un petit nombre d'exemplaires des ouvrages suivants de Mgr DEHAISNES, en dépôt à la **Librairie L. Quarré**, *Grande Place, 64,* à **Lille**.

Documents et extraits divers concernant l'histoire de l'art dans la Flandre, l'Artois et le Hainaut, avant le XVe siècle. — 2 vol. in-4°........ 80 fr. »

Histoire de l'art dans la Flandre, l'Artois et le Hainaut, avant le XVe siècle. — 3 vol. in-4°, 15 héliogravures............................. 30 fr. »

De l'art chrétien en Flandre. — In-8°, 11 gravures........ .... 10 fr. »

La vie et l'œuvre de Jean Bellegambe. — Grand in-8°, 8 héliogravures........... .... 10 fr. »

Recherches sur le retable de S. Bertin et sur Simon Marmion. — In-8°, 5 héliogravures............................... 7 fr. 50

Notices descriptives sur les objets mobiliers conservés dans l'arrondissement de Lille. — In-8°................. .... 1 fr. 50

Notice sur la bibliothèque de Douai. — In-8°............... 0 fr. 75

État général des registres de la Chambre des Comptes de Lille, relatifs à la Flandre. — In-8°..... .... 4 fr. »

Étude sur les registres des chartes de l'audience, guerres et pillages, crimes et malheurs, mœurs et usages des Pays-Bas, du XIVe au XVIIIe siècle. — In-8°.. 1 fr. 50

Dupleix, notes biographiques et historiques. — In-8°, 2 héliogravures...................................... 1 fr. 50

Quelques mots sur un triptyque du XVIe siècle conservé à Lille. — In-8°... 0 fr. 50

État des objets trouvés en 1792 dans les églises des communautés du district d'Hazebrouck. — In-8°....................... 0 fr. 50

L'Espagne a-t-elle exercé une influence artistique dans les Pays-Bas ? — In-8°...................................... 0 fr. 50

Documents inédits sur Jean Le Tavernier et Louis Liédet, miniaturistes des ducs de Bourgogne. — In-8°, 2 gravures.................. 1 fr. »

André Beauneveu, artiste du XIVe siècle. — In-4°............. 0 fr. 50

Le peintre Melchior Broederlam. — In-8°..................... 0 fr. 25

De la place à donner aux images et objets d'art religieux dans la décoration des maisons. — In-4°.................... .... 0 fr. 50

Jean Bellegambe et ses travaux pour des familles de Douai. — In-4°...................................... 0 fr. 50

L'art à Amiens vers la fin du moyen-âge. — Gravures... 1 fr.

Jean Bellegambe est-il certainement l'auteur du retable d'Anchin. — In-4°... 0 fr. 50

Recherches concernant les volets du retable de Saint-Bertin. — In-4°... 1 fr. »

L'art flamand en France depuis la fin du XIVe siècle jusqu'au commencement du XVIe. — In-8°.. 0 fr. 75

Fêtes et marches historiques en Belgique et dans le Nord de la France. — Grand in-8°.. 1 fr. 50

Découverte d'un monument funéraire de l'époque romane à Bruay près Valenciennes. — In-4°, 1 gravure.......................... 0 fr. 50

Note sur la bataille de Saucourt. — In-8°................... 0 fr. 25

La Sainte Vraie Croix de Douchy. — In-8°................ 0 fr. 25

La Comtesse Jeanne de Flandre. — 2 brochures in-8°........... 0 fr. 50

Notice sur M. Desplanque. — In-8°, portrait................. 0 fr. 50

Notice sur M. E. de Coussemaker. — In-8°, portrait.......... 0 fr. 50

Notice sur M. Alfred Asselin. — In-8°...................... 0 fr. 50

Les quatre notices sur Mgr Bataille, l'abbé Capelle, les RR. PP. Possoz et Pruvost, et sur dom Itsweire et dom Lacaes, se trouvent dans les biographies des prêtres de Cambrai, morts depuis 1847. — 2 vol. in-8°............. 7 fr. »

LILLE — IMPRIMERIE L. DANEL.

www.ingramcontent.com/pod-product-compliance
Lightning Source LLC
LaVergne TN
LVHW021435170726
843501LV00005B/1352